移民・ディアスポラ研究5　Migration and Diaspora Studies

マルチ・エスニック・ジャパニーズ

○○系日本人の変革力

駒井 洋 監修
佐々木てる 編著

南川文里
佐藤成基
石井由香
川上郁雄
小林真生
李 洙 任
陳 天 璽
倉石一郎
高畑 幸
梶村美紀
倉田有佳
南　誠
中山大将

明石書店

「移民・ディアスポラ研究」5の刊行にあたって

移民やディアスポラの流入と定着にともなう諸問題は、重要な研究課題として日本でも近年急浮上してきた。第二次大戦後の日本社会においては、移民ないしディアスポラにあたる人びとは在日韓国・朝鮮人および在日中国人以外にはほとんどおらず、しかもこの人びとは、単一民族主義のイデオロギーのもとで、できれば日本社会から排除すべき存在として、厳重な管理統制のもとにおかれていた。したがって、この人びとが移民・ディアスポラとして日本社会を構成する、欠くことのできない一員であるという認識は、政策的にはまったく欠如していた。

1970年代から、外国人労働者をはじめとして、さまざまな背景をもつ外国人の流入が本格化したが、この人びとはあくまでも一時的滞在者にすぎず、いつかは本国へ帰国することあるいは帰国させることが政策の前提とされていた。このような状況にもかかわらず、移民ないしディアスポラとしての日本社会への定着は、まず在日韓国・朝鮮人や在日中国人からはじまった。この人びとのなかで外国籍を保持する者には特別永住者という日本での永住を予定する在留資格があたえられるとともに、日本国籍を取得して外国系日本人となる者が増加していった。また、非正規滞在者であっても、帰国する意思をもたない者には限られた条件をみたせば在留特別許可が付与されるようになり、その数は相当規模にたっしている。さらに日本人と結婚するなどの条件をみたした者には永住者という在留資格があたえられ、永住者は激増傾向にある。また、主として日本人の配偶者等あるいは定住者という在留資格で流入したラテンアメリカ日系人やその他の在留資格をもつ外国人の相当部分も日本社会に定着し、難しい条件をクリアして日本国籍を取得する者も増大している。つまり、日本に永住する意思のある外国籍者と日本国籍取得者とからなる、無視できない人口規模の外国系移民・ディアスポラは、日本社会にすでに確固とした地歩を確立したのである。

日本での従来の「移民」研究の主要な対象は、日本から主として北アメリカやラテンアメリカに渡った人びとであり、日本にやってくる人びとではなかった。そのため、「移民」研究にはこれまでとは異なる新しいアプローチが要求されている。ディアスポラは、「分散する」「拡散する」「まき散らす」などの意味をもつギリシャ語の動詞を起源とするものであり、近年、ユダヤ人ばかりでなく、国境をこえて定住する人びとをさす概念として広くつかわれるようになってきた。ディアスポラは、出身国と移住先国に二重に帰属しているから、その異種混淆性から従来の国民文化をこえる新しい文化的創造をなしとげる可能性をもつ。また、ある出身国から離れてグローバルに離散したディアスポラは、いわばディアスポラ公共圏ともよばれるべきネットワークをグローバルに形成しつつあり、グローバル・ガバナンスの重要な担い手になりつつある。

このような状況に鑑み、われわれは「移民・ディアスポラ研究会」を結成することとした。その目的は、移民・ディアスポラ問題の理論的実践的解明とそれに基づく政策提言にある。この研究会は特定の学問分野に偏らず学際的に組織され、この趣旨に賛同する者であれば、誰でも参加できる。日本にはすでに「移民政策学会」が存在し、活発に活動している。「移民・ディアスポラ研究会」の現在の会員も全員「移民政策学会」の会員でもある。それにもかかわらず「移民・ディアスポラ研究会」を立ちあげる主な理由は、日本を中心としながらもグローバルな広がりをもつ、もっとも緊急に解明を要する課題をとりあげ、それに関する研究および実践の成果を体系的に整理しながら政策提言をおこなう「移民・ディアスポラ研究」のシリーズを刊行することにある。シリーズの各号には編者をおくが、編集には会員全員があたる。また、このシリーズはおおむね年1冊の刊行をめざす。

シリーズ第5号のタイトルは、「マルチ・エスニック・ジャパニーズ——〇〇系日本人の変革力」とすることにした。カタカナ英語をメインタイトルとせざるをえなかったのは、「〇〇系日本人」を指示する適当な日本語がいまだ存在していないうえに、かといって「〇〇系日本人」をメインタイトルとしていきなり使用することも憚られたからである。
「○○系日本人」を指示する日本語が存在しないことには、歴史的理由があるとおもわれる。日本国籍を取得した外国出身者およびその子孫のほとんどは、ネイティブ日本人社会への同化を強制されたり自発的に同化したりすることにより、その出自が抹消されて不可視の存在とされてしまっていたからである。

しかしながら、序章で概観されるように、近年○○系日本人を意味する非ネイティブ日本人人口はいちじるしく増加し、その存在のしかたも可視性が顕著に増大している。したがって、日本社会は「ネイティブ日本人」と「非ネイティブ日本人」とから構成されるという現実が進展しはじめたといえる。ここでふたたび「ネイティブ日本人」と「非ネイティブ日本人」というカタカナ英語を用いざるをえなかったのも、上述した歴史的理由による。

○○系日本人は、その出自の多様性とそのライフコースで遭遇した逆境とにより、日本社会にたいする強い変革力をもっている。日本社会が直面している閉塞状況の打破に、○○系日本人の多大な貢献が期待される。

２０１６年４月14日

移民・ディアスポラ研究会代表　駒井　洋

［こまい　ひろし］
筑波大学名誉教授。移民政策学会会長。東京大学大学院社会学研究科博士課程修了。博士（社会学）。近著に『グローバル・ディアスポラ』全6巻（叢書、監修、明石書店、2009～2011）、『貪欲に抗する社会の構築――近代合理主義をこえる仏教の叡智』（単著、明石書店、2010）、「移民・ディアスポラ研究」（シリーズ、監修、明石書店、2011～）、ロビン・コーエン著『新版　グローバル・ディアスポラ』（訳、明石書店、2012）、「BRICs諸国からの高学歴移民の空間的可動性」五十嵐泰正・明石純一編『「グローバル人材」をめぐる政策と現実』（「移民・ディアスポラ研究４」明石書店、2015）など

マルチ・エスニック・ジャパニーズ
――〇〇系日本人の変革力

目次

Ⅱ　○○系日本人の可能性と課題

◎序章

○○系というアポリア
マルチ・エスニック・ジャパンへの課題

佐々木てる

はじめに

近年日本において、多様な出自を持つ日本国籍保持者の活躍がこれまで以上に注目を集めている。もともとコリア系の著名人はスポーツ界、芸能界に限らず実業界にも多かった。それに加え、近年では多様な出自を持つ著名人が増えている。例えば、MLB（メジャーリーグ・ベースボール）で活躍するダルビッシュ有はイラン系であり、日本のプロ野球、楽天東北イーグルスのオコエ瑠偉は父がナイジェリア人、陸上短距離のサニブラウン・ハキームは父がガーナ人である。その他、芸能やモデルでもハーフもしくはダブルといった人々が人気を博している。またソフトバンクの孫社長などは、もはや国家の枠を超えて世界的な実業家となっている。こういったマルチ・エスニックな日本人の存在は、グローバル化に伴う国際人口移動の結果生じた現象であると同時に、彼らの活躍する足場が地政学的な意味での「日本」という地域に存在していることの証しでもある。つまり日本社会が多様性を迎え入れる土壌を作りつつあるということであろう。様々な出自を持つ人たちの出現により、日本は「単一民族」によって成り立っているという幻想が打ち壊されつつある。

もっともこういった多様性の寛容は、つねに緊張状態をはらんでいる。世界では民族や宗教的な差異を理由に、排他的な活動が活発化している。シリアからの難民を多く受け入れている欧州諸国では、同時に排除の動きも活発化している。日本においては、ヘイト・スピーチといった新人種主義的な動きが活発化していることは周知のことである。

政治的にも安保法案が可決され、「戦争ができる普通の国」になる動きが顕著で、保守化の動きが加速している。様々な領域でダイバーシティが進むことと保守化の動きは、コインの表裏であるのかもしれない。多様性、多様化が進んでいることに対し不安を覚えているからこそ、保守的な動きが活発化しているとも言える。もちろんこうした対比をあおるだけでなく、「リベラルなナショナリズム」といった言葉に表されるように、「マルチ・エスニック化」と「保守化」の共存、妥協点を促す議論が必要だろう。

さて本書はダイバーシティを背景とした、マルチ・エスニック化する日本社会の一側面を、「○○系日本人」の活躍という点から捉え直すことを目的としている。ここで述べる○○系日本人であるが、さしあたり「○○系」とは「エスニックな出自」を指し、「日本人」とは日本国籍の保有者を指すものと定義しておく。ただしそれぞれの論文を読んでもらえばわかるように、○○系日本人という言葉は国籍を基準とせず様々な使われ方をするケースがある。またその用語自体は、必ずしも現在日本社会に定着しているとは言えない。それどころか、日本の文脈には合わないのかもしれない。この点は後に再度検討するが、ここでまず重要なのは、○○系日本人という視点を通じて、これまで以上に、もっと具体的な文脈で、多様なエスニシティを抱える人の存在を明らかにしていくことである。そして同時に「日本人」という言葉の持つ中身を変容させていくことであろう。すくなくとも多様なエスニシティを持つ人々が活躍する現状を、多くの人は好意的に迎えていることは間違いない。では当事者はいかなる思いで活動を行っているのか。それを受け入れる日本社会にはどのような土壌があるのか。そして今後日本社会は彼らの活躍によってどのように変化していけるのか。こういった点を積極的に考えていくことは将来的にも有意義な議論になるはずである。

1 ○○系という捉え方

○○系という捉え方は、アメリカの事例でよく耳にするものであった。例えば日系アメリカ人やイタリア系アメリカ人などで聞いたことが多いのではないか。これはいわゆる「ハイフン付きアメリカ人」という呼び方がされており、多様な出自の人を同じ国民として位置づける時に使う。しかしその使われ方や歴史的経緯はあまり知られていない。

詳しくは第1章、南川の論文を確認してほしいが、アメリカにおいて「○○系」としての自身のルーツへのこだわりは、もともと「新しいアメリカ人」を創造する上で、乗り越えるべき「旧弊」であったという。現在のように多文化、多様なルーツを象徴するようになったのは、20世紀半ばの公民権運動や人種隔離制度の撤廃を通じてであった。それまではむしろ国民としての「アメリカ人」成立の障害、差別化の道具となっていた。多文化社会を目指すアメリカにとっては、公的領域での中立性と、私的領域でのエスニック文化の存続の均衡は重要な課題であった。そのため、排外主義と結びついていた「ハイフン付きアメリカ人」は、今度は逆に多文化社会の象徴として再定義されることになったのである。そういった歴史的経緯から、南川が指摘するように、この概念は多様性への武器となると同時に、再度排外主義の道具となる危険性を持っている。近年の9・11のテロ、そしてIS（イスラミック・ステイト）の問題から「イスラム系」というカテゴリーが敵視される危険がある。そのため「○○系」という言い方がリベラルな文脈で使われる合衆国でも、常に気をつけて使用しなくてはならないのが現実のようである。

またドイツの事例を挙げている佐藤論文（第2章）では、むしろ「○○系」という概念がドイツの文脈になじまないことが指摘されている。そのため呼称もトルコ出身であれば「ドイツのトルコ人（deutsch-Türke）」、ポーランド出身であれば「ドイツのポーランド人（deutsch-Pole）」と呼ばれ、前半の「ドイツ」とは、国籍を指すのではなく、ドイツに長く住んでいるという意味だとしている（44頁）。また、たとえドイツ国籍を取得しても「トルコ系ドイツ人」とは呼ばれず、これは「ドイツ人」という概念がエスニックな出自に規定されており、「脱出自化」していないためとする。この点は「日本人」概念と同じ認識と言えるのではないか。ただしドイツは近年移民の受入れを行っており、「ポスト移民のドイツ」の議論も進んでいる。その結果、移民二世、三世から「新しいドイツ人」という主張が行われている。

アジアの事例はどうか。多民族（マルチ・エスニック）国家として有名なシンガポールでは、「公定ナショナリズム」「公定エスニック・カテゴリー」が強い影響を持っていると石井は指摘する（第3章）。中華系（Chinese）、マレー系（Malays）、インド系（Indians）、そのほか（Others）など多くのエスニックな出自を持つ人々が混在するシンガポールでは、むしろ「シンガポール人」自体が不在となっている。この現象は、ポストコロニアル下における、新興国家のナショナリズムにおいて一部みられる現象である。ここで問われるのは、アメリカ的な「多にして一」という「○○人」の設定困難性と言える。少なくともシンガポールにおいては、エスニシティ、宗教、政治など様々な問題がからみ、設定自体が困難になっている状況がわかる。国家建設時におけるネーション＝国民創造の困難性がわかる事例である。そして多文化主義を標榜しているがゆえに、多様性をどこまで認めるのかが大きな議論となっている。石井が指摘するのは「公定エスニック・カテゴリー」よりも現実的にはもっと多くのエスニック集団が存在する点である。

さて、これらの比較から「○○系」という捉え方を整理してみよう。まずやや図式的に述べるならば、最初に定義したようにエスニックな出自（文化）は「○○系」という捉え方で呼び、国籍や市民権といった国家の成因資格の保持、いわゆるシビックな視点が「○○人」として表される。この「エスニック」、「シビック」の分類は「エスニック・ナショナリズム」「シビック・ナショナリズム」（塩川 2008）や「エスノ文化的・差異化的なネーション理解」「国家中心的で同化主義的なネーション理解」（ブルーベイカー 2005、柏崎2009）など、よく使用される分類方法である。[1]すなわち国民、もしくは国家の自己理解が「エスニック」な紐帯によってなされているのか、もしくは権利や公共性、市民といった共通性、すなわち「シビック」なものによって成り立っているのかという分類である。もちろんどの諸国も100％「エスニック」「シビック」と分類できるものではなく、その国家建設の過程で利用できる資源を動員した結果の特徴と言えるだろう。例えば日本は地政学的に閉鎖的な期間が長く続いたため、ほぼ地理的空間内にいる人＝「エスニックな日本人」と設定しやすかったと言える。そのため自らを「日本人」と捉える場合、国籍だけではなく、言語や習慣といった文化、また外見を含めた周囲の認識などによって「日本人」が決められている。対して移民国家であるアメリカやカナダの文脈では出自自体が多様であるため、同一の「市民文化」こそが「アメリカ人」や「カナダ人」を表すものとなる。そのためそれらの国の文脈では、出自・文化はエスニックなものを尊重し、政治的な場では同化主義的な立場をとると言える。この分類は出生による国籍取得の方法にも反映されており、伝統的な移民国家は「生地主義」をとりやすく、エスニックな紐帯の強い国家は「血統主義」をとりやすい。ただし、近年ではグローバル化に伴う人の国際移動の結果、「血統主義」「生地主義」を両方取り入れる国も増えてきている。[2]「○○系」という言い方もこういう移民受け入れ国の増加、そして移民の二世、三世が増える状況において、生じてきた分類と考えることができるだろう。もっとも第二次大戦、もしくは太平洋戦争後に独立した国家、いわゆるポスト植民地主義国家においては、軍事独裁国家からスタートするなど、上からの改革が進められた地域も多い。そのため、

「公定ナショナリズム」的に、制度・政策の側面から「○○系△△人」が設定されることがある。この場合は、欧米のいわゆる初期に成立した国民国家と違い、個人の水準（エスニックな意識）と矛盾することは多分にあり、民族間の紛争に発展することもある[3]。

さてこの「○○系」という捉え方の問題点はなんであろうか。実質的な移民がすでに多く存在している日本においても、「○○系日本人」という言い方が使われても、それほど不思議なことではない。しかしこの「○○系」という概念は、先のアメリカの例で指摘したように、「排除の対象」として使用される可能性もある。そもそもの発想として、マルチ・エスニックな日本人の追求、「多様なエスニシティの承認」を目標としておきながら、「○○系」というカテゴリーに押し込めることは、逆に多様性を限定しかねないどころか、本末転倒であろう。この点は「名乗り、名付け」という視点から、第7章で川上が鋭く指摘しているので是非参考にしてほしい。では逆に「○○系という言い方には意味がない。皆多様である」と言うだけでよいのか。人の多様性をフラット化させ、同質性のみが増加していく現状に対して、「○○系」をアンチテーゼとして使うことは不可能なのか。もちろんそれは使い方にもよるだろうが、その問いに答える前に、ここでは「○○系」に関する議論の前提にある、本質的な問いについて確認しておこう。

2　ネーションの次元と変容

本書の「○○系」に関する議論で問われているのは、実は前半の「○○系」ではなく「○○人」の指す内容である。「○○人」、すなわちネーション（国民／民族）の捉え方の変容こそが、多様性を受け入れる社会を考える時に重要な基盤となっているのである。

例えば「日本人」とはかねがね「単一民民族」によって成り立っているという言説がある。これは「血統、国籍、文化」が同一の者こそが「日本人」であるという幻想である。もちろんネーション自体が「想像」の共同体だとするならば、その国民を創り出すための装置としての「単一民族」説は、それほど不思議なことではないのかもしれない。「エスノ・ナショナリズム」的な共同体によって成立している国家としては使われやすい言説だろう。しかしそれは膨大な忘却装置によって創り出されたものであり、また同時に、都合のよい時だけ差別を肯定する論拠として使われ、その差異が復活する点は問題だろう。

これに対しポストモダンの言説においては、すでに近代国家は多様な差異の集合によって成立しているものであり、その差異は積極的に認められるべきものとなっている。日本のエスニシティに限って言えば沖縄、アイヌは独自のエスニック文化を保有してきたし、その地域を除いたとしても全ての地域が単一のエスニシティを保持していたとはとても言えないだろう。ちなみに私が現在住む青森市（津軽地方）は、言語的にも食文化的にも関東とは明らかに違う。青森県の中でも「津軽」と「南部」はまた違うと言われている。こうした事例は日本全国どこにでもあるし、その差異を時には笑いに変えつつ、受容している。こうした差異を一気にフラット化させるのが、ナショナリズムであり国民国家の建設であったことはすでに述べた。本書でも何度か話題になっている国籍や帰化は、まさしく国家が国民をアイデンティファイさせるための道具である。こうした「インフラストラクチャー的権力」（M・マン 2002）を通じて、われわれは「日本人」という抽象的なものに形を与えている。

もっとも問題はそうした共同幻想がグローバル化社会に直面し、崩れていることであり、その現状によって制度設計も変えていかざるを得ない現状になっていることである。例えば、制度を見ても国籍の道具化はますます進んでいる。欧米諸国では複数国籍の保有がめずらしいことではなくなっている。戦後日本の制度的な言説における「日本人」の設定自体ですら変化している。戦後日本では「日本人」＝同一血統としていた。ところが１９８５年の国籍法改正のおりには日本が単一民族国家であることを前提におきつつも、これまでは純血性を求める血統主義であったが、今後は「片親血統主義」でかまわないといった発言が見られる。[4] 戦後の「日本人」に包摂される人のイメージは確実に広くなっており、〇〇系というのもまさしくその包摂の過程において生じる、一つの言説であると言えるだろう。そのため当然、個人レベルでの多様な生活世界、日常的な現実とは必ずしも一致することはない。むしろ先に「カテゴリー化」を提示し、戦略的に多文化化を見やすくするために使用されていると言える。

いずれにせよ、問われるべきは「日本人」の中身であり、近年何度も繰り返し言われている「ナショナリティの脱構築」が課題と言える。もちろんその脱構築に対するバックラッシュがすでに起こっていることは先に指摘した通りであり、それを乗り越えること、すなわち「変革力」が求められている。さて、日本社会であまり「〇〇系日本人」がなじまないということは述べたが、では逆にまったく使用されないのか。「〇〇系」という概念が日本ではどのような文脈で語られるのかを見てみよう。

3　日本社会における〇〇系

「〇〇系日本人」をどのように設定するかという問題はあるものの、どれほどマルチ・エスニックな「日本人（＝日本国籍保持者）」が存在するか考えてみよう。もっともわかりやすいのは、日本国籍取得者数である。まず日本国籍を取得した人は戦後初の日本国籍取得者が誕生した1952年から2000年で33万3429人、[5] 2000年～2014年が19万1468人（113頁）、総計52万4897人となっている。国籍取得者で多い順に「韓国・朝鮮人」「中国人」「フィリピン人」となる。もちろん亡くなった方の数も多いが、その子孫をあわせると膨大な数になる。次に重国籍者は統計を取り始めた1985年から、国会で話題にのぼった2007年までで約58万人と言われている（大山2009）[6]。ただし重国籍者の場合、両親とも日本国籍で子が生地主義国で生まれた場合は重国籍者になるので、必ずしもここでいう「〇〇系日本人」にすべてあてはまるとは言えない。ちなみに本書で登場する「引揚げ者系」や、国民国家「日本」が誕生した時から、日本に包摂されている「アイヌ系」「沖縄系」を含めると、さらに数は増えるだろう。具体的な数値を出すことはほぼ不可能に近いが、日本社会全体が多様な「系」の人で成立しているという想像力は喚起されるだろう。もちろんこれは個人の側の認識はまったく考慮にいれず、「（単一民族神話的な意味での）日本人」以外にルーツを持つ人だということは忘れないでほしい。これから見ていくように、個々の側の認識とは「日本国籍」を持っていようといまいと「〇〇系日本人」と表出されることもあるし、またそういった言い方は違うと感じる人もいる。それを前提に、日本で〇〇系が使われる文脈を考えてみよう。

　近年日本で〇〇系という用語は、在日コリアン研究の文脈で使用されるケースが増えている。この背景にあるのは1900年代に韓国・朝鮮人（その中心は特別永住者である）の日本国籍取得者が増加したことがある。それまでの帰化行政では行政指導の名のもと国籍取得の際には「日本的氏名」を事実上強要していたが、1990年代後半になると「民族名のままの帰化」が認められるようになってきた。そのため、名前は民族名を残し国籍は日本国籍を取得するという人々が増加しはじめた。コリア系日本人という呼び方もその文脈が強く、日本国籍を取得したが民族名を名乗り続けている在日コリアンがその代表である。もちろん李の論文（第4章）を参照してもらえばわかるが、日本名で生きる「日本国籍取得者」、日本国籍は持っていないがコリア系日本人として生きる人など、実際は様々である。また「在日コリア系日本人」「韓国系日本人」「コリアン・ジャパニーズ」など呼び方、名乗り方も様々ある。重要なことは、日本最大で、かつ不可視化していた在日コリアンが、日本国籍の取得の有無にかかわらず、出自を明らかにして日本社会で生活できることであり、その戦略の一つとして○○系日本人という用語が使われていることである。

現在コリア系以外に、エスニック集団としてはあまり使われていないのが現状だろう。ただしエスニックな紐帯に重きを置く日本社会においては、逆に「日系」という言葉は肯定的に使用されることが多いように思える。１９９０年頃から本格的に来日した日系人の多くは、ブラジルやペルーなど南米の文化で育ってきている人が多い。にもかかわらず、彼らは日本人の血を引く人々として制度的にも別に扱われている。例えば彼らの在留資格は定住ビザとなっている。出入国管理及び難民認定法で定住ビザとは「法務大臣が特別な理由を考慮し一定の在留期間を指定して居住を認める者」であり、例として「第三国定住難民、日系３世、中国残留邦人等」があげられている。[7]受入れの背景には実質的には単純労働者不足を補うためという経済的な理由があったのだが、日系人を受け入れるための資格をわざわざ設定したのである。ちなみに日系人とは１９００年前後から海外に移住した人たちの子孫であり、特にブラジルには１９０８年以降約１３０万人が移住しているという。つまり日本で働く日系人の祖父母の世代が日本人であり、現在は二世、三世が来日していることになる。近年では日本国籍を取得する人もおり、この場合○○系という呼び方を使うと、「日系ブラジル系日本人」になってしまうかもしれない。

コリア系日本人や日系ブラジル人といった言葉が使用されているということは、日本でも○○系という言い方が根付く可能性はあるのかもしれない。冒頭で述べたように、マルチ・エスニックな出自を抱えた人々がますます活躍している現在、彼らを「名付ける」際に利用される可能性はある。欧米の事例を見てもそうだが、○○系というのは主に移民の第一世代ではなく、第二、第三世代を指すことが多い。自分で来日して、日本国籍を取得した人々は、そもそも自分を○○系と言うことはほとんどない。逆に日本で生まれ育った人の中には、国籍の有無にかかわらず、○○系と自称する人もいる。在日コリアン社会で「コリア系」といった言葉が使用されはじめたのも、すでに第四、第五世代が登場してからである。

エスニックな観点を述べたが、同時に○○系というのは、なにも近年のエスニック集団に限定されることではないだろう。日本の歴史を考えれば、近代的な国家になったのは明治以降のことであり、それ以前は各地域によってそれぞれの文化や言語が発達していたといえる。関西系、関東系、九州系などという言い方はいまもされるし、長州系や薩摩系、会津系といった区分も可能であろう。近代のプロジェクトが同一性を求め続けてきたものだとするならば、もともとは多様な社会が存在していたことになる。その意味で、本書に収録されている、「帰国者系」（第9章）「引き揚げ者系」（第10章）という発想は日本社会のもともと持つ多様性を象徴していると言える。

4 本書のねらいと構成

(1) 六つの論点

本書の目的、もしくは読みどころを具体的に述べるならば次の六つの点が指摘できるだろう。第一に○○系という使われ方を明らかにすることである。われわれは日常生活で「日系アメリカ人」や「コリア系日本人」などという言葉を聞いたことがあるかもしれない。しかし、その使われ方がどのような文脈で、どのような意味で使用されてきたのかは実はあまり知られていない。○○系という用語の使用法や歴史などを知ることができるのは非常に有意義である。これは本書の特徴と言えるだろう。特にこの序章、および第1章から第3章がそれに該当する。第二に、当事者がエスニックなルーツをどのように思っているのかを考察することである。特別インタビューや第二部での事例研究では、特にマルチ・エスニックなルーツをどのように当事者が捉えているかが明らかになっている。そこでは日本で○○系という用語を使うことの違和感や気持ちとのズレも紹介されている。現実的にはもっと多様な自己の捉え方があることがわかる。これらのことを踏まえると、当然第三に現存制度への問いかけが必要になってくるだろう。国籍法や出入国管理法といった、現在の具体的な制度への問いかけも必要であるが、同時に日本社会がエスニックな多様性を積極的に許容するような移民政策も必要となるだろう。第四に、そのことを通じて、国民国家としての「日本」社会をより多文化に根差した社会に変革する可能性を探ることができるだろう。これは、事例を通じて多くのマルチ・エスニック・ジャパニーズが日本社会を変革してきたこと、そして現在も変革力を持っていることからわかるだろう。そしてその土台を提供しているのもまた、日本社会であることに気づくべきであろう。そのため、第五に日本社会の歴史的な経緯を振り返り、もともと日本社会が多様な存在から成立していることを確認することも必要である。これらの作業は、日本社会から海外へ移民し、そして戻ってきた人が活躍するという視点から考えることもできる。そしてなにより第六に、国家を超える、グローバリゼーションへの対応を現在活躍している人から学ぶことが目的と言える。以下簡単にではあるが、それぞれの章を紹介しておこう。

(2) 本書の構成と読みどころ

本書は二部からなっている。第I部は「○○系」という用語が日本以外の国でどのように使用されているのかそれぞれアメリカ（第1章「エスニック・アメリカン」であること）、ドイツ（第2章「ドイツ人概念の変容」）、シンガポール（第3章「アジアにおける○○系概念」）で検証している。対比的に述べれば、まずアメリカでは伝統的に「○○系アメリカ人」という用語が使用されている。しかし多文化を象徴するような用語としての「○○系」というのは公民権運動以後であり、それまではむしろ否定的な使われ方をしていた。ドイツでは「○○系という言い方は根付いていない」。すなわち「脱出自化」していないのがドイツの現状である。ただし移民受け入れの経緯から、マルチ・エスニックな「新しいドイツ人」がクローズアップされている事実もある。またシンガポールに関して言えば、エスニック、シビックどちらの意味でも自発的な意味でのネーションの創造は難しく、国家建設のための「公定ナショナリズム」「公定エスニック・カテゴリー」によって規定されている。そのため○○系の使われ方も、あくまで代表的なエスニック・グループ（華人、マレー人、インド人）が主流であり、現実の多様性には対応しきれていない。

これらの事例から日本社会の現状について学べることは以下のことであろう。まずアメリカの事例からは、南川が指摘しているように、「○○系日本人」を求めることは、日本のナショナリズムのシビックな側面を再強化することにつながる点である。佐藤の脱出自化の議論と同様の可能性が指摘されている。しかしそれと同時に警鐘を鳴らしているのは、「○○系」であることの正当性を「日本人」であることに求めるような議論である（40頁）。この点は「○○系日本人」という用語を使うことの危険性を指摘した、川上（第7章）の議論にもつながっている。マルチ・エスニックな日本を考えるには、国籍の有無にかかわらず日本社会で活躍する人々を受け入れる土壌が必要と言える。次にドイツに関しては、エスニックな出自に基づいて定義されてきた「ドイツ人」概念は、「古いドイツ人」の内面化している出自へのこだわりだと指摘される。そのため、「古いドイツ人」も、多様な出自を持った移民が数多く生活する「移民社会ドイツ」に自らを「統合」させることが重要となっている（66頁）。このことは、日本社会も同様であり、近年活躍するマルチ・エスニックな日本人を「新日本人」と仮定するならば、「古い日本人」の脱出自化が重要になってくるだろう。「日本人」概念もドイツと同様にエスニックな出自によって規定されるのが主流であることを考えるならば、ドイツの取り組みは参考になるだろう。シンガポールの事例では政策先行型の功罪がはっきりと現れている。上からのナショナリズム、エスニック・カテゴリーは政策としての多文化主義の発展には寄与するだろう。しかしながら、ここでも同様に問われているのが、○○人の多様性の承認である。そもそも国籍を持つ「日本人」の定義において、文化的多様性が政治的に考慮されているのかという石井の疑問（82頁）は、今後の政策課題にもつながっていくだろう。

さて今回は、特別企画として日本国籍を取得したラグビー日本代表へのインタビューを収録した。そもそもラグビーは他の様々な競技と違い、日本国籍を取得しなくても日本代表になることができる。そのため、日本代表になるために国籍を取得したわけではないというのが前提にある。では国籍の取得はラグビー選手という文脈とは、まったく切り離されているのか。今回のインタビューでわかったことは、ラグビー独特のチームへの貢献心であった。すなわち、日本国籍を取得することがチームの強化につながるという気持ちである。これはラグビーという集団競技に特徴的なことなのかもしれない。代表というのも、日本という国家の代表というより、「日本代表チーム」「桜のジャージ」への強烈なプライドがあるように感じる。また改めて気づかされるのは、日本国籍の取得に対する周囲の反応も、出身国の文化によって大きく左右されることである。グローバル化はまさしく世界規模の出来事であり、国籍に対する感覚も徐々に変化していると言える。

第Ⅱ部は第4章から第10章で構成されている。第Ⅱ部はまさに、日本における「○○系日本人」の持つ変革力や、そのカテゴリーの設定の可能性と課題について多角的に論じている。以下章ごとにまとめて紹介しておこう。

第4章「コリア系日本人の再定義」で李は、主に帰化制度に注目し、日本国籍を取得した在日コリアンへの調査から、日本国籍取得の理由、障害、制度の問題なども指摘している。そういった問題を解消し、かつグローバル競争力の展開や人口減少対策が求められる日本においては、生地主義の導入も視野にいれた幅広い議論を進めることが必要だと指摘する。またコリア系日本人を単に国籍の有無だけで決めるべきではないと述べている。すでに日本では在日コリアン四世、五世が育っているにもかかわらず、国籍が違うというだけで「主流社会の周辺」に置かれている。そのため特別永住者をコリア系日本人として再定義し、日本社会における多様性を認めることが必要だと述べる。

第5章「華僑と華人」では、「中国／中華系」日本人を扱っている。陳はまず、そもそもの呼び方として「中国系日本人」「中華系日本人」という2通りの呼び方が可能であることを指摘する。前者の「中国」という場合は、「中華人民共和国」を連想させ、中華というと「香港や台湾、そしてシンガポールなど制度や境界を跨いで中華文化を共有する人々」の意味で使用されるという。ここではさらに、「在日華僑華人」もマルチ・エスニック・ジャパニーズに含まれることが指摘されている。例えば、日本国籍は取得していないが日本の国民的英雄である王貞治氏はそれに当たると述べる（132頁）。重要なことは、陳が指摘するように、彼らの存在が日本社会の多様性を促進させ、さらにグローバルな社会との架け橋を築いていることだと言える。

第6章「フィリピン系日本人――10万人の不可視的マイノリティ」ではフィリピン系日本人を扱っている。フィリピン系日本人といった場合、他のエスニック集団と同様「誰」を指すのかが問題になる。高畑はとりあえず、日本国籍保持者に限定して話を進めている。ただし日本国籍保持者であるフィリピン系日本人でも「帰化したフィリピン国籍者」「日本人とフィリピン人の両親から生まれた若者」「改正国籍法による国籍取得者」とわけることができる。そしてその数は、10万人にものぼると指摘する。高畑が指摘するのは、フィリピン自体が多様な言語、文化で構成された多文化・多民族国家であり、そのためフィリピン系日本人も数ある「フィリピン系〇〇人」の一つと考えられることである。そのため国籍は大人にとっては道具的であり、子どもにとっては選択だと指摘する。ただし在日コリアンと違い、民族文化を継承する場所がないため、普通の日本人として育っている可能性がある（165頁）。今後のフィリピン系は日本社会で不可視なままになるのか、それとも大きな多様性として注目を集めるのか、注視していきたい事例である。

第7章「ベトナム系日本人」で川上は、「系」という概念使用に関して問題提起を行うことからスタートしている。境界理論の視点を採用すれば、「ベトナム系日本人」とは常に存在するのではなく、「名付け」と「名乗り」のせめぎ合いの中に存在するのだと指摘する。その文脈において

「名付け」の側面から見れば、○○系日本人という議論においては、「日系日本人」という表現が同等に議論されなくては、いわゆるマジョリティがマイノリティを枠づける、政治性や権力性が伴うことになると指摘する（169頁）。逆に「誰が○○系と名乗りたいのか」という議論では、「名乗り」には動態性、政治性、社会性があると指摘し、社会的環境や社会的圧力関係によってそれが生じていることを指摘する（183頁）。川上の議論は「○○系日本人」というくくり方そのものが持つ危険性に警鐘を鳴らし、しっかりと個別の文脈の中での多様で動態的な生き方を理解する方法が必要なこと示している。

第8章「ロシア系日本人」ではおおよそ100年のスパンで、第一期「ロシア帝国崩壊」と第二期「ソ連崩壊」の二部にわけて、歴史的に考察している。来日理由も前者はいわゆる亡命ロシア人（白系ロシア人）であり、後者は「科学研究」「出稼ぎ」といった特徴がある。また「ロシア系日本人」の範囲は結婚による日本国籍取得、ロシア系日本人の子ども、「帰化」により日本国籍を取得したロシア出身者と定義して分析している。昔はスタルヒン（帰化申請はしたが、国籍は取得できなかった）や、現在では有名モデルのローラ（母が日本人とロシア人とのハーフで、クォーターだとされている）など著名人もいる。しかし倉田は、ロシア系日本人に対する日本人の関心が薄いことを問題として指摘する。その解決のためには、地域や自治体、そして研究者の取り組みが必要であると主張している（200頁）。地理的に近いロシアの国交史も含め、興味深い論考である。

第9章の「中国帰国者」系日本人では、境界文化に注目して、マージナルな存在として中国帰国者が創られていく過程を分析している。南によれば、ここでいう境界文化とは「境界によってつくり出された統合化と差異化の過程を生きる人々の実践文化」である（204頁）。中国帰国者は日本と中国という国民国家の境界によって包摂／排除されてきた人々であり、歴史的には満州移民期、中国居留民期、中国残留期、日本への永住・定住期、ディアスポラ的な移動期間に分けて考えることができるという。問題はそれぞれの期間において、本人たちを取り巻く国家のモデルストーリーが変化し、それによって「日本人」「中国文化を持つ日系人」「中国人」などの呼称も含め、立場や状況が複雑に変化することである。ここでみる境界文化の創り出され方は、まさしく「日本人」というネーションへの包摂と排除の過程であり、本書において根本的に問うべきテーマが提出されている。

第10章の「引揚げ者」とは、終戦後に「外地」から日本に帰国してきた人を指すという（219頁）。駒井はこの「引揚げ者」の中に独自のライフコースを読み、彼らの共通の経験から生みだされる「変革力」を提示する。第9章と共に、「日本系日本人」の多様性を示すものと言えるだろう。ここでは、文化関係の代表的人物、池田満寿夫（版画家）、赤塚不二夫（漫画家）、なかにし礼（作詞家・作家）、立花隆（ジャーナリスト、作家）、加藤登紀子（歌手・女優）が事例として扱われている。駒井によれば引揚げ者に共通する「変革力」を支えるものは、秩序崩壊を目の当たりにした後の強烈な引揚げ体験、帰国後の差別、それらの経験から来る「独立性」「ノマド性」だと指摘する。これらの経験こそが、独自のパイオニア精神を生みだし日本社会に影響を与えてきた。駒井は日本社会におけるこうした「独立性」「ノマド性」を持つ人々の変革力を、「〇〇系日本人」の中に見ている。マルチ・エスニック・ジャパニーズの変革力を考える上でも貴重な論考となっている。

なお、その他にも様々な視点からのコラムを加えることで、本書の議論の射程を広げている。珍しいテーマが多いのでぜひ読んでいただきたい。

まとめ

「〇〇系日本人」。これは企画趣旨から考えると、根本的に矛盾をかかえた言葉なのかもしれない。すなわち、本書の意図は日本社会のダイバーシティ＝多様性を認め促進させることであるが、新しいカテゴリー化はその企図を摘みかねない。しかし、こういった原理的な矛盾は社会科学の客観性における「理念型」においてすでにアプリオリに設定されている問題でもある。ある種の理解のためのモデルを作ることは、現状把握に役立つとともにそれから外れるものも必ず作りだす。アドルノの『否定弁証法』における「同一性」と「非同一性」にしても、デリダの「脱構築」にしても、重要なのはそのモデル化にこだわらず常にそれから外れるものも視野に入れて議論することであろう。おそらく最終的には、エスニックな自己理解にせよシビックな自己理解にせよ、「日本人」という用語自体が、すでに「〇〇系」を当たり前に含んでいると認識されること、すなわち「〇〇系」という用語すら使われなくなることが目的と言えるのかもしれない。

これまで人種や民族差別に対抗することや、海外からの人たちをいかに受け入れるかといった、どちらかといえば

「対策的」、さらに言えば「受身的」「現状対応的」な多文化議論が多かった気がする。そういった議論に対し、積極的に多様なエスニシティを持った日本人、すなわち「マルチ・エスニック・ジャパニーズ」の存在を全面に打ち出し、日本社会のダイバーシティを加速させる議論を展開するのも悪くないだろう。進むグローバル化を前に躊躇し足踏みするより、それを前向きに捉え、活躍している人々の姿から何かを学ぶことは重要である。そして彼らの現在の活躍の背景にはその先人達がいること、さらには、実は日本という地域そのものが多くの出自や多様な文化によって成立していることに気づかされるだろう。

参考文献

T・アドルノ著、木田元他訳（1996）『否定弁証法』作品社。

浅川晃広（2003）『在日外国人と帰化制度』新幹社。

大山尚（2009）「重国籍と国籍唯一の原則」『立法と調査』2009,8, No.295。

柏崎千佳子（2009）「日本のトランスナショナリズム」佐藤成基編著『ナショナリズムとトランスナショナリズム』法政大学出版局。

河炳旭（2001）『第四の選択――韓国系日本人』文芸社。

駒井洋、佐々木てる（2001）『日本国籍取得者の研究』筑波大学社会学研究室。

近藤敦（2012）「複数国籍の容認傾向」陳天璽・近藤敦・小森宏美・佐々木てる編著『越境とアイデンティフィケーション』新曜社。

塩川伸明（2008）『民族とネイション――ナショナリズムという難問』岩波新書。

佐々木てる（2006）『日本の国籍制度とコリア系日本人』明石書店。

佐藤成基（2014）『国家の社会学』青弓社。

R・ブルーベイカー著、佐藤成基・佐々木てる監訳（2005）『フランスとドイツの国籍とネーション』明石書店。

M・マン著、森本醇・君塚直隆訳（2002）『ソーシャルパワー――社会的な〈力〉の世界歴史I』NTT出版。

南川文里（2016）『アメリカ多文化社会論』法律文化社。

李洙任、田中宏（2007）『グローバル時代の日本社会と国籍』明石書店。

注

1 この分類は単純な二分法であり、実際は論者によって違う。塩川によれば「東」「西」のナショナリズムの区分の問題、またエスニックに基づくナショナリズムの性質が「悪いナショナリズム」に捉えられてしまう可能性があるなど、分類法の問題点を指摘している。詳しくは塩川（2008）、特に189-197頁を参照してほしい。

2 複数国籍保持の容認傾向は、特に移民の二世の出生の届け出について強い。日本も20歳から22歳までに国籍選択を義務としているが、子の国籍は重国籍であり、22歳過ぎても日本国籍を剥奪したケースはない。近年の国籍制度の採用に関しては近藤（2012）を参照のこと。

3 アフリカ諸国の独立後の国家建設について述べたものとしては佐藤（2014）がある。特にポスト植民地国家の建設において一党独裁の「新家産制」の国家が成立したが、その後「崩壊国家」となるケースが紹介されている。ここでは国民国家の普遍性自体の問い直しもはかられている。

4 戦後日本の単一民族神話において設定されている「日本人」の範囲の変容については、佐々木（2006）の第一章を参照のこと。戦後日本のネーションの設定は、公式の議論や文書の中でも変化してきたことがわかる。

5 2000年までの統計資料に関しては浅川（2003）が詳しく調べて

いる。そのほか帰化制度に関する特徴としては、駒井、佐々木（2001）、李、田中（2007）などがある。

6 日本の重国籍者に関しては、「衆議院会議録　第159回国会　衆議院法務委員会（平成16年6月2日）」においてその存在を積極的に認める必要があるとの意見も提出されている。

7 法務省、入国管理局のホームページ「在留資格一覧表」参照（参考URL: http://www.immi-moj.go.jp/tetuduki/kanri/qaq5.html）

＊ 本稿は、平成26年～28年度科学研究費助成事業（基盤研究（c））「人口減少社会の外国人統合政策――青森における外国人籍の事例から」の調査結果の一部を使用している。

I

○○系概念の国際比較

——エスニシティとナショナリティの乖離と統合

第1章

「エスニック・アメリカン」であること

エスニック文化とナショナリズムの接合

南川 文里

1 「○○系アメリカ人」が描く多文化社会

移民と歴史的な結びつきが深いアメリカ合衆国は、その国民概念の基本的な部分で、一人一人の国民が異なった出自や起源を有していることを前提としている。異なった出自を持つ人々が、「アメリカ人」としての意識を獲得する過程は、アメリカ合衆国の国民的物語の中枢を占めるものとなっている。

その典型的な物語の一つは、第44代大統領バラク・オバマの自伝にも見られる。オバマは、ケニア出身の留学生であった父親とカンザス州出身の白人の母親のあいだに生まれたが、「アフリカ系」としての外見ゆえに、少年時代から人種的アイデンティティをめぐる葛藤に直面してきた。自伝では、彼が「アメリカ人」としてのアイデンティティを確立する物語は、ケニアへの旅と父親方の親族との出会いによって締めくくられる。アフリカへの旅が「アメリカ人」としての自己を確立するというオバマの語りは、まさに多様性を起源としながらも、その先に「一つの国民」を構築するというアメリカそのものを物語っている（Obama 1995）。このような出自や起源への旅は、黒人奴隷の物語をアフリカからの長い旅として描いたテレビドラマ『ルーツ』に代表されるように、アメリカのポピュラー文化においても繰り返し描かれている。

異なった出自を持つ人々によって構成された国としてのアメリカ社会像を語る上できわめて重要なのが、「○○系アメリカ人」という呼び名の一般化である。この呼び方は、「アイルランド系アメリカ人」「中国系アメリカ人」「メキシコ系アメリカ人」のように、それぞれの「アメリカ人」の文化的なルーツや出自を、○○系という表現によって示すことで、多様な背景を持つ人々が構成するアメリカのあり方を描きだしている。「○○系アメリカ人」として自己を定義したり、他者を呼んだりするという行為の集積が、異なった背景を持っていても同じ「アメリカ人」として共存できるという多元的な社会像の構築に結びつく。そして、今や「○○系」と「○○人」の組み合わせで描かれる国民像は、アメリカ合衆国などの移民国家に限らず、文化的多様性を尊重しつつも包摂的な社会像を表現するものとして広まりつつある。日本でも、「コリア系日本人」「コリアン・ジャパニーズ」などの呼び名は、「多文化共生」を謳う社会運動や言説が広まった1990年代ごろから、自称・他称のかたちで用いられつつある（野村 1996=1999; 佐々木 2006）。しかし、「多文化共生」が政府によってもスローガンとして採用され、文化的多様性への意識が高まりつつあるなかにおいても、「○○系」という呼び名が日本社会に広く定着しているとは言い難い。アメリカと日本における「○○系」という呼び名に対する態度の違いは、なぜ生じるのであろうか。

この問いを考えるためには、アメリカにおける「○○系」という呼び名が、どのような歴史的文脈を背負っているのかを認識する必要がある。ある社会の構成員を互いに「○○系」と呼び合うためには、多様な人々を国民の一部として位置づける、ある種の社会のあり方――社会学的な概念では編入様式（modes of incorporation）と言われる――が共有されていなくてはならない。[1]「○○系アメリカ人」という考え方は、そのような国民によって構成される多元的な社会像の共有とセットになって、はじめて意味がある。では、アメリカ社会において、「○○系」というエスニック文化と「アメリカ人」というナショナルな帰属意識は、いかに接合してきたのか。本章では、アメリカ合衆国において「○○系アメリカ人」という呼び名が人々の支持を集め浸透する過程を概観する。そして、それが埋め込まれた歴史的文脈と政治的含意を確認することで、「マルチ・エスニックな日本」を構想する際の留意点についても考えたい。

2 「ハイフン付きアメリカ人」から文化多元主義へ

「○○系アメリカ人」という呼び名は、その文化的なルーツを示す「○○系」と、国民的なアイデンティティを示す「アメリカ人」の二つの要素の組み合わせで構成されている。しかし、この「○○系アメリカ人」が示す内容は、その歴史的文脈によって、さまざまであった。ここでは、その歴史的経緯について確認しておきたい。

「○○系アメリカ人」という言葉は、アメリカ合衆国の成立当初からあったわけではない。初期アメリカ社会において重要なのは、それぞれ異なった出自を持つ「○○人」が、いかに「アメリカ人」になるのか、という問いであった。複数の出自から生まれる「アメリカ人」とは何者であるのか。たとえば、フランス出身の作家J・ヘクター・セント・ジョン・ド・クレヴクールは、『アメリカ農夫からの手紙』のなかで、特定の文化的ルーツに制限されない「アメリカ人」という「新しい人間」の特質を考えている。クレヴクールは、「祖父がイギリス人であり、その妻はオランダ人、その息子はフランス人と結婚し、そして現在は、その4人の息子たちが、それぞれ異なった国出身の4人の妻を持っているような家族」に、理念的な「アメリカ人」の形を見る。そこでは、「アメリカ人」は、既存の民族や出身国とは全く異なった文化、生活様式、アイデンティティを持った「奇妙な混血」として描かれる（Crevecoeur 1782=1904）。そして、人々がそれぞれ有する文化的出自は「旧弊」として乗り越えるべきものとされ、「アメリカ人になる」とは、このような「旧弊」を捨て、新たな共同体の一員として転生することを意味する。そして、「奇妙な混血」としての「アメリカ人」は、新しい文化的要素が追加される度に、常に新しく作りかえられるという流動性と開放性を持つものとされた。

初期のアメリカ合衆国では、「○○系」としての自身のルーツへのこだわりは、「旧弊」への執着と見なされ、ヨーロッパ旧世界から切り離された「新世界」アメリカの建設を阻害する要素と見なされた。このような考え方は、初期における移民排斥運動への流れを創り出した。アメリカ合衆国における移民排斥運動は、19世紀中頃に、アメリカ合衆国を建設した初期移民の理想を引き継いだ「アメリカ生まれ」の人々が、新来の移民の流入を阻止しようとする「ネイティヴィズム」として登場した。ここで問題となったのは、新来の移民が、アメリカの理想や理念を共有せず、ヨーロッパ世界の「旧弊」を持ち込む存在として忌避されたことであった。そして、このような傾向は、19世紀後半から20世紀前半にかけての大量移民の時代に、さらに加速した。大量移民の時代には、これまでのイギリスや西欧、北欧出身者に代わって、イタリア、ポーランド、ロシア、ギリシャなどの南欧・東欧の出身者が多数を占めるようになった。これらの新しい移民の多くは、アメリカの産業化を底辺で支える労働者階級として都市部に集中し、

（ユダヤ系の）「ゲットー」や「リトルイタリー」など、独自の移民コミュニティを形成した。そして、新しい大量移民の信仰においても、カトリック、ユダヤ教などの非プロテスタントが多数を占めたことが、移民に対する危機感をさらに煽った。拡大するネイティヴィズムは、これらの移民を、「アメリカ人」と宗教、言語、文化、生活様式を共有しない外国人であることを強調し、その排除を訴えた。

　ネイティヴィズムという歴史的文脈のなかで登場したのが、「ハイフン付きアメリカ人（hyphenated American）」という新しい考え方である。「ハイフン付き」とは、「アイルランド＝アメリカ人（Irish-American）」や「ユダヤ＝アメリカ人（Jewish-American）」のように、「アメリカ人」の前に、文化的なルーツにあたる言葉を置き、両者をハイフンで結びつける記述の仕方である。このような呼び方は、19世紀末から存在していたが、第一次世界大戦期にセオドア・ローズヴェルトやウッドロウ・ウィルソンらが、「ハイフン付き」の人々への批判を繰り返すことで定着した。たとえば、ローズヴェルトは、「アメリカ人のためのアメリカ（America for Americans）」をモットーとして掲げ、「ドイツ＝アメリカ人」の存在を公然と非難した（Higham 1955=1988: 198-200）。彼は、「ハイフン付きアメリカ人」を、アメリカ国籍を取得しているにもかかわらず、出身国の国籍を維持している「二重国籍者」と見なし、「ハイフン付き」が労働組合を扇動し、彼らが行使する「外国票（foreign vote）」の威嚇によって、アメリカの政治家は共和国の利益に反する行為に荷担させられていると主張した。[2] このような主張は、労働運動や政治腐敗などのアメリカ国内の「問題」を、移民や外国人に帰する典型的な排外主義であったが、重要なのは「ハイフン付きアメリカ人」を、アメリカ市民としての資格を有する他者として、その第一の標的としたことであった。はじめての世界戦争を前に、アメリカ市民の内部に「外国」の利害を優先する者がいるという恐怖は多くの人々に共有され、「１００％アメリカニズム」を煽った（Higham 1955=1988: 204-212）。「アメリカ人」とその出自をハイフンで結ぶ表現は、20世紀転換期の大量移民の時代における排外主義的な言説として広まったのである。

　しかし、大量移民の時代においては、「ハイフン付き」に対する排外主義に対して、移民や外国人を擁護し、アメリカの文化的多様性を尊重する対抗的言説も登場した。クレヴクールが描いた混成的なアメリカ・イメージは、この時代に「るつぼ（melting pot）」論という移民擁護の言説として流行した（Gleason 1992）。そして、「ハイフン付き」のイメージを逆転させ、「〇〇系」の文化的な豊かさを称えたのが、文化多元主義（cultural pluralism）である。ホラス・カレンは、文化多元主義的なアメリカ社会像を次のように語る。

> アメリカ文明とは、ヨーロッパ文明の協調的なハーモニーを完成させるものである。（中略）それは、単一性のなかの複数性（a multiplicity in a unity）であり、人類をオーケストラにするものだ。このオーケストラのなかでは、あらゆる種類の楽器が、その実質的な中身においても形式においても、特別な音色と調度を持っている。そのシンフォニーのなかには、あらゆる型にふさわしいテーマとメロディがある（Kallen 1915: 220）。

オーケストラでは、異なった音色を持つ楽器が、固有のメロディや音色を奏でることで、全体としての美しいシンフォニーが生まれる。カレンは、異なった楽器としてのエスニック文化が、それぞれの「自然な」独自の音を発することで、はじめて「アメリカ文明」というシンフォニーが生まれると考えた。単一の音を重ねるのではなく、複数の異なった音の調和や不一致のなかで生まれるシンフォニーこそが、アメリカの理想の姿であると訴えることで、移民排斥運動に対抗する、新たなアメリカ社会の姿を描こうとしたのである。カレンの文化多元主義は、オーケストラの比喩に描かれるように、アメリカ文明においては、建国の精神やアメリカ的生活様式と、個々のエスニック文化が両立できることを強調する。さらに、「ハイフン付きアメリカ人」の帰属の二重性批判への対抗的言説として、作家ランドルフ・ボーンは、アメリカ人とは世界中の人々が集まって構成された文字どおりの「世界市民（citizen of the world）」であり、旧来の国籍を越えたコスモポリタンで「トランス＝ナショナル」な性格を有すると表現した（Bourne 1916）。このように、エスニックな文化を、アメリカの文明的な豊かさの根源の一つと位置づける考え方は、セツルメント運動で活躍した社会活動家ジェーン・アダムズや、教育哲学者のジョン・デューイにも共有された（Gordon 1964: 138-140）。

しかし、20世紀初頭に登場した文化多元主義は、アメリカ社会における強固な人種主義的諸制度を覆すには至らなかった。何より、これらの考えが追求する文化の相互尊重や平等は、ヨーロッパ出身の人々に制限されていた。すなわち、ここで尊重されるべき「エスニック文化」のなかには、アフリカ出身の奴隷を起源とする黒人や、アメリカ大陸に先住していた諸民族の持つ文化は含まれていなかった。当時のアメリカ合衆国では、南部では黒人に対する人種隔離制度が維持されており、先住民に対する排除や強制的同化政策も実施されていた。これらの制度の前提として、黒人や先住民が有する文化やアイデンティティは、ヨーロッパ系移民と対等のものと考えられていなかった。また、文化的出自を尊重する多元主義的な価値観自体が、カレンやボーンのような一部の知識人をのぞいて、十分に一般化していたとは言い難い。むしろ、同時代の主流派は、移民に対しても、アングロサクソンやプロテスタントを起源とする言語（英語）、文化的価値観、生活様式への適応と、エスニック文化を「捨てる」ことを求める同化主義者であった（南川 2016: 64-66）。それでも、アメリカの文化的多様性を否定するのではなく、積極的に認めようとする発想の転換は、その後の20世紀における文化的多様性とナショナリズムの接合の歴史的な条件を形づくった。

3 「エスニック・アメリカン」の時代――公民権運動以後の多様性

「ハイフン付きアメリカ人」への排外主義的言説を覆し、文化的多様性を尊重した「○○系アメリカ人」のイメージを定着させる契機となったのは、20世紀半ばの公民権運動であった。南部における人種隔離制度の廃止を求めた運動の波は、全米規模の国民的な社会運動へと拡大した。運動の象徴的言説であったマーティン・ルーサー・キング・ジュニアの「私には夢がある」演説は、人種平等の実現を「アメリカの信条に深く根づいた夢」であると語り、人種問題をアメリカ国民の共通問題とする意識を作りだした（King 1963=2008: 281-282）。その結果、法的な差別を禁止する公民権法、すべての市民に投票権を保障する投票権法、差別的な移民受け入れ制度を廃止する新移民法など制度的改革へと導かれた。また、制度的達成に加えて、公民権運動を通して、黒人だけでなく、先住民、アジア系、ヒスパニックなどの人種マイノリティの文化も、排除や同化の対象ではなく、アメリカを構成する文化的多様性の一つとして承認することが、国民的課題として共有された。公民権運動を経た文化的多様性とは、既存のヨーロッパ系の内部だけでなく、すべての人種マイノリティを包含したかたちで描かれるべきものになった。

このような公民権運動の後に登場したのが、エスニック・リバイバルと呼ばれるエスニック文化への帰属意識や人種的アイデンティティの高揚であった。１９６０年代以降、ヨーロッパ系移民の子孫のあいだで、自身のルーツに対する関心が高まり、「アイルランド系」「イタリア系」「ユダヤ系」など「○○系」としてのアイデンティティを意識的に強調する動きが拡大した（Jacobson 2006）。また、黒人のあいだでも、白人を主流とする社会への同化や統合を求めるよりも、「ブラック」としての人種的アイデンティティの確立と自立のための連帯を求めるブラックパワー運動が登場した。この動きは、先住民やアジア系にも拡大し、人種マイノリティのあいだでも同化主義に対抗し、自身のルーツにもとづくアイデンティティ確立をめざす運動が展開された。

このようなエスニック文化への肯定的認識の高まりが、「エスニック・アメリカン」と呼ばれるアイデンティティ様式を導く一因となった。これは、20世紀初頭の文化多元主義にルーツを持ちながら、公民権運動やエスニック・リバイバルを経て、エスニシティを新しい「アメリカ人」イメージの中核的概念に位置づけたものである。20世紀後半期におけるエスニシティ概念の再発見について、社会学者ネイサン・グレーザーとダニエル・P・モイニハンは、エスニック集団が「大量移民時代の行き残り」ではなく、「新しい社会的形式（new social form）」であると強調する。ここでは、エスニック文化は、ネイティヴィズムや同化主義が想定したように、旧世界から持ち込まれた「旧弊」ではなく、アメリカ社会の経験のなかで新たに作り直されるものとして再定義された（Glazer and Moynihan 1963=1970: 13-17）。エスニシティ論の発想によれば、「アイルランド系」の文化は、アイルランドのナショナルな文化とは異なり、アメリカの社会的文脈のなかで再構成された「下位文化（subculture）」であると考えられる。「ハイフン付き」に対する排外主義は、「○○系」を維持することを、アメリカへの忠誠心の形成を阻害する二重国籍者を擁護することと見なしてきた。しかし、エスニシティ概念は、エスニック文化としての「○○系」を、アメリカ的文脈のなかで構築され、アメリカ的生活様式と矛盾しないものとして再定義する。その結果、「○○系アメリカ人」を肯定的に再評価し、アメリカ人の自画像の中核的イメージとして描きなおすことが可能になった。たとえば、ジョン・F・ケネディは、自身のルーツであったアイルランドを自ら訪問し、そこでアメリカへ移民した曾祖父を、両国を結びつける「永続的な鎖」と賞賛し、「移民の国」としてのアメリカ像を強調している。[3] 本章冒頭のオバマの自伝にもあったように、ルーツへの回帰を通して、多様なアメリカを構成する「○○系アメリカ人」としての自己を見出すという語り口は、このようなエスニック・リバイバルを通して広まったのである（南川 2011: 112-115）。

では、エスニック文化とアメリカのナショナル・アイデンティティはいかに共存してきたのであろうか。グレイザーとモイニハンのエスニシティ論の経験的基盤となったのは、20世紀半ばのニューヨークにおける諸集団の調査研究であった（Glazer and Moynihan 1963=1970）。この研究によれば、ユダヤ系、イタリア系、アイルランド系の各移民集団が、ニューヨークの都市社会に適応する際、家族やエスニックな結びつきが重要な役割を果たしており、エスニック文化の活用が、アメリカ社会における家族生活の安定、経済的上昇、そして政治参加を促進していることが示された。すなわち、エスニック文化は、アメリカ社会への統合を阻害するのではなく、むしろ促進する鍵要因として再評価されたのである。

そして、グレイザーらは、エスニック文化を尊重するアメリカ社会と、そのメンバーとしての「〇〇系アメリカ人」を成立させる条件として、「異なった時代・世代の人々を、異なった地位や特性を持つ集団へと構造化させるナショナルなエートス」を挙げている（Glazer and Moynihan 1963=1970: 290-291）。この「ナショナルなエートス」として、グレイザーは、三つの「国民的合意」の存在が、建国以来のアメリカの歴史、とくに公民権運動の経験を通して確認されたと述べている。第一に、アメリカはあらゆる人々の参入を歓迎し、それらの人々が建国の理念へとコミットすることを通して、そのナショナルな共同体の一員とする。第二に、アメリカでは、領域内にエスニック集団が独自の政治体を持つことを認めない。第三に、ナショナルな参加の際にエスニシティを捨てることを求めず、いかなるエスニック集団も自発的な基盤においてエスニシティを維持する（Glazer 1975: 28）。第二・第三の合意にもとづいて考えれば、エスニック文化は、各集団の自発的基盤のもとでのみ認められるものであり、アメリカ政府や公的機関による公認や保護は必要ではない。

よって、「〇〇系アメリカ人」という呼び方が前提とするのは、公的領域において特定の文化を優先しない「健全な無視」による中立性が保持されていることである。そして、エスニック文化は、私的領域において自発的な選択の結果として維持される。グレイザーらによれば、アメリカ合衆国の公的領域を形づくるのは、合衆国憲法、各種の法、民主的制度、民主主義の価値観などで挙げられる「共通理念」へのコミットメントである（Glazer 1975: 8）。このような理念の共有とコミットメントは、シヴィック・ナショナリズムと呼ばれ、歴史的にさまざまにかたちを変えながらも、「アメリカとは何か」を定義してきた。そして、シヴィック・ナショナリズムは、20世紀後半には人種隔離制度の廃止を求める公民権運動を支える理念となり、「エスニック・アメリカン」像の基本的な条件となっている（Gerstle 2001）。

公民権運動後のシヴィック・ナショナリズムは、私的な世界においては自発的なエスニック文化の豊かさを認めつつ、公的領域においては共通の普遍的な理念にもとづくコミットメントを求める。このような二重のアイデンティフィケーションのあり方について、政治哲学者マイケル・ウォルツァーは、かつては排外主義と結びついてきた「ハイフン付きアメリカ人」を以下のように再定義している。

「イタリア＝アメリカ人」についているハイフンは、他のアメリカ人による「イタリア系であること」の受容を象徴し、それと同時に「アメリカ人」ということは、強い文化的な主張あるいは特有の文化的主張をもたない政治的なアイデンティティであるということの承認を象徴している（Walzer 1997=2003: 59、一部は著者による訳）。

ウォルツァーは、エスニックな文化的アイデンティティと、特定の文化に左右されないシヴィックな政治的アイデンティティの両立として、「エスニック・アメリカン」のあり方を描き出す。ここで、重要なことは、エスニック文化と「アメリカ人」としてのコミットメントは、相互を正当化し、補強し合っているという点である。グレイザーらがニューヨークの事例研究から描いたように、日常生活におけるエスニックな資源の活用が、アメリカ社会での生活を安定させ、市民的・民主的な参加を可能にする。このようなエスニックな経験にもとづく市民的参加の蓄積が、アメリカ社会におけるエスニック文化の正当性を支え、エスニックな多様性をアメリカの「強さ」であるとする考えを生み出す。「エスニック・アメリカン」の成立は、文化的多様性を尊重しながら、シヴィックな理念国家にもとづくアメリカニズムを再強化する言説の再編成をもたらすものであった。このようにして、カレンが提言した文化多元主義は、公民権運動以後のアメリカ社会の経験的研究にもとづいた社会学的な編入様式モデルとして再提案され、多様性の承認と国民的統合を両立させる有力な社会構想となったのである。

4　「エスニック・アメリカン」の揺らぎと反動

「エスニック・アメリカン」が想定するエスニック文化とシヴィック・ナショナリズムの均衡は、グレイザーやウォルツァーらが考えたほど安定したものではない。その均衡を支える「ナショナルなエートス」に対する懐疑は、１９６０年代後半以降のエスニック・リバイバルの時代を創り出した人種マイノリティによる社会運動からも噴出した。たとえば、黒人奴隷の歴史をみれば、普遍的な理念を体現したとする合衆国憲法が、実際には奴隷制度を容認し、白人優越主義的な視点を内在していたことは明らかである（上杉 2013: 27-29）。また、ヨーロッパからの移住と合衆国の建国が先住民族の征服や排除を伴っていたことを考えれば、先住民が「建国の理念」に依拠してアイデンティティを構築したり、権利回復を求めたりすることは、明らかな矛盾を抱え込む。これらの運動は、一見、中立性や普遍性を持つように見える「建国の理念」が、特定の人種集団を排除し、抑圧する制度を支えてきたことを強調し、アメリカの市民的理想や良心に訴えても、人種平等のための真の変革は起こらないと訴えた。さらに、同時代のヴェトナム戦争に対する反対運動も、この戦争が、アメリカの理想にもとづくシヴィック・ナショナリズムの限界を示唆するものであることを強調した（Gerstle 2001: 327）。

このようなシヴィック・ナショナリズム批判を踏まえ、黒人や先住民などの人種マイノリティの歴史的経験に根づいて提案されたのが、多文化主義である。多文化主義は、マイノリティの持つ文化を、私的領域・公的領域を包括して人々の基本的なアイデンティティ形成を支えるものであると考える。よって、それは、エスニック文化とナショナリズムの安定的な均衡の前提としてあった私的領域と公的領域の区分を疑い、普遍的な政治理念よりも、各集団の固有の歴史と文化の視点から「アメリカ人」を再定義することを求めた。たとえば、歴史家ロナルド・タカキは、植民地期からのアメリカ史を、イギリス系の移民の歴史を「中心」に置くのではなく、先住民、黒人奴隷、ヨーロッパ出身の移民、メキシコやカリブ海、そしてアジア諸地域出身の各集団の歴史を重ねたものとして描き、「異なる岸辺」から人々が集って形成されたものとして「アメリカ」を再定義している（Takaki 1993=1995）。多文化主義が描く「〇〇系アメリカ人」は、個人のアイデンティティの柱として、「〇〇系」としてのエスニック文化の固有性を重視し、このようなアイデンティティを公的な領域においても「承認」することを求める。そのため、アメリカ人としてのナショナル・アイデンティティも、全員が共有すべき一つの大きな物語（マスター・ナラティブ）ではなく、複数の集団の歴史や物語を束ねたものとなる。20世紀後半のアメリカを席巻した多文化主義論争は、「エスニック・アメリカン」を成立させる条件を問いなおし、アメリカのナショナルな自画像をめぐる議論であったと言えるだろう。

多文化主義論争と同時期に「エスニック・アメリカン」の前提を再考させたのが、複数のルーツを持つ「多人種系（multiracial）」をめぐる動きである。１９９０年代に入ると、人種間結婚で生まれた子どものアイデンティティをめぐる葛藤が注目を集めるようになり、「多人種系」「ミックス」「混血」などと呼ばれる人々を、アメリカ社会でどのように位置づけるかが議論されるようになった。「多人種系」の権利を求める運動が盛り上がると、連邦政府は、２０００年に実施するセンサス（国勢調査）で、人種エスニックな属性を、一つに限らず、複数申告することを認めた。このような動きは、一人の人間が一つの人種エスニックなアイデンティティを持つという従来の考え方に見直しを迫る。また、90年代には、中国系、日系、ヴェトナム系、フィリピン系などのアジア諸地域出身の人々が「アジア系」を名乗り、メキシコ系、キューバ系、プエルトリコ系を包括する「ヒスパニック」の政治的・文化的な重要性に注目が集まった。従来のエスニック集団を包括する上位カテゴリーとしての「汎エスニシティ」は、個別のエスニック文化への意識を保持したまま、より人口統計学的に大きな単位での政治活動や社会運動をもたらした（Espiritu 1992）。さらに、エスニックなアイデンティティは、人種、階級、ジェンダー、セクシュアリティなどの各要素と結びついて理解されることも少なくない。同じ「○○系」であっても男性と女性のあいだの経験は大きく異なっており、個人のアイデンティティは、複数の属性要素が交差するなかで形づくられる。このように、起源を一つとは限定せず、複数のルーツや属性を持つことを認める新しい「エスニック・アメリカン」像は、アイデンティティが有する複数性、重層性、交差性に対する意識を深めている（Hollinger 1995=2002）。

以上のように、20世紀末から21世紀にかけて、「エスニック・アメリカン」を支えるいくつかの前提が大きく揺らぎ、エスニック文化とナショナリズムを接合させる社会制度の正当性が問われた。しかしながら、その接合を再強化したり、再構成しようとする動きも同時進行で生じている。それは、２００１年同時多発テロ事件以後のアメリカ社会に顕著に見られるようになった。テロ事件以降に顕著になったのは、市民的な権利よりも国家の安全保障を優先する態度や、「テロとの戦争」への国民的な動員を求めるナショナリズムの高揚であった。このような変化は、「敵」と「味方」を峻別する志向を加速させ、「エスニック・アメリカン」をめぐる動員と排除を引き起こす。たとえば、アメリカ合衆国の多様性は、戦争を遂行する上でのアメリカ軍の倫理的優位を示すものとして再定義される。２００1年以降のアフガン戦争、イラク戦争下においては、人種マイノリティや女性の兵士は、アメリカ側の普遍的価値や正義の証左として象徴化され、積極的に宣伝された（写真

写真1　アフガン戦争への意識高揚を求める広告（2002年8月、ロサンゼルス市内、著者撮影）

写真2　『タイム』（アメリカ国内版）2012年7月25日号表紙

1）。これは、その象徴的価値に加え、徴兵制を採用していないアメリカにおいては、常に不足する兵士を相対的に不安定な経済的条件にあるマイノリティの志願によって補充するという現実的な目的とも連動していた。すなわち、ナショナルな帰属を共有する「エスニック・アメリカン」の像は、戦時においては、動員の論理に容易に転化するのである。

一方で、このような多様性を抱えた「味方」の表象に対し、「敵」や「テロリスト」は、その多様性を捨象し、均質で同質のものとして描かれる。たとえば、南アジア系やアラブ系の人々は、十分な調査もないまま、潜在的な「テロリスト」として捜査対象となり、しばしば逮捕・拘束される[4]。これは、多様な人々の戦時動員の一方で、特定の属性を持つ人々を均質化し、排除するメカニズムが存在することを意味する。21世紀の「テロとの戦争」は、「エスニック・アメリカン」にもとづくアメリカ市民像が、戦争動員と排除の動きに容易に結びつくことを露わにしたと言えるだろう。

さらに、21世紀のアメリカでは、「エスニック・アメリカン」の枠組をいっそう拡大しようとする動きも生じている。「〇〇系アメリカ人」は、エスニック文化とナショナリズムの組み合わせで表現されるが、アメリカ・ナショナリズムには元来、その外部にあるものを包摂する自己拡張的な性質がある。たとえば、それは、法的資格上は「外国人」である移民の権利を守り、アメリカ社会において安定した生活を保障する移民統合政策の根拠となってきた。そして、近年では、正規の滞在資格を持たない非合法移民に対しても、その対象を広げる動きがある。たとえば、2006年の非合法移民取締強化に反対し、数十万人が参加した大規模デモでは、非合法移民の人々を指して、「私たちはアメリカである」「アメリカは移民の国だ」「移民がアメリカ経済の屋台骨だ」などのメッセージが掲げられた。デモ参加者は、家族を支えるためにアメリカで働く非合法移民の生き方は、建国以来のアメリカを支えてきた移民のそれと何ら変わるものではないと訴え、彼らこそが現代の「移民の国」アメリカの象徴であると主張した。2012年に雑誌『タイム』は、正規の滞在資格を持たない移民であると告白したジャーナリストのホセ・アントニオ・バルガスを表紙に掲げ、「私たちは、ただ合法でないだけの、アメリカ人だ（We Are Americans, Just not legally）」と題した特集を組んだ（写真2）。また、バラク・オバマも、2014年に非合法移民の権利擁護を求めた際、「私たちの祖先は、大西洋であれ、太平洋であれ、リオグランデ川であれ、これらを渡ってこの国にやってきたよそ者（stranger）でした」と述べた上で、非合法移民もアメリカの「理想へコミット」する人々と呼んだ[5]（南川 2016: 27-28）。以上の言説は、非合法移民も、「エスニック・アメリカン」の物語を体現していることを強調し、「○○系アメリカ人」を狭義の（国籍で判断される）「アメリカ人」を越えた拡張性や包摂性を持つものとして再定義するものであった。

21世紀の「○○系アメリカ人」をめぐる言説は、その内在的なダイナミズムに直面している。多文化主義によるアメリカ史の批判的な再解釈、多人種系の承認をはじめとするアイデンティティの複数性の許容、「テロとの戦争」や安全保障化による新たな排除と動員の政治、そして、非合法移民の権利擁護運動など、「エスニック・アメリカン」の意味は、内在的・外在的な要因の複合的な絡まり合いのなかで揺らいでいる。「エスニック・アメリカン」の内実は、グレイザーらが述べたほど、国民的な「合意」に達しているわけではないし、自明のものではない。むしろ、「エスニック・アメリカン」と自己定義したり、他者を位置づけたりすること自体が、エスニックな多様性とアイデンティティの複数性のなかで「アメリカ人とは誰か」を定義し、人種エスニックな秩序を見出そうとする一つの運動として考えるべきだ。

そして、この一連の動きのなかに、非合法移民や安全保障をめぐる問題によって再構成された現代的な移民排斥主義も含まれる。ネイティヴィズムは、「〇〇系アメリカ人」の流動性や拡張性に対し、ヨーロッパ的起源との結びつきの固有性を強調し、非ヨーロッパ世界からの移民の排除を主張する。たとえば、２０１６年大統領選挙で共和党の有力候補となったドナルド・トランプは、メキシコ人移民を「犯罪者」「レイプ犯」と呼び、ムスリム移民を「過激派」と同一視することで、これらの「属性」にもとづいた移民の停止や排除を訴えている。[6]このような主張には、揺らぎ続ける「〇〇系アメリカ人」の像を、ヨーロッパ白人の経験と結びつけることで再確定し、固定的で均質なナショナル・アイデンティティの物語を再構成しようという欲望が如実に反映されている。トランプの主張は、「望ましくない」移民のエスニックな出自が、アメリカのナショナルな物語の脅威となるという「ハイフン付きアメリカ人」論と共通点も多い。排外主義の台頭は、文化多元主義の登場以来追求されてきた、文化的多様性を尊重したかたちでの市民的包摂のための物語構築の放棄であり、アメリカの「多からなる一」の具現化を目指すナショナルなプロジェクトの挫折を意味している。

5　「マルチ・エスニックな日本」のために

エスニック文化とナショナリズムの接合による「〇〇系アメリカ人」の歴史的展開と現在は、文化的多様性をシヴィックなナショナリズムのもとで実現しようとする試みの可能性と課題を示唆している。特定の文化に左右されない普遍性にもとづくナショナリズムは、その枠内に複数のエスニック文化の共存を可能にする。しかし、歴史的な排除を経験してきたマイノリティにとっては、その中立性や普遍性を無条件に信頼することは難しい。さらに、「戦時」においては、それが戦争動員や新たな排除の論理になることも少なくない。アメリカの経験は、エスニック文化とナショナリズムの接合が実際には偶発的かつ不確定なものであること、そして、それが揺らぐことによって、多数派の間に容易に人種主義を呼び起こすことを鋭く示唆している。

日本のナショナリズムは、アメリカを含む移民国家のようなシヴィック・ナショナリズムではなく、エスニック・ナショナリズムの志向が強いと言われる。「〇〇系日本人」における「日本人」がエスニックな意味を色濃く持っていれば、「〇〇系」との両立に求められる条件は、「〇〇系アメリカ人」の場合よりも複雑になり、その定着は困難になる。しかし、2種類のナショナリズムを、日米間の本質的な相違とする考えには注意が必要だ。本章で見てきたように、アメリカ合衆国でシヴィック・ナショナリズムにもとづく「〇〇系アメリカ人」が定着したのは20世紀半ば以降のことであり、それ以前は同化主義的かつ人種主義的な「アメリカ人」解釈が主流であった。同様に、日本ナショナリズムにもシヴィックな側面があることは無視できない。たとえば、日本国憲法における「国民」は、血統や民族的特質ではなく、その普遍的な理念にもとづいて定義されている。それゆえ、「〇〇系日本人」を求めることは、日本ナショナリズムのシヴィックな側面を再強化することでもある。

しかし、それでも重要なことは、アメリカが経験したように、ナショナルな枠組を前提として文化的多様性を実現しようとすることの危うさを認識することである。「〇〇系」であることの正当性を「国民」であることに求めるような議論は、やはり容易に戦争動員、差別、排除を正当化する論理へと転化してしまう。「マルチ・エスニックな日本」の実現のためには、そのようなナショナリズムが有する問題を常に認識しながら、文化的多様性を持つ市民社会を構想することが必要であり、その点で日本もアメリカと多くの課題を共有しているのである。

注

1 ここで言う「編入様式」は、特定の文化的背景を持つ人々を特定の市民社会の一員として包摂する言説と制度の枠組を指す。J・アレキサンダーらによれば、同化主義や多文化主義も、市民的編入のための様式の一つに挙げられる（Alexander 2006; 南川 2016: 7-8）

2 *New York Times* October 13, 1915.

3 "Kennedy's Address to Irish Parliament," *New York Times* June 29, 1963.

4 ニューヨーク市プロファイリング共同研究による共同調査「私たち自身の言葉で――人種・宗教プロファイリングの影響を受けた南アジア系ニューヨーク市民の物語」（坂下史子訳『Migrants Network』第一六六号、二〇一四年一月）

5 The White House, Office of the Press Secretary, "Remarks by the President in Address to the Nation on Immigration," November 20, 2014. https://www.whitehouse.gov/the-press-office/2014/11/20/remarks-president-address-nation-immigration

6 『毎日新聞』二〇一五年一二月一六日

参考文献

Alexander, Jeffrey C. *The Civil Sphere*. Oxford: Oxford University Press, 2006.
Bourne, Randolph. "Trans-National America." *The Atlantic Monthly* Vol. 118 (July), 1916.
Crèvecoeur, J. Hector St. John. *Letters From An American Farmer*. New York: Fox Duffield. American Studies at the University of Virginia Hypertexts, 1782=1904. http://xroads.virginia.edu/~HYPER/CREV/header.html
Espiritu, Yen Le. *Asian American Panethnicity: Bridging Institutions and Identities*. Philadelphia: Temple University Press, 1992.
Gerstle, Gary. *American Crucible: Race and Nation in the Twentieth Century*. Princeton: Princeton University Press, 2001.

Glazer, Nathan. *Affirmative Discrimination: Ethnic Inequality and Public Policy.* New York: Basic Books, 1975.

________. and Daniel P. Moynihan. *Beyond the Melting Pot: The Negroes, Puerto Ricans, Jews, Italians, and Irish of New York City, Second Edition,* Cambridge: The MIT Press, 1963=1970.

Gleason, Philip. *Speaking of Diversity: Language and Ethnicity in Twentieth-Century America.* Baltimore: The Johns Hopkins University Press, 1992.

Gordon, Milton M. *Assimilation in American Life: The Role of Race, Religion, and National Origins.* New York: Oxford University Press, 1964.

Higham, John. *Strangers in the Land: Patterns of American Nativism, 1860-1925.* New Brunswick: Rutgers University Press, 1955=1988.

Hollinger, David. A. 1995. *Postethnic America: Beyond Multiculturalism.* New York: Basic Books, 1995（『ポストエスニック・アメリカ――多文化主義を超えて』藤田文子訳、明石書店、二〇〇二年）

Jacobson, Matthew Frye. *Roots Too: White Ethnic Revival in Post-Civil Rights America.* Cambridge: Harvard University Press, 2006.

Kallen, Horace M. 1915. "Democracy Versus the Melting-Pot." *The Nation.* Vol. 100. No. 2590, 190-194, No.2591, 1915.

King Jr., Martin Luther. 1963. "I Have a Dream."（「私には夢がある」荒このみ編訳『アメリカの黒人演説集』岩波文庫、二〇〇八年）

Kymlicka, Will. *Multicultural Citizenship: A Liberal Theory of Minority Rights.* Oxford: Oxford University Press, 1995.

南川文里「世代の言葉でエスニシティを語る――日本人移民はいかに『日系アメリカ人』になったのか」日本移民学会編『移民研究と多文化共生』御茶の水書房、二〇一一年。

________『アメリカ多文化社会論――「多からなる一」の系譜と現在』法律文化社、二〇一六年。

________「『移民の国』のネイティヴィズム――アメリカ排外主義と国境管理」樽本英樹編『排外主義の国際比較――先進諸国における外国人移民の実態』ミネルヴァ書房、二〇一八年。

野村進『コリアン世界の旅』講談社＋α文庫、一九九九年（単行本は一九九六年）。

Obama, Barack. *Dreams from My Father: A Story of Race and Inheritance.* New York: Three Rivers Press, 1995（『マイ・ドリーム――バラク・オバマ自伝』白倉三紀子・木内裕也訳、ダイヤモンド社、二〇〇七年）

佐々木てる『日本の国籍制度とコリア系日本人』明石書店、二〇〇六年。

Takaki, Ronald. *A Different Mirror: A History of Multicultural America: Revised Edition.* New York: Little, Brown, and Company, 1993（『多文化社会アメリカの歴史――別の鏡に映して』富田虎男監訳、明石書店、一九九五年）

上杉忍『アメリカ黒人の歴史――奴隷貿易からオバマ大統領まで』中公新書、二〇一三年。

Walzer, Michael. *On Toleration.* New Haven: Yale University Press. 1997（『寛容について』大川正彦訳、みすず書房、二〇〇三年）

「ドイツ人」概念の変容

「〇〇系ドイツ人」から考える

佐藤 成基

1 多様化するドイツ社会と「ドイツ人」問題

(1)「誰がドイツ人なのか」

2014年5月22日、ドイツの連邦大統領ヨアヒム・ガウクは、ベルリンにある連邦大統領府シュロッス・ベルビューでの帰化祝賀式典において、新たに帰化して「ドイツ人」となった人々の前でスピーチを行い、次のように語った。

誰がドイツ人なのでしょうか。これからはそれが、名前や外見だけからではますます認識しにくくなっていくでしょう。この部屋のなかを少し見回すだけで、そのことは充分に見てとれます。ここで私の前にいる若者たちの顔を見ればわかるのです。彼らの世代にとって、ドイツは多様なものになっているに違いないと。[1]

続けてガウクは、外国から移民として来独して、あるいは移民の子として生まれてドイツ国籍をとり、現在ドイツで活躍している政治家や文化人の人々の名前を具体的にあげた後で、現在のドイツ社会の状況について次のように述べた。

このような国内の景観は、均質で、閉鎖的で、ほぼ単色のドイツが存在しているという観念に多くの人がとらわれているのであれば、なんとも奇妙なものに映るでしょう。しかし、私たちが多様であるということ、さらに多様になっていくということは、ますます普通のことに感じられるようになっています。[2]

ドイツ社会は多様化し、さらにその多様性は日常化しつつある。それとともに、「ドイツ人」の認識の仕方も変わらざるをえなくなっている。もはや、白人で、キリスト教徒で、ドイツ語を母語とし、何世代にもわたって「ドイツ」に「ドイツ人」として暮らしてきた人間だけが「ドイツ人」ではない。トルコやイラン、アフガニスタンやモロッコ、セルビアやポーランド、ベトナムや韓国など、世界各地から移民や難民としてドイツにやってきた人々やその子孫が、帰化により、あるいは（2000年以後は）出生によりドイツ国籍を得て、「ドイツ人」としてドイツに生活する人々の数が増えつつある。そのため、ガウクが語るように、名前や顔かたちだけでは「ドイツ人」であるかどうかを判別することが難しくなっている。「ドイツ人」の枠組みが広がり、その中身が多様化している。では、いったい「誰がドイツ人なのか」。多様化するドイツ社会のなかで、あらためて「ドイツ人問題」が浮上しているのである。

(2)「〇〇系ドイツ人」の困難

2013年の国勢調査によれば、ドイツの総人口8061万人中1654万人が移民あるいは両親の一方が移民である人々（これを総称して「移民の背景を持つ人々」と呼ぶ）である。その割合は20・5％にあたる。「移民の背景を持つ人々」の（旧）国籍別内訳はトルコが最も多く、ポーランド、ロシア、イタリア等のヨーロッパ諸国、中近東諸国、アフリカ諸国、東アジアや東南アジアの諸国など様々である。また、「移民の背景を持つ人々」の半分を超える57・3％がドイツ国籍保持者である。ガウクが語っている「多様化するドイツ人」とは、この人々に向けられている。さらに注目すべきなのは、若年層における「移民の背景を持つ人々」の割合の高さである。0〜5歳の年齢層では約35％に達し、またその8割以上がドイツ国籍を持っている。[3]

では、このように多様化しつつあるドイツは、アメリカやカナダのような「移民の国」になっているのであろうか。1960年代半ばのいわゆる「エスニック・リバイバル」以降、アメリカ社会はエスニックな多様性を尊重する「サラダボウル社会」へと変化した。そこで広まったのが「〇〇系アメリカ人」とか「ハイフン付きのアメリカ人」などと呼ばれる概念、すなわち「アフリカ系アメリカ人（African Americans）」「コリア系アメリカ人（Korean Americans）」

「ヒスパニック系アメリカ人（Hispanic Americans）」などの呼称による人間の括り方である。前半の「〇〇系」にあたる（そう日本語に訳される）形容詞は、それぞれのエスニックな出自を指している。後半部分の「アメリカ人」は、当人がアメリカ合衆国という国家に帰属する人間であることを指している。そして「〇〇系アメリカ人」という呼称は、「アメリカ人」がそのエスニシティにおいて多様であること、つまり「多からなる一」であるというアメリカ人の概念を表現しているものであると言えるだろう。[4]

それではドイツにおいて、「移民の背景」を持つドイツ国籍保持者たちが「トルコ系ドイツ人」「ポーランド系ドイツ人」などと呼ばれているのだろうか。ドイツの場合、エスニック（ないしナショナル）な出自を名詞形として後に置く呼称が一般的である。つまり、トルコ出身であれば「ドイツのトルコ人（deutsch-Türke）」、ポーランド出身であれば「ドイツのポーランド人（deutsch-Pole）」というように呼ばれるのである。そして前半の「ドイツの」という形容詞は、国籍のことを意味するわけではなく、「ドイツに長く住んでいる」ということを指している。つまり「ドイツの〇〇人」には、ドイツ国籍保持者だけでなく、まだドイツ国籍をとっていない「外国人」も含まれているのである。

このような、アメリカとドイツでの呼称の違いが意味するものは大きい。「ドイツの〇〇人」という呼称は、出自が他国にある（親の出自である場合も含めて）人は、ドイツ国籍を取得していたとしても「ドイツ人」ではなく、依然ドイツ人以外の「〇〇人」であるということを含意しているからである。ドイツではドイツ国籍をとっても、「〇〇系」の「ドイツ人」とはみなされない。

なぜであろうか。トルコ出身（父親はクルド人）の弁護士で作家としても知られているゼイラン・アテシュは、次のように述べている。

> 例えば、アメリカ合衆国の移民は「私はコリア系アメリカ人だ、私はイタリア系アメリカ人だ、チャイナ系アメリア人だ、アフリカ系アメリカ人だ」などと言うことができる。なぜドイツの移民は、「私はトルコ系ドイツ人、クルド系ドイツ人、アラビア系ドイツ人」などと言えないのだろうか。それは、ドイツの移民たちがドイツ人であることを自分自身の文化の喪失に結びつけ、自身の文化に対する裏切りと結びつけるからだと私は考えている。[5]

アテシュはここで、ドイツにおける「〇〇系ドイツ人」という呼称の困難の原因を、移民自身の自己理解の方法に求めている。自らを「ドイツ人」とみなすことを、自らの出自に由来する「文化」の喪失であり、それへの裏切りであると捉えているというのである。

たしかに、そのような面もあるだろう。しかしそこにはまた、ドイツ社会の多数派である先住ドイツ人たちの多くが持つ「ドイツ人」理解が深く関係しているように思われる。ドイツ社会では、ドイツ国籍を持つ移民やその子供たちを「ドイツ人」とはみなさず、相変わらずその出自集団名で把握する傾向が強く残っているからである。そのような出自に基づくドイツ人概念が依然として広く用いられ実践されているとすれば、ドイツ以外に出自を持つ移民が単にドイツ国籍をとっただけでは「ドイツ人」にはなりえない。トルコ人としてやってきた移民は、「トルコ系ドイツ人」とはなりえないのである。

(3)「ドイツ人」概念とエスニックな出自

祖先由来の出自に基づくドイツ人理解は、純然血統主義に基づく1913年成立の帝国籍国籍法（Reichis- und Staatsangehörigkeitsgesetz）とリンクしながら定着してきた。この国籍法は「エスニック」なネーション概念と単純に結びつけて理解されることが多いが、実際には第二帝政下でこの国籍法が制定されたとき、ドイツ国民の中にはポーランド人、デンマーク人、ユダヤ人など、エスニックには「ドイツ人」でない人々も含まれていた。エスニックな出自に基づくドイツ人理解はその後、第一次大戦後のフェルキッシュ運動やナチス時代の民族政策によって強化された。[6] しかしそれが完成されるのは、第二次大戦後の連邦共和国（西ドイツ）の下においてであった。連邦共和国は1913年の帝国籍国籍法を継承しただけでなく、東欧から「追放」された民族的ドイツ人を受け入れるために「民族帰属」という概念を基本法（第116条）の中に新たに導入し、連邦被追放者法を制定して、ドイツ人概念をいっそうエスニックなものにしたのである。しかも戦後の大幅な領土的再編成の結果、連邦共和国（西ドイツ）と民主共和国（東ドイツ）は事実上、それまでのどのドイツ国家よりもエスニックな意味で「均質」に統合された国家なった。このような国家のもとで、エスニックな出自に基づくドイツ人概念が形成されてきたと思われる。

しかし連邦共和国ではやくも1950年代末以後、まず労働者として、その後難民として、多くの外国人が流入し、定住化した。東西両ドイツの統一後1990年代には、外国人の総人口比は7％を超え、第二世代も増加してきた。そのようななか、ようやくドイツは1999年になって国籍法を改定し、出生地主義を取り入れた新たな国籍法を制定した。これにより、親が8年以上合法的にドイツに滞在している場合、親が外国に出自を持つ子供も出生時にドイツ国籍を取得することができるようになった。これは歴史的な転換だった。法制上ドイツは、エスニックな出自に基づく「血統共同体」ではなくなったわけである。[7]

しかし、それで日常生活における「ドイツ人」の認知の仕方までが変わったわけではなかった。エスニックな出自に規定されたドイツ人認知は強く残っていたのである。ドイツ人概念はまだ充分に脱出自化されていない。ドイツ国籍を得た移民に対し（生まれながらドイツ国籍を持っている移民の子供に対しても）「〇〇系ドイツ人」という言い方が定着しない理由の一つがここにある。

2 「非移民国」から「ポスト移民ドイツ」へ

(1)「外国人」から「移民の背景を持つ人々」へ

ここで、1950年代以後ドイツ連邦共和国に流入した移民が、ドイツ社会や連邦政府においてどのように認識されていたのかを簡単にふり返ってみよう。[8]

連邦共和国が経済成長に必要な労働力を求めて外国から労働者を受け入れたとき、彼らは「ゲストワーカー（Gastarbeiter）」であり「外国人被雇用者（ausländische Arbeitnehmer）」であった。「ゲスト」として招かれた労働者は、ドイツで働き口がなくなれば当然祖国に帰国するものと考えられていた。そこでは彼らがドイツ社会に「移民」として定住する可能性は想定されていなかった。

1970年代初頭、オイルショックで景気が後退すると、連邦政府は外国人労働者の受け入れを停止した。しかし当初の予想に反し、「ゲスト」たちの多くは祖国には帰らず、それどころか妻や子供を本国から呼び寄せ、家族ぐるみでドイツに定住するようになった。財政的支援によって彼らを祖国に帰還させる政策が試みられたこともあったが、めざましい効果はなかった。こうして西ドイツ社会には多くの「外国人（Ausländer）」が暮らすようになるが、連邦政府は「ドイツは移民国ではない」という標語の下、彼らに対する積極的な政策は行わなかった。

そのようななか「外国人」たちを援助し、彼らの生活基盤の改善に努め、彼らの社会への「統合」に努めたのは各地の地方自治体（市や町）であり、民間団体（教会、労働組合、赤十字、市民活動団体など）であった。そこで彼らの呼称として使われるようになったのが「外国人共市民（ausländische Mitbürger）」という言葉だった。これは「外国人」をドイツ社会において「ドイツ人」と「共に（miteinander）」暮らす平等な「市民」と捉える見方を表している。このような見方が、1980年代末に進められたリベラルな外国人政策の前提にある。例えば、「外国人」に地方参政権を認める動きが各地で高まり、その是非が盛んに議論されるようになった。ハンブルク市とシュレスヴィヒ・ホルシュタイン州では外国人地方参政権を認める法律さえ成立した（だが、憲法裁判所の違憲判決で停止された）。また、緑の党が1989年に連邦議会に提出した「外国人定住法案」は、ドイツに住む「外国人共市民」に選挙権を含めたドイツ国民と同等の権利を付与することを提案したラディカルな法案だった（しかし成立はしていない）。

　このように「多文化社会（multikulturelle Gesellschaft）」の実現を目指したリベラルな外国人政策と、ドイツを「非移民国」として外国人流入の制限に努めた連邦政府の保守的な政策とは、政治的には対立しあっているものの、「ドイツ人」と「外国人」をカテゴリカルに区別するという点において同じ概念的前提の上に立っている。「外国人」の数を削減するのか、平等な「共市民」として権利を保障するのかの大きな違いはあるにせよ、どちらの場合でも「外国人」が「ドイツ人」になる可能性は原則として想定されていない。「外国人共市民」という言葉はその後、「外国人」というよそよそしい響きのする言葉に代わって広く用いられるようになり、90年代には連邦政府レベルにおいても広く用いられるようになった。

　しかし、今世紀になって連邦政府の政策の変化にともない、用語法も大きく変化する。それまで「外国人」ないし「外国人共市民」と呼ばれていた人々は「移民」と呼ばれるようになった。2004年には、それまでの「外国人法」が廃止され、新たに「移民法（Zuwanderungsgesetz）」が成立した。公式の場で「ドイツは移民国でない」という標語は聞かれなくなり、「移民（Zuwanderer, Migranten, Einwanderer など）」という語が普通に用いられるようになる。連邦政府は「移民」を一時的に滞在する人々ではなく、ドイツ社会に生活していく人々であるという前提から、彼らを積極的にドイツ社会へと「統合」する政策を打ち出すようになる。「移民」の子供たちに対して、ドイツ語を学び、ドイツの学校で教育を受け、ドイツで働き、ドイツ社会のルールや憲法上の価値を尊重することが強く要求されるようになり、そのための制度も整備された。[9]

　このようななか、2005年の国勢調査から、移民とその第二世代を包括するカテゴリーとして「移民の背景を持つ人々」という概念が導入され、「移民の背景を持たない人々」と「移民の背景を持つ人々」が、「ドイツ人」対「外国人」に代わって、人口分類の基本的カテゴリーとして広く用いられるようになる。「移民の背景を持つ人々」にはドイツ国籍保持者と外国人を共に含んでおり、「ドイツ人」「外国人」という区別を横断する概念である。前述のとおり、２０１５年現在このカテゴリーに分類される人は、ドイツの全人口の約20%を超えている。

ここで注目すべきなのは、「移民の背景を持つ人々」のなかでのドイツ国籍保持者の割合の増加である。２００５年の国勢調査では、「移民の背景を持つ人々」の中のドイツ国籍保持者の割合が51%であったのが、２０１３年にはが57%に上昇している。総人口比では、９・４%から11・2%への増加である。[10] ドイツ国籍を持つ「移民の背景を持つ人々」は、法律上「ドイツ人」である。彼らは様々なエスニックな出自を持った「ドイツ人」であり、アメリカ的な用語法で言えば「○○系ドイツ人」と呼ばれうる存在である。しかしながら、前節で論じたように、この呼称はドイツでは成立しにくい。公式のレベルはさておき、日常的には「移民の背景を持たない人々」を単に「ドイツ人」と呼び、「移民の背景を持つ人々」を「移民」と呼ぶことが多い。また、親は移民だが自らは移民の経験がない、ドイツ国籍を持つ人々までもが「ドイツの○○人」（「ドイツのトルコ人」など）と呼ばれることが少なくない。

(2)「ドイツ人であること」とは何か

しかし、冒頭に紹介したガウク大統領の演説に示されている通り、ドイツ社会は多様化しており、ドイツ社会が多様化しているという認識は広まっている。それとともに、「ドイツ人とは誰か」ということの認識もまた、変わっていかざるを得ないであろう。

それでは、実際にドイツの住民たちのあいだでの「ドイツ人」認識はどう変化しているのだろうか。その問題に取り組んだ興味深い調査があるので、ここで紹介してみたい。フンボルト大学の「経験的統合・移民研究所」の所長代理をつとめ、イラン人を母親にもつ社会学者ナイカ・フォロタンをリーダーとする若手研究者グループによる、「ポスト移民ドイツ」と題された調査がそれである。[11]

調査は、２０１３年から14年にかけて、８２７０人のドイツ住民に対し電話によって行われたものである。そこで、「ドイツ人であること（Deutschsein）」の基準として、「ドイツ語を話せる」「ドイツ国籍を持っている」「訛りのないドイツ語を話せる」「スカーフをしない」「ドイツ人の祖先を持っている」五つの項目について、「重要である」か「重要でないか」が聞かれている（表1）。[12]

ここで意外なのは、「ドイツ語を話せる」「ドイツ国籍を持っている」という項目を「重要である」とする割合が、「ドイツ人の祖先を持っている」という項目を「重要である」とみなす割合よりも圧倒的に多いことである。「ドイ

表1 「ドイツ人であること」の基準

	重要である	重要でない	回答なし
ドイツ語を話せる	96.8%	2.9%	0.3%
ドイツ国籍を持っている	78,9%	20.4%	0.8%
訛りのないドイツ語を話せる	40.8%	58.8%	0.4%
スカーフをしない	37.8%	59.7%	2.5%
ドイツ人の祖先を持っている	37.0%	62.4%	0.5%

ツ語を話せる」は経験や教育によって身につけることのできる能力である。「ドイツ国籍」は、自らの決断（帰化）や（2000年以後は）ドイツで生まれたという事実によって持つことができる。つまり、どちらも出自に依らない項目なのである。それに対し、「ドイツ人の祖先を持っている」とは、エスニックな出自によって「ドイツ人」を捉えることを意味する。それを「ドイツ人であること」の基準であるとする回答が4割弱であるのに対し、「ドイツ語を話せる」はほぼ10割、「ドイツ国籍」が約8割という回答である。ドイツ人概念は充分に脱出自化していないと前節で指摘した。しかし、この調査結果はそれとは異なり、ドイツ人概念が相当程度脱出自化していることを示しているのである。ドイツ語を学び、国籍を取得すれば、「ドイツ人」になれるわけだから。

もちろん、この結果だけで、実際の回答者がどう振る舞っているかはわからない。回答者が社会的に「望ましい」考え方に影響を受けこう回答しているにすぎないのかもしれない。国籍法が変わり、移民の統合が求められている現在のドイツにおいて、ドイツ人を「ドイツ人の祖先を持つ」人だけに限定して考えることは、建前上は「望ましくない」こととされているからである。だが、そうであるとしても、知的認識のレベルでは、ドイツ社会における「ドイツ人」理解が脱出自化の方向にあると言うことはできるだろう。

そうなると、ドイツ語と国籍以外の点で「重要である」と回答する割合の多さが意味をもってくる。「訛りのない(akzentfrei) ドイツ語を話す」の割合は4割にものぼる。「訛りのないドイツ語」がどのようなドイツ語を指すのかは自明ではないが、単に「ドイツ語を話す」よりも「ドイツ人であること」の敷居は高くなり、「正しい」ドイツ語が話せない移民や移民の子供たちの多くが排除されることになるだろう。出自による「ドイツ人」の選別の度合いも高くなるだろう。さらに、すでに国籍法が改定されている現在、「ドイツ人の祖先を持つ」に対する回答が4割弱もあるというのは、むしろドイツ社会における「出自」への

表2　「ドイツ」への帰属意識

	移民の背景を持たない			移民の背景を持つ		
質問項目	イエス	ノー	無回答	イエス	ノー	無回答
私はドイツを愛している	86.0%	13.4%	0.6%	80.7%	18.6%	0.7%
私はドイツ人であると感じている	86.1%	13.3%	0.6%	76.5%	22.6%	0.9%
私にとって、他人からドイツ人として見られることは重要なことである	47.1%	51.8%	1.1%	47.4%	50.9%	1.7%

こだわりの強さを示すものとも捉えることができる。

「スカーフをしない」という基準は、イスラム教信仰の問題であり、直接出自とは関係しない。しかし、ドイツ国籍をとっていてもスカーフをしているのであれば「ドイツ人」とはみなさないということを意味するわけだから、ドイツ人認知の脱出自化という点から見ると否定的に作用する。

このように、この調査結果は両義的である。ドイツ語能力や国籍は「ドイツ人であること」の条件として重要だが、それだけでは必ずしも充分ではない。フォロタンらが要約するように、「ドイツ人であることの基準は開放的であると同時に閉鎖的」なのである。[13]

(3)「移民の背景を持つ人々」の愛国心

では、実際のドイツの住民は、「ドイツ」に対してどのような感情や意識を持っているのだろうか。フォロタンらの『ポスト移民ドイツ』調査は、愛国心やドイツへの帰属意識についても質問を行っている。質問は「ドイツとの感情的結びつき」について、「私はドイツを愛している」「私はドイツ人であると感じている」「私にとって、他人からドイツ人として見られることは重要なことである」三つの項目で「イエス」か「ノー」かを聞いている。結果は「移民の背景」の有無に分けて提示されている[14]（**表2**）。

ここで興味深いのは、「移民の背景を持つ」回答者と「持たない」回答者の間での差異の小ささである。確かに「移民の背景を持たない人々」の方が、「ドイツを愛し」、自分を「ドイツ人であると感じている」人の割合は高い。しかし、「移民の背景を持つ人々」も、8割前後が「ドイツを愛し」、自分を「ドイツ人である」と感じているということが、この調査では示されている。さらに「他人からドイツ人としてみなされる」ことの重要性においては、双方でほとんど違いがないのである。ドイツ社会への「統合を拒否」していることが問題にされることの多い「移民の背景を持つ人々」が、実際には想像以上にドイツへの愛国心や帰属意識を持っていることがわかる。だが、そのような彼らが「移民の背景を持たない人々」（すなわち、先住する「ドイツ人」）から実際にどのようにみなされているのかは、また別の話しということになる。

(4)「ポスト移民ドイツ」のアイデンティティ

多様な「移民の背景」を持つ人々が生活の基盤を築き、様々な分野に進出するようになり、ドイツは「異種混在的な国（vielfältiges Land）」になった。そのようなドイツを、フォロタンらは「ポスト移民のドイツ（Deutschland postmigrantisch）」と呼んでいる。「ポスト移民」とは、移民という現象それ自体が終わったということを意味するのではない。多くの移民が流入した後で、ドイツ社会がより多様な社会へと変化している状態を指すものである。「ポスト移民ドイツ」では、移民は例外的事例ではなく通常のドイツ社会の一部である。しかも「移民の背景」を持つ人々の半分以上がドイツ国籍を持ち、約三分の一が自らの移民経験を持たない。彼らのなかには、ドイツへの帰属意識を持つものも増えていく。さらに、今後の第三世代では、文化的な独自性すら曖昧になっていくだろう。同時にそこでは、社会の変容過程にともないアイデンティティ構築をめぐる対立やディレンマも問題になってくる。そこで「ドイツ人とは誰か」「ドイツに帰属するとはどういうことか」ということもまた問いなおされ、その認識枠組が再構築されていくことになる。フォロタンらの研究も、そのような問題関心へと向けられている。

> この国の市民の三人に一人が家族内に移民経験のあるメンバーをもち、肌の色や移民出自による分割線がますます不明確になっている二一世紀において、ドイツ人であるとはいったい何なのだろうか。（中略）この研究は、こんにちドイツ人であるとは何なのか、社会のアイデンティティをつくりだすものは何なのかということをめぐる定義問題をあらたに議論するということに向けられている。[15]

では、このような「ポスト移民ドイツ」において、「ドイツ人であること」をめぐり、どのようなアイデンティティ構築の試みがなされているのか。次節はそれについて見ることにしたい。

3 「新しいドイツ人」の登場

(1)先住ドイツ人の呼称

「移民の背景を持つ人々」という概念は、いかにも官僚的で長たらしい造語であるにもかかわらず、すぐにドイツ社会に広まり、現在は「政治的に正しい」用語として広く日常的に用いられるようになっている。「ドイツ人」「外国人」という概念が現実に適合しにくくなっている状況において、この語は利便性の高いものだったのである。では、それにともなって「ドイツ人」という語の用いられ方はどう変わったのだろうか。

「ドイツ人」を「ドイツ国民」という意味で用いるのであれば、「ドイツ人」には「移民の背景を持つ人々」が含まれる。では、「移民の背景を持たない」、すなわち「先住の」ドイツ人は何と呼ばれるのか。既に述べたように、日常的に「ドイツ人」がこの意味で用いられる場面は少なくないが、それが「ドイツ国民」の意味で捉えられるとしばしば誤解を生む。そこで、「移民の背景を持たない」ドイツ人だけを指す新たな用語法が必要になってくる。

まず、マスメディアや政治の場では、一般名詞として「先住者（Einheimische）」（英語で言う"native"）が「移民の背景を持たない」、すなわち「先住の」ドイツ人を指す場合にしばしば用いられている。だが、その他に「ドイツ人（Deutsche）」という語を含んだ、いくつかの新しい用語法も生まれている。例えば、「ドイツのドイツ人（Deutsch-Deutsche）」「原ドイツ人（Urdeutsche）」「有機ドイツ人（生《なま》ドイツ人）（Bio-Deutsche）」などである。

「ドイツのドイツ人」は「ドイツ」を2回繰り返す同義反復的呼称であるが、「ドイツのポーランド人」など「ドイツの○○人」と並べて用いるときにわかりやすい呼び方である。「原ドイツ人」は哲学者フィヒテの「原言語（Ursprache）」を思わせる（フィヒテはドイツ語が「原言語」であると論じた）、やや大仰な歴史本質主義的な呼び方である。「有機ドイツ人（生ドイツ人）」は、この三つの中ではおそらく最も頻繁に用いられているものだろう。"Bio-"はドイツで「有機食材（Bio-Lebensmittel）」とか「生ゴミ（Bio-Müll）」などの接頭辞として頻繁に用いられている。自己諧謔的ユーモアを感じさせる言葉である。[16]

ただし、この三つはどれも便宜上用いられているにすぎず、先住ドイツ人自身が独自なアイデンティティを主張するために積極的に用いている語ではない。

(2)「移民の背景を持つ」ドイツ人① ——「ドイツ国人」（「D国人」）

では、「移民の背景」を持ちながらドイツ国籍を持っている人々、移民の子としてドイツで生まれドイツで教育を受けた人々が、自分たちを「ドイツ人」として捉えた場合、どのような用語が可能なのであろうか。もちろん、彼らを単に「ドイツ人」と呼ぶこともできるだろう。しかし現在、多くの「移民の背景を持つ」ドイツ人たちが、自分たち独自の呼称をつくりだそうと試みている。

例えば、アテシュが提案している「ドイツ国人（Deutschländer）」というものがある。「ドイツ国人」は、トルコにおいてドイツに移住したトルコ人のことを指す蔑称であった"Almanclar"のドイツ語訳である。ドイツで「外国人」であった彼らは、トルコでは「ドイツ国人」として他所者扱いされていた。しかしアテシュは、自分たちを指す言葉として、これにあえて肯定的な意味を与えようとしたのである。彼女はユーモラスに次のように書いている。

> 私は、「ドイツ国人」が他のどの概念よりいくらか気に入っている。同じ商品名のソーセージがあるにせよ、個人的にはこの概念にぴったり自分を同一化できる。「ドイツ国人」という概念には、「ドイツ」という私が生活している国の名前が含まれているし、この国とこの社会への帰属に力点が置かれているのである。[17]

また、トルコ人を親に持つ建設業者で「統合家アルパルスラン（Alparslan der Integrator）」の芸名をもつコメディアンのアルパルスラン・マルクスは、「ドイツ人住民の共通の名前」として「D国人（D-Länder）」を提唱し、インターネット上でそれを広める運動を行っている。「D国人」とは「ドイツ国人」の略称であろう。マルクスは、この提案の「哲学」として、「この名前は、外国人を先住者にし、彼らに故郷を与え、私たち皆が平和的に共生できるようにするだろう」とし、「「領域的アイデンティティ」こそが鍵である！」と書いている。[18]「D国（D-Land）」という国の領域内に住む人間が「D国人」としてのアイデンティティを共有することが、「平和的な共生」にとって必要であるとする見方である。

(3)「移民の背景を持つ」ドイツ人②——「新しいドイツ人」

現在の若い世代によって、より広く用いられるようになっているのが、「新しいドイツ人（neue Deutsche）」というシンプルな呼称である。この語には、単に先住ドイツ人（「古い」ドイツ人）と比較して「新しい」というだけでなく、「外国人」であった自分たちの親世代と対比して「新しい」という意味合いが込められている。

例えば、黒人を父親にもつラップ・ミュージシャンのHarrisがインタビューのなかで次のように語っている。

> 僕らはもうトルコ人でも、アラブ人でも、アフリカンでも

ない。僕らの親はそうだったんだろうけどね。僕らは新しいドイツ人なんだ。[19]

「ドイツは美し国だ」という言葉をHarrisは口にする。[20]そのような彼を、*Zeit Online*の記事は、チュニジア人を父に持つラップミュージシャンBushidoなどとともに、「新しいドイツの愛国者」と呼んでいる。２０１０年の曲「たった一瞬（Nur ein Augenblick）」は、ドイツに長く住んでいながらドイツ社会への「統合」を拒否する移民第二・第三世代の若者たちをからかった歌詞が話題になった。Harrisはラップのリズムにのせて次のように歌う。[21]

なんでこの国に10年以上住んでいるのか？
それ以上住んでいるのに、なんでドイツ語が話せないのか？
ドイツ人はクソくらえ、ドイツの女なんてつまらないなどと言っている
ドイツにお礼でも言ってここから出て行きな
この国はここにいたくない人間を必要としていない
どこにいればよいのかわからない人間が多い
お前は好運だ
今、ここできちんと暮らし
仕事をし、成長し、大人になった
トルコ人だろうと、アフリカ人だろうと
アラブ人だろうと、インド人だろうと関係ない
（中略）
気が違ったように聞こえるだろう
けれど、俺はドイツ人であることに誇りを持つ
俺は愛国者だ
健全な国民意識の一片を持っている

前節で紹介した『ポスト移民ドイツ』調査のリーダーである社会学者フォロタンもまた、「新しいドイツ人」という言葉を積極的に用いている「移民の背景を持つ」若い世代の一人である。２０１０年に単独で執筆した論文「新しいドイツ人・ポスト移民・教育アイデンティティ」のなかでフォロタンは、「移民の背景を持つ人々」のあいだにドイツへの帰属意識が発生しているにもかかわらず、彼らの多くが肌の色・目の色・名前などから「ドイツ人ではない」とみなされ、ドイツ社会に充分受け入れられていないという現状を指摘する。そのため、彼らのドイツとの結びつきは不安定なものになり、むしろ自分の「移民の背景」がアイデンティティの中核になってしまう場合もある。そこでフォロタンは、「彼らを明確にドイツに帰属するドイ

ツ市民として、すなわち「新しいドイツ人」とみなす時期が来ているのではないか」と、問いかける。[22]

さらに「新しいドイツ人」は、ドイツを代表する週間新聞『ツァイト』の三人の女性政治記者が書いた『私たち新しいドイツ人』の本のタイトルのなかで用いられている。[23]この本は、「移民の背景」を持った若い世代が、本格的に「新しいドイツ人」というアイデンティティについて問いかけた最初の本として注目に値する。

三人の著者は、ポーランド出身の「アウスジードラー」（子供のころ移住した経験をもつ）アリス・ボタ、インドシナ難民のベトナム人を両親にもつフエ・ファム、そしてトルコ人「ガストアルバイター」の子供エッツレム・トプシュである。三人は「外国人」ではないが「ドイツ人」にもなりきれていない自分たちの両義的なアイデンティティについて考察する。自分たちはドイツに生活しているが、「ドイツ人」とはみなされていない。帰属の明らかでない人間なのである。

> おそらくドイツ人たちは違った肌の色の人間、違った出自を持つ人間を平等に扱うことについては賛成するだろう。私たちもそうだ。しかしドイツ人は、私たちのような肌の色や出自の異なる人間ではない。私たちは、ここに帰属するのかどうかが明らかではないような人間なのである。言葉がうまく話せるのかどうか、ルールをよく知っているのかどうか、ドイツ史を自分たちの歴史としてみているのかどうか、この社会の価値を内面化しているのかどうか、明らかではない人間なのである。[24]

しかし、彼女たちは自分の両親のように「外国人」でもない。ドイツで教育を受け、ドイツ国籍を持ち、「完璧」なドイツ語を話し、『ツァイト』という「とりわけドイツ的」で「エスタブリッシュされた」[25]新聞で記事を書いている。

> 私たちは、私たちの両親とは違う。私たちの歴史、私たちの価値観や考え方、私たちのドイツでの生活は、彼らとは違うのである。彼らは外国人であったが、私たちは違う。しかし、まだ私たちはドイツ人ではない。私たちは何者なのか。私たちは何者になりたいのか。[26]

そして、自分たちのアイデンティティとして「新しいドイツ人」という概念に出会う。

> 私たち外国人の子供は、連邦共和国で暮らしながら大人に

なり、自分たちを理解するための言葉を探した。それは簡単にはみつからない。／私たちは、「新しいドイツ人」という呼称を思いついた。[27]

三人の著者は「新しいドイツ人」という言葉を用いているHarrisやフォロタンに言及し、またその他「直観的にそう呼んでいる多くの人たち」の例にふれながら、この言葉の持つ一般的な「公式」について、次のように説明している。

私たちの公式は簡単だ。《私たちはこの社会の一員である。私たちは異なっている。ゆえに異なったものはこの社会に帰属する。》[28]

つまり「新しいドイツ人」とは、多様な出自を持った人々からなるドイツ社会に帰属する人間ということになる。そのような社会のメンバーは「ドイツの○○人」という「ハイフン付きアイデンティティ」を持つことになり、またそのようなアイデンティティを持った「新しい愛国者」にもなりうる。

ハイフン付きアイデンティティを持った私たちのような人間が新しいドイツを、そしてこの国への新しい向きあい方を具現化している。私たちの多くは愛国者なのだが、自分ではそのことを考えてはいない。２０１０年のワールドカップの時、二人のドイツのレバノン人（Deutsch-Libanesen）が20メートルもの大きさのドイツ国旗を家に掲げたことがあった。夜中にその旗はドイツ人左翼によって引き裂かれてしまったのだが、次の日二人は新しい国旗を買ってきたのである。「新しいドイツ人」は両親の国を好んで訪れ、本も書いている。しかしドイツに帰ってくることはさらに悦ばしい。彼らは移民のイメージとドイツ人のイメージを変化させているのだ。[29]

「新しいドイツ人」は、「外国人」でも「移民」でもなく、かといって従来の「ドイツ人」でもない、新たな存在である。だが、その一方で、『私たち新しいドイツ人』の著者たちは、自分がいまだに十分にドイツ社会に受け入れられていないという感覚も強く持っている。そのため、ドイツを「私たちの故郷（unsere Heimat）」と呼ぶには心理的な抵抗があると言う。

私たちはドイツという国に属したいと願っている。私たちはここで生まれ、ここで働き、ここで友達をつくり、税金を払っている。しかしながら私たちの疑念は消えない。「ドイツは私たちの故郷だ」という言葉が、なかなか口をついて出てこない。私たち自身が、おそらくそれを信じていないからだろう。[30]

そこには、ドイツ社会自体がまだ「新しいドイツ人」を十分に受け入れることができていない現状がある。著者たちは「新しいドイツ人」として、自分たちが求めるアイデンティティと、ドイツ社会の中での自分たちの位置づけのあいだで揺れ動き、希望と同時に苛立ちを感じている。

さらに最近では、「新しいドイツ人」という語が、移民第二・第三世代の若者たち自身によってドイツ社会を変えていこうとする運動のキーワードとしても用いられるようになっている。彼らの世代からなる団体が集まって結成された「新しいドイツ人の諸組織（Neue Deutsche Organisationen、略してNDO）」という名の組織がその例である。２０１５年2月、全国各地から80の団体がベルリンに集まり、NDOの第一回連邦会議が開かれた。[31] 会議は「新しく考えるドイツ（Deutschland – neu denken）というタイトルの下、「移民社会」に相応しい政治への転換を要求する提言を出した。会議では、オーガナイザーの一人で、「新しいドイツ人のメディア制作者（Neue Deutsche Medienmacher）」という団体に属するフェルダ・アタマンが、「ドイツ人であるということは、ドイツ人の祖先をもつということだけではないということを明確にしたい」という発言を行っている。また、第二・第三世代のための情報交流センター「ドイッチュプルス（DeutschPlus – Initiative für eine plurale Republik）」のファルハド・ディルマハーニは「私たちはここにいる。私たちはドイツ人だ。私たちは一緒に物事を決めていきたい」と述べ、政治的意思決定や世論形成に移民家族出身の人間（「ドイッチュプルス世代」）がもっと参加すべきであると主張している。[32] なお、２０１６年2月には、NDOの第二回の連邦会議が予定されている。

「新しいドイツ人」という言葉を「ドイツ人」自身が用いることにより、旧来の「ドイツ人」概念は変わりつつある。それはまた、先住ドイツ人たちによる旧来の自明視されたドイツ人理解に対する挑戦でもある。

4 「古いドイツ人」からの抵抗

(1) 「新しいドイツ人」と「古いドイツ人」

では、前節で述べた移民第二・第三世代による新たなアイデンティティの主張に対し、ドイツ社会の8割を占める多数派である「古いドイツ人」たちはどう反応しているのだろうか。

ドイツ社会に多様な出自を持つ人々が生活している事実は、現在ドイツ社会では広く受け入れられている。一部の極右を別にすれば、このような現状に表立って敵対することまれである。[33]また、移民やその子供たちにも「市民」としての平等な権利があることも認められている。しかしながら、「移民の背景を持つ」住民をドイツ社会の一員として、すなわち「われわれ」の一員として受け入れることに対しては、多くの「古いドイツ人」たちのあいだで直観的ないし無意識的な抵抗が依然として強いように思われる。『私たち新しいドイツ人』の著者たちが示していた、ドイツ社会に対する強い「疑念」もまた、「古いドイツ人」からの「抵抗」の頑強さに呼応したものであろう。

このような「古いドイツ人」たちの抵抗は、主に次の二つの場面に見ることができる。

(2)「統合の逆説」

第一は、移民の「統合」をめぐる論争のなかにある。今世紀に入り、ドイツでは移民の「統合」が大きな内政上の政策課題となり、議会でも、メディアでも、また日常生活においても、現在もっとも頻繁に論じられるテーマの一つになっている。しかしながら、その議論は統合の「困難」や「失敗」といった側面を強調する否定的な論調のものが多く、統合の「成功」事例は例外的な扱いにされる傾向がある。社会学者のアネッテ・トライベルが述べるように、「移民とその子供たちの出世や成功は、ほとんどテーマ化されないのである」[34]。

その背後には、表向きには移民やその子供たちの「統合」を是とし、それを推進するべきだとしながらも、現実にはなかなか彼らを「ドイツ社会」の一員として受け入れられない先住ドイツ人たちの矛盾した心理がある。その結果、統合の「困難」や「失敗」ばかりが問題にされることになる。トライベルはこれを「統合の逆説」と呼んでいる。[35]特に2010年にベストセラーとなったティロ・ザラツィンの著作『ドイツは消滅する』の出版以後、論調はますます移民（特にムスリム移民）の統合に対して悲観的・否定的なものとなっている。[36]

だが、果たして移民の統合は、本当に「困難」や「失敗」に直面しているのであろうか。確かに統計から見ると、「移民の背景を持つ人々」は「持たない人々」に比べて学歴や収入面においてあきらかに低い。例えば、2013年の国勢調査の結果で見ると、「移民の背景を持たない人々」のなかで学卒資格《アビトゥーア》を持たない割合がわずか1・5%であるのに対し、「移民の背景を持つ人々」のなかでは9・8%

になっている。特に（旧）国籍がトルコである人々では19・8％と高い。また、長期失業者への給付金である「ハルツⅣ」受給者の割合では、「移民の背景を持たない人々」が2・9％であるのに対し、「移民の背景を持つ人々」は7・5％である。[37]この差を見ると、統合論争において問題にされる「移民の背景を持つ人々」における「統合の欠如」にも一定の客観的裏付けがあるように見える。

しかしながら、「移民の背景を持つ人々」の中で約三分の一を占める「自ら移民の経験のない」人々、つまり移民の子供世代だけに着目すると、状況は違って見える。学卒資格のない人の割合は1・8％で、「移民の背景を持たない人々」とほぼ同一の値に近づいている。トルコ人の子供においても3・0％である。さらに「自ら移民の経験のない」人々の約4分の3にあたるドイツ国籍保持者のなかでは1・1％にまで下がり、「移民の背景を持たない人々」よりも低くなるのである。

これは、移民の第二世代が親の世代よりも教育レベルが上がり、学校教育において彼らの「統合」が進んでいることを意味している。例えば、ベルリン人口発展研究所の調査報告書によれば、2005年と2010年のトルコ人移民の教育状況を比較すると、学卒資格のないものの割合が減っている。また、高等教育まで進む「ドイツ生まれ」のトルコ系の人々が2010年に男性で20％、女性で25％を超え、2005年より5％前後上昇し、先住ドイツ人の40％前後に近づいている。[38]さらに、生活状況が同じである場合、ドイツ人先住者の子供よりもトルコ人家族の子供の方がギムナジウム（大学・高等専門学校への準備過程で、中等教育機関としては最もレベルが高い）に通う割合が高いという研究結果もある。[39]

トルコ系、アラブ系を中心とする移民家族が多く住む大都市の一部の地域では、確かに下層化や暴力が問題になる場面もある。また、学卒資格を持っていても、「移民の背景を持つ人々」の場合、それに見合った職を得られる可能性が低いとも言われている。様々な制度的な差別によって、出世が阻まれている人々も少なくない。しかしその一方で、移民や移民の子供たちは企業家として、スポーツ選手として、芸能人として、政治家として、ジャーナリストとして、教員として、医者や看護師として、タクシー運転手やパン屋の店員や飛行場の従業員として、すでにドイツ社会の中央や「エスタブリッシュメント」へと進出している。

トライベルは、多くの「古いドイツ人」たちはこのような移民やその子供たちの社会進出に不安を感じているのだと指摘する。移民およびその子供たちの社会的地位が上昇し、公共空間における彼らの存在感が増大してくるにつれ、

「古いドイツ人」たちはそれまでの地位が脅かされるという不安に陥る。

従来からの住民の多くは、ここに定住し、自らをドイツ人であるとみなしている移民に対応することに慣れていない。多くの「古いドイツ人」にとって、「新しいドイツ人」の上昇があまりに速いので、自らの特権が危険にさらされていると見てしまうのだ。移民と統合が進めば進むほど、彼らの特権は侵害されるのだから。[40]

しかしながら、「新しいドイツ人」の社会進出にあからさまに反対すれば、「人種差別主義者」のレッテルをはられてしまう。そこで「古いドイツ人」たちは、「新しいドイツ人」の成功を例外と捉え、彼らの「統合の失敗」や「統合の困難」を批判的に論じることに集中する。ここに現在のドイツの統合論争の「逆説」がある。

(3)出自による分類図式

先住ドイツ人たちの「抵抗」のもう一つの現れは、彼らが直観的に(「知的に」ではなく)もっている認知習慣に見られる。彼らは日常生活において、肌が「有色」だったり名前が「ドイツ的」でないような、明らかに「移民の背景もつ人々」を、その「出自」において分類し同定しようという直観的な認知傾向をもっているのである。

例えば、『私たち新しいドイツ人』の著者の一人ファムの経験について見てみよう。彼女は、ベルリンのフリードリッヒ通りで、「おそらく30歳代前半で金髪」の自転車便の男と偶然に知り合い、その場でスターバックスに誘われた。そこで二人は次のような会話を交わしている。[41]

自転車便の男：ところで、どこ出身?
ファム：ベルリン。
自転車便の男：ちがう、ちがう。本当はどこから来たの?
ファム：北ベルリンのヘルムスドルフ。
自転車便の男：僕が何を聞いているかわかるよね。君の根っ子はどこ?
ファム：やれやれ。しょうがないなあ。私の両親はベトナムから来たの。
自転車便の男：やっぱり。君はアジアから来たんだろうと思った。

そしてファムは、「私は笑い、自分がドイツに生まれ育ったと伝え、これが私の出自の質問に対する正しい答えなのだということを繰り返した」という。

ここで自転車便の男が訪ねた「本当はどこから来たの？（Wo kommst du *wirklich* her?）」という質問は、移民第二世代の人間が先住ドイツ人から尋ねられる典型的な質問のようである。前節で紹介したNDO（新しいドイツ人の諸組織）の2015年会議の決議にも、「『私はシュヴァルツヴァルト出身だ』と言うと、その後に来る『本当はどこから来たのか』という質問に、私たちの多くが悩まされている」（強調は原文通り）と書かれている。[42] ここでの「本当は（wirklich）」という副詞句に、聞き手の「出自（Herkunft）」に対する強い関心が表されている。先住ドイツ人は単に相手の出身地（"Woher kommst du?"）について聞きながら、実は相手が実際に生まれ育った場所について聞いているのではない。相手の親（祖先）の出身地（＝「出自」）について聞いているのである。自転車便の男の言葉を用いれば、ファムの「根っ子（Wurzeln）」について聞いている（ファムはユーモラスに、「あたかも私が樹木であるかのように」と書いている）。聞き手は、相手の生まれ育った場所（ベルリン）を聞いても納得しない。それは外見や名前から連想される出自への認知（「アジア」）と一致しないからである。

ファムは、自分の「出身」に関する質問について次のように省察している。

> 私はしばしば、どこ出身なのかと尋ねられる。多くの場合、相手が先ず思いつく質問の一つである。多くの人は好奇心から聞いてくる。彼らは、なぜアジア人の外見をした女性が自分と同じようにドイツ語を話すのかを理解したいのだろう。ベルリン出身だと言うと、多くの人は頷きはする。しかし、それでも多くの人にとって、この私の発言は私の外見と適合しないのだ。[43]

ファムから彼女の「根っ子」の在処《ありか》を聞いた自転車便の男は、さらにファムのアイデンティティ問題へと話しを進めていく。ベトナムに「根っ子」がありながら、「ドイツ人」と同じように、ドイツに暮らしドイツ語を話しているファムは、きっと「アイデンティティに問題」を抱えているだろうというわけである。

> 自転車便の男：だとすると、君は問題を抱えているね。
> ファム：え？　どういうこと？
> 自転車便の男：君は自分のアイデンティティに問題を抱えているんだ。だからそれについて話そうとしない。（中略）僕はアジア人のことをよく知っている。三ヶ月間タイとベトナムを旅したことがあるからね。彼らは君みたいに問題を抱えてはいなかったぞ。[44]

自転車便の男の語りには、「アイデンティティ」は「出自」と一体になってこそ「正常」（＝「問題がない」）なものであるという見方が前提にある。よって、二つが一致しないようなファム（ベルリン出身の「アジア人」）は「問題を抱える」ことになるわけである。

アイデンティティや帰属意識を「出自」と結びつけて理解する方法は、「移民の背景を持つ」若者の他の経験にも見られる。例えば、幼少期にユダヤ系ロシア人の難民としドイツにやってきた小説家レナ・ゴレリクは、新聞記者から受けた次のような質問を紹介している。

> ロシア人であるというあなたのメンタリティとドイツ人であるというあなたのメンタリティの間で引き裂かれていると感じることはありますか。よりドイツ人であると感じていますか、あるいはロシア人の方でしょうか。むしろユダヤ人と感じることもあるのでしょうか。（中略）どのくらいのパーセンテージでドイツ人が混じり、どのくらいのパーセントでロシア人が混ざっているのでしょうか。[45]

ゴレリクの持つドイツ、ロシア、ユダヤという複数の（エスニックな）出自が、それぞれの出自への帰属感情（「メンタリティ」）へと読み替えられている。そしてそれぞれの「メンタリティ」への分裂や、それぞれが彼女の心の中で占める割合について質問されている。このような質問は、ゴレリクにとってあまりに聞き慣れたものであったらしい。彼女はその記者に対し、「作家としての私について、何も独創的な質問はないのですか」と聞き返したという。

また、『私たち新しいドイツ人』の著者ボタ、ファム、トプシュによれば、移民や移民の子供たちがしばしば遭遇するもう一つの定型文句《クリーシェ》に、「それにしても、あなたはドイツ語が上手ですね（Sie sprechen *aber* gut Deutsch）！」というものがあるという。[46] この定型文句のポイントは、「それにしても（aber）」という逆説の接続詞（英語の“but”）にある。これは、「ドイツ人」とは見えない人が「完璧」なドイツ語を話していることへの驚きと賞賛とを表現するものである。しかし、その驚きと賞賛の背後には、ドイツに「出自」を持たない人間が「完璧」なドイツ語を話すはずがないという前提がある。その前提から見て例外的だからこそ、驚きと賞賛が向けられるのである。

ゴレリクは、『「それにしても、あなたはドイツ語が上手ですね！」』と題した随筆のなかで、この定型文句について次のように書いている。

「それにしても、あなたはドイツ語が上手ですね！」私はこの文句をいったい何度聞いたことだろうか。驚きに満ちた声でこう発せられた後には、きまって賞賛が続く。しかし私は、自分にとってあまりに当たり前であることに対して、驚嘆されたくも賞賛されたくもない。（中略）私はヒーローなどではない。私はただ、ドイツに来て、ドイツ語を学んだというだけである。私はすでに何年にもわたってドイツ語を話し、書いてきた。だからどうやってドイツ語を学んだのかなどという問いを自分に投げかけることはない。ドイツ語を上手に話せるということは、私にとっては当たり前のことなのである。[47]

ゴレリクの違和感は、多くの移民がすでにドイツ社会に「根」を下ろし「訛のない」「正しい」ドイツ語を話しているという事実を直観的に認めることのできていない、先住ドイツ人に対して向けられている。移民やその子供たちの多くが、ドイツで学び、ドイツの職場で仕事をし、ドイツの団体に加入し、ドイツ国籍を取得している。彼らの「ここが家郷（hier heimisch）」である。しかし、先住ドイツ人の多くが依然として内面化している「出自」に基づく分類図式が、この事実を把握することを妨げている。

(4) 脱出自化しない「ドイツ人」

すでに述べたように、現在の国籍法のもとでは親の出自にかかわりなくドイツで生まれた子どもにドイツ国籍が付与されることになっている。出自に基づく分類図式はこのようなドイツの法制度と矛盾するものである。しかし日常生活における「ドイツ人」認知は、法制度に合わせて脱・出自化はしていないようである。ボタ、ファム、トプシュも次のように述べている。

血統主義の国籍法は変わったが、多くの人々はまだ、ドイツ人がドイツ人でない両親からも生まれているということを信じていないのだ。多くの人々は、黒い髪の毛の異国風の名前を持った女性を、自分たちドイツ人の一人であるとは信じないだろう。「人種」という言葉が使われることはないのだ。しかし、最終的には「君は本当のドイツ人ではない。君の根っ子は一体何なんだ」という考えがあるように思える。[48]

エスニックな出自（＝「根っ子」）に基づく「ドイツ人」認知はまた、先に論じた「統合の逆説」を生む矛盾した心理の前提になっている。ドイツ社会は開かれており、移民に対しても平等な権利が認められるとする公的な規範が共有されており、それ自体に対して異議が唱えられるわけではない。にもかかわらず、多くの先住ドイツ人たちが移民および移民第二世代の進出に脅威を感じるという逆説は、彼らが依然としてエスニックな出自に基づいて「われわれ」の利益を捉えるという、「原初的」で「エスニック」な集団分類図式を内面化しているからである。社会学者フェルディナンド・ズッターリュティはこれを「エスニックな平等性の逆説」と呼ぶ。「原初的要因は、なぜ先住住民が自分たち自身のエスニック集団と利益を共有していることが想定でき、なぜその利益がトルコ出自の人々の上昇移動によって否定的な影響を受けるとみなすのかについて理解するための鍵になる」のである。[49]

　ドイツの国籍法は脱出自化され、法的な意味での「ドイツ人」は多様化した。肌が「白く」ない人、名前が「ドイツ風」でない人、難民としてやってきた経歴を持つ人など、様々な「出自」の人が、現在ドイツには暮らし、その多くがドイツ国籍をもっている。だが、彼らは「ドイツ人」とはみなされない。「ドイツ人」は、依然としてエスニックな出自に基づいて認知されているからである。

　このような出自に基づくドイツ人概念はまた、「新しいドイツ人」と呼ばれるような人々によっても共有されている。『私たち新しいドイツ人』の著者たちもまた、多くの箇所で先住ドイツ人のことを「ドイツ人」と呼び、「私たち」と区別している。「ドイツ人」のなかに「新しいドイツ人」は含まれないかのようである。そこには、自分たちをシンプルに「ドイツ人」とは呼べない彼女らのディレンマがある。

5 「ドイツ人」概念は脱出自化するのか ——「〇〇系ドイツ人」の可能性

(1)「ドイツ2・0」

「移民によってドイツは変化している」。近年、そう語られることがますます多くなってきた。例えば、その変化は4年に1度ドイツ人を熱狂させるワールドカップでのドイツ代表の顔ぶれのなかに典型的に表れている。23名のナショナルチームの中に２００６年には3名、２０１０年には11名、２０１４年には6名の「移民の背景を持つ」選手が含まれていた。特に10年と14年に代表に選ばれたメスト・エジル（トルコ人移民の子供）は国民的スーパースターで、日本のサッカーファンのあいだでも有名である。

　政治の世界にも「移民の背景を持つ」政治家が進出している。２００９年の連邦議会議員の選挙では、６３０議席中21議席で３・９％だったものが、２０１３年の選挙では

35議席で5・9%にまで増加した。[50] 有権者全体のなかで占める割合が19%程度だから（年齢層は相対的に若い）、まだまだその割合は少ない。しかし、緑の党代表のジェム・エツデミールのように長いキャリアを持ち広く顔の知られた、トルコ出身の政治家がいる一方、2013年には初めての黒人議員が2名選ばれている。

閣僚になる政治家も登場するようになった。2010年にトルコ人移民の子供アイギュル・エッカンが、保守政党CDUの政治家としてニーダーザクセン州の社会・家族大臣に就任した。このとき『南ドイツ新聞』の記者へリベルト・プラントルは、「それまで旧住民を移民から隔てていた壁の一石が打ち壊」され、「新しいドイツ（das neue Deutschland）」が始まったと書いた。その後、2011年には、幼少時に難民としてベトナムから移住し、ドイツ人家族の養子として育ったフィリップ・レスラーが、FDP（自由民主党）の党首として連邦政府に入閣し、副首相兼経済技術大臣をつとめている。現政権ではトルコ人移民第二世代のアイダン・エズースが、移民・統合問題担当の国務大臣の地位についている。このような「移民の背景を持つ」政治家の進出は、確実にドイツ政界の風景を変えつつある。

ドイツの日常は様々な出自を持つ人間の進出により多様化している。ゴレリクは、大きく変わりつつあるドイツについて、次のように書く。

> とはいっても、「ヴルフ」「ウヴェ」「ウルリケ」といった名前の友人を捜しまわっている［「移民の背景を持たない」ドイツ］人も、議会で一日中トルコ出自の政治家に代表してもらっているし、新聞ではクロアチア出自のジャーナリストの記事を読んでいるし、スペイン生まれのキャスターの天気予報を聞いている。（中略）そういえば、そのドイツ人の上司の母親はイラン人か何かではなかったか。／私たちが望むと望まざるとにかかわらず、また、それをよいものとして認めようと認めまいと、彼らは、いや、私たちはドイツに属している。もう一つの（ロシアの）パスポートを持っているような、イタリア人の祖母を持っているような、トルコ人の両親を持っているような、アルバニアが出身地であるような、フランス語が母語であるような、南アフリカ人の祖先をもっているような私たちが、である。[51]

さらにゴレリクは、「このような多様性は豊かさである。それは厄介で人を疲れさせ、また問題も多いが、同時にすばらしいものでもある。これが私たち皆のドイツなのである」[52]と述べる。彼女はそのような新しくヴァージョン・

アップされつつあるドイツを「ドイツ2・0（Deutschland 2.0）」と呼ぶ。

(2)「○○系ドイツ人」再考

「○○系ドイツ人」の問題へと話しを戻そう。「○○系ドイツ人」という呼称が、自明なものとして受け入れられ、使用されるようになるためには、「ドイツ人」の概念が、多様性が増大した新しいドイツ社会（ゴレリクの言う「ドイツ2・0」）に適合し、様々な出自を持つ多様な「ドイツ人」を包摂すべく脱出自化されなければならない。「多からなる一」としてのドイツ人概念へと変わらなければならない。そこではじめて、「トルコ系ドイツ人（Türkisch-Deutsche）」や「ポーランド系ドイツ人（Polnisch-Deutsche）」という言い方が可能になる。そこで「ドイツ人」は、トルコ人やポーランド人や（従来の意味での）ドイツ人などの、エスニックな出自によって理解された集団概念から自律した、出自中立的な（例えば「領域的」あるいは「市民的」な）意味において受け入れられることになる。

しかし、そのような「ドイツ人」概念は成立しうるのだろうか。本章で見てきた、若い移民ないし移民第二世代の書き手たちの見方からすると、希望はあるが、あまり楽観的な期待はできない。「4「古いドイツ人」からの抵抗」で論じたように、そこで一つの障碍になっているのが、「古いドイツ人」たちが内面化している出自への拘りである。国籍法上、「ドイツ人」はエスニックな出自によって規定されないことにはなっている。しかしながら現実において、相手がドイツ国籍をとりドイツ語を「訛りなく」話せたとしても、名前・外見・経歴などからドイツ以外の（「移民」の）出自が連想されると、その人物は（少なくとも直観的には）「ドイツ人」とみなされない。原則として「ドイツ人」は「なる（werden）」ものではなく、「である（sein）」ものなのである。このようにして、日常生活のなかで出自に基づく「エスニック」なドイツ人認知が実践されつづけている。

このような現状をふまえてトライベルは、ドイツ社会に「統合」されなければならないのは「移民の背景を持つ人々」だけではなく、「移民の背景」を持たない「古いドイツ人」もまた新しいドイツ社会への「統合」が必要であると主張する。「古いドイツ人」も、多様な出自を持った移民が数多く生活する「移民社会ドイツ」に自らを「統合」させることに真剣に取り組むべきだと言うのである。

私の焦点は「移民の背景を持たない統合拒否者」に向けられている。彼らは、大部分目立たずに進む移民たちの統合に対して批判的ないし両義的な見方をとっている。ドイツにおける移民は、この国を素通りするだけの外国人ではなく、私たちの社会を共に構成しているのである。彼らはもはや世の敗北者であるだけでなく、全ての社会階層に進出し、一部はエスタブリッシュメントの中にも入ってきている。長らくここで暮らしてきた先住ドイツ人の多くにとって、それは大きな転換を意味する。もはや彼らだけが当然のようにこの社会のことを決定できるわけではない。（中略）それゆえ、統合は全員にとってのプロジェクトであると私は見ている。[53]

「古いドイツ人」が「新しいドイツ」に「統合」されること。それがドイツ人概念が脱出自化されるためには必要となる。しかし、そのような変化が本当に起こるのか。今の時点ではっきりとしたことは言えない。ただ、これまでの歴史的ネーション研究が明らかにしているのは、「ドイツ人」の概念は決して常にエスニックな出自に基づいて定義されてきたわけではなかったということである。一九世紀の「ドイツ人」概念は、ドイツ帝国や国家の帰属に基づいて「領域的」に理解されることも少なくなかった。[54] 例えば、1848年にフランクフルト国民議会に集まった代議員の一人ヴィルヘルム・ヨルダンは「ドイツの領域に住むものは誰もがドイツ人である。（中略）ドイツのナショナリティはもはや血統や言語によって決められるのではなく、政治組織や国家によって決められるのである」[55]と述べている。エスニックな出自に基づくドイツ人概念はドイツ人にとって決して歴史的に運命づけられたものではない。ということは、将来それが脱出自化していく可能性はある。

注

1　Joachim Gauck, "Einbürgerungsfeier anlässlich 65 Jahre Grundgesetz", 2014, S. 4.（http://www.bundespraesident.de/SharedDocs/Reden/DE/Joachim-Gauck/Reden/2014/05/140522-Einbuergerung-Integration.html?nn=1891550、最終アクセス日2016年2月11日）

2　*Ibid.*, S.5-6.

3　Statistisches Bundesamt. *Bevölkerung und Eruerbstätigkeit. Bevölkerung mit Migrationshintergrund –Ergebnisse des Mikrozensus 2013 -*. Statistisches Bundesamt, 2014, S.38, 39, 82.

4　「多からなる一」というアメリカの理念については、南川文里『アメリカ多文化社会論――「多からなる一」の系譜と現在』（法律文化社、二〇一六年）を参照されたい。

5　Seyran Ateş *Der Multikulti-Irrtum. Wie wir in Deutschland besser zusammenleben können*. Ullstein, 2008. S.266-267.

6　詳しくは佐藤成基「「国家」と「民族」――ドイツと日本におけるネーション概念の形成と変容をめぐる比較歴史社会学的分析」『茨城大学人文学部紀要　社会科学論集』No.32（1999）39-67頁のドイツに関する部分を参照されたい。

7　詳しくは佐藤成基「「血統共同体」からの決別――ドイツの国籍法改正と政治的公共圏」『社会志林』第55巻4号（2009年）73-111

頁を参照されたい。

8 詳しくは佐藤成基「移民政策」西田慎・近藤正基編『現代ドイツ政治――統一後の20年』（ミネルヴァ書房、２０１４年）294-300頁を参照されたい。

9 このようなドイツの移民政策の変化とその背景については、佐藤成基「「統合の国」ドイツの統合論争――変化するドイツ社会の自己理解」『社会志林』第57巻４号（２０１１年）173-205頁を参照されたい。

10 Statistisches Bundesamt. *Bevölkerung und Erwerbstätigkeit, Bevölkerung mit Migrationshintergrund –Ergebnisse des Mikrozensus 2003*, S.38 および *2005*, S.26. Statistisches Bundesamtより計算。

11 Naika Foroutan, Coşkun Canan, Sina Arnold, Benjamin Schwarze, Steffen Beigang und Dorina Kalkum. *Deutschland postmigrantisch I. Gesellschaft, Religion, Identität*. Berliner Institut für empirische Integrations- und Migrationsforschung, 2014.

12 *Ibid.*, S.26.

13 *Ibid.*,S.6

14 *Ibid.*, S.25.

15 *Ibid.*, S.15-16.

16 Bio-Deutscheについては、Omid Nouripour, *Kleines Lexikon für MiMiMis und Bio-Deutsche*. Deutsche Taschenbuch Verlag, 2014, S.38-39を参照されたい。イラン出身で現在緑の党所属の連邦議会議員である著者オミド・ノリプアによれば、「有機ドイツ人（生ドイツ人）」とは「すでに、いつも、ドイツ人であった者」の意味である。

17 Ateş, *Der Multikulti-Irrtum*, S.26. „Deutschländer"は、スーパー等で広く売られているMeica社のソーセージの商品名でもある。

18 „Philophie" (D-Länder). (http://www.d-laender.de/de/philosophie.html、最終アクセス日２０１６年２月12日)

19 Sophie Albers, „Integration ist rund und hat einen Beat", *STERN.de*. (8.10.2010).

20 Khuê Pham, „Deutscher Patriot", *Zeit Online* (18.11.2010) (http://www.zeit.de/2010/47/Rapper-Harris、最終アクセス日２０１６年２月12日) を参照されたい。この記事を書いた記者は後に紹介する『私たち新しいドイツ人』の三人の著者の一人である。

21 YouTubeでこの曲のミュージック・ビデオが視聴可能である (https://www.youtube.com/watch?v=rqQaslh4hKw、最終アクセス日２０１６年２月12日)。なお、Harris（本名はオリヴァー・ハリス）の父は黒人アメリカ兵である。

22 Naika Foroutan, „Neue Deutsche, Postmigranten und Bindungs-Identitäten. Wer gehört zum neuen Deutschland?" in *Aus Politik und Zeitgeschichte*, B46-47 (2010), S.11, 9.

23 Alice Bota, Khuê Pham und Özlem Topçu. *Wir neuen Deutschen: Wer wir sind*, was wir wollen. Rowohlt, 2012.

24 *Ibid.*, S.10.

25 *Ibid.*, S.138.

26 *Ibid.*, S.10

27 *Ibid.*, S.13.

28 *Ibid.*, S.13.

29 *Ibid.*, S.18.

30 *Ibid.*, S.54.

31 Anna Reimann, "Kongress von Einwanderer-Nachkommen: Wann ist man deutsch?", *Spiegel Online* (9.2.2015) (http://www.spiegel.de/politik/deutschland/einwanderer-nachkommen-neue-deutsche-kritisieren-umgang-mit-pegida-a-1017484.html、最終アクセス日２０１６年２月12日)

32 Pressemitteilung vom 9. Februar. 2015„Auch wir sind das Volk" (Neue Deutsche Medienmacher), (http://neue-deutsche-organisationen.de/fileadmin/user_upload/Pressemitteilung_NDOs_PK_1_.pdf、最終アクセス日２０１６年２月12日)

33 これはドイツ社会に排外主義が存在しないということを意味するものではない。近年ドイツでは、他のヨーロッパ諸国と同様、反イスラム主義の動きが顕著になってきた。しかしこの場合でも、単に相手が移民の出自を持っているからというだけで排外の対象となっているわけではない。このような近年の排外主義動向については佐藤成基「ドイツの排外主義――「右翼のノーマル化」のなかで」駒井洋監修・小林真生編『移民・ディアスポラ研究3　レイシズムと外国人嫌悪』（明石書店、２０１３年）を参照されたい。

34 Annette Treibel, *Integriert Euch! Plädoyer für ein selbstbewusstes Einwanderungland.* Campus Verlag, 2015, S.109.

35 Treibel, *Integriert Euch!*, S.151-153.

36 この経緯に関しては佐藤「「統合の国」ドイツの統合論争」を参照されたい。また、前節で見たような移民や移民第二・第三世代による新しいアイデンティティの主張は、「統合」に対して否定的なザラツィン論争に対する彼らなりの応答であり、彼ら自身の「声」を公的に表明しようとする動きとして盛んになっている。

37 Statisches Bundesamt. *Bevölkerung und Erwerbstätigkeit*, S.249, 64.

38 Berlin-Institut für Bevölkerung und Entwicklung, *Neue Potenziale*, 2014, S.31

39 Jörg Dollmann, *Türkischstämmige Kinder am ersten Bildungsübergang: Primäre und sekundäre Herkunftseffekte*, Verlag für Sozialwissenschaften, 2010.

40 Treibel, *Integriert Euch!*, S.147

41 Bota, Pham und Topçu, *Wir neuen Deutschen*, S.30-31,

42 "Ergebnisse der Neuen Deutschen Organisationen vom Bundeskongress „Deutschland neu denken" (Feb. 2015)", (http://neue-deutsche-organisationen.de/fileadmin/user_upload/Ergebnisse_Forderungen_NDOs.pdf　最終アクセス日２０１６年2月12日).

43 Bota, Pham und Topçu, *Wir neuen Deutschen*, S.32

44 *Ibid.*,

45 Lena Gorelik, *„Sie können aber gut Deutsch!": Warum ich nicht mehr dankbar sein will, daß ich hier leben darf, und Toleranz nicht weiterhilft.* Pantheon, 2012, S.11.

46 Bota, Pham und Topçu, *Wir neuen Deutschen*, S.53

47 Gorelik, *„Sie können aber gut Deutsch!"* S.98, 103

48 Bota, Pham und Topçu, *Wir neuen Deutschen*, S.53

49 Ferdinand Sutterlüty, "The Paradox of Ethnic Equality", in *European Journal of Sociology*, vol.51, no.1 (2010), p.51.

50 "Die neue Bundesregierung. Fünf Prozent der Abgeornete mit Migrationshintergund", *MiGAZIN*, (29.9.2013)

51 Gorelik, *„Sie können aber gut Deutsch!"* S.28

52 *Ibid.*, S.29

53 Treibel, *Integriert Euch!*, S.157

54 Otto Dann, *Nation und Nationalismus in Deutschland :1770-1990*. Beck, 1996（＝末川清・姫岡とし子・高橋秀寿訳『ドイツ国民とナショナリズム　１７７０－１９９０』名古屋大学出版会、一九九九年）や John Breuilly, "The National Idea in Modern German History" in J. Breuilly (ed.), *The State of Germany: The National Idea in the Making, Unmaking and Remaking of a Modern Nation-State*. Longman, 1992等を参照されたい。

55 Theodor Schieder, *Das Deutsche Kaiserreich von 1871 als Nationalstaat*. Westdeutscher Verlag, 1961. S.41. ヨルダンが、ポーランド人の住むポーゼン地方をドイツ国家の領域内に編入するかどうかの討論の場においてこの発言を行っていることも注記しておこう。領域的なネーション概念は、異なったエスニックな出自を持つ住民を編入するだけの力を持った「権力国家（Machtstaat）」と親和的関係にある。

◎第3章

アジアにおける○○系概念

国民構築とエスニック・アイデンティティ

石井由香

はじめに

アジア諸国において、○○系△△人というカテゴリーは、しばしば国家によって「造られた」ものである。アジアでは第二次世界大戦後に独立を果たした国が多く、△△人という国民意識をいかに造り上げて国民に浸透させるかということが重要だった。また独立当初から多民族国家であることが前提とされており、そのなかで○○系△△人という概念が政治的に設定されてきたこともある。

本稿では、こうした○○系概念成立の背景をとらえると同時に、この政治的に設定された○○系が当該社会でどのような意味を持っているのか、主要な論点について述べたい。考察においては、アジア全体を視野に入れた先行研究に留意しつつ、東南アジア、とくにシンガポールの状況を主な対象とする。東南アジアに着目するのは、①筆者がマレーシア、シンガポールを主な研究対象地域としていること、②東南アジアはタイを除いて植民地経験を持つ国々からなり、多様な文化社会的特質を持つ地域でもあるため、アジアにおける○○系のあり方を考える上で、また日本との比較において意義があると認められるため、である。また、事例として特にシンガポールを取りあげるのは、①シンガポールが英植民地統治の経験を持つこと、②自国のナショナリズム、エスニシティ、外国人労働者の導入に関し、方向性が明白な政策を打ち出していること、③先進国に並ぶ経済発展を遂げた国である一方で、アジア的特質や価値観を重視していること、④近年シンガポールのナショナリズム、エスニシティについて研究が盛んに行われ、本稿での考察に有益な論点を見出すことができること、を理由としている。

西欧諸国のような移民受入国、アメリカ、カナダ、オーストラリア、ニュージーランドといった移民国、そして日本と比較した場合、アジア（東南アジア）における○○系を考える上で筆者は次の点が重要であると考える。

①植民地時代以前から文化的多様性を持つこの地域において、植民地統治下で生まれた植民地ナショナリズムと、植民地統治における種々の制度が独立以後の新興国家のナショナリズムに影響を与えていること。

②国民国家形成時に国民として認められた、もしくは国民として編入された人びとに関する中央政府による「公定ナショナリズム」および「公定エスニック・カテゴリー」があること。また、この「公定ナショナリズム」「公定エスニック・カテゴリー」と現実の多様性との乖離があること。

③経済発展が進むいくつかの国・地域において、新たに外国人労働者が流入しており、この「相対的ニューカマー」と国民との間に政治的、経済的、社会的に断絶が見られること。

これらの3点に関し、これから詳しく述べていきたい。

1 植民地遺制としての「ネーション」とエスニック・カテゴリー

東南アジア地域は、古来より人の移動が多く、交易の要路であり、貿易商人が行き交う地域でもあった。その結果として言語・宗教的に多様な地域となっている。そこに帝国主義的拡大を続ける西欧諸国が到来し、この地域はシャム（現在のタイ）を除いて、植民地とされていった。ポルトガル、スペイン、イギリス、フランス、オランダ、アメリカといった国々が、東南アジア地域で支配領域を獲得し、拡大しようと試みた。植民地宗主国による統治政策とそれに伴う人びとの意識の変化が、現在見られる東南アジア諸国のナショナリズム、エスニシティにも影響を与えている。[1]

植民地統治時代のナショナリズム、エスニック・カテゴリーについては、ベネディクト・アンダーソン（Benedict Anderson）の著書『想像の共同体』における指摘が非常に示唆に富んでいる。アンダーソンは、「アジア・アフリカの植民地の行政単位のなかで生み出された運命共同体的意識」である植民地ナショナリズムについて論じている。アジアの事例としては、インドネシア（オランダ領東インド）、ベトナム・カンボジア・ラオス（仏領インドシナ）の状況が参照されている。第二次世界大戦後の新興独立国は、それ以前に起こっていた「ヨーロッパの言語ナショナリズムから強烈な人民主義を、そして公定ナショナリズムからロシア化の政策志向を継承した」(Anderson 2006: 113 邦訳188)。これは植民地ナショナリズムにすでに見られるものである。公定ナショナリズム（official nationalism）とは、「共同体が国民的に想像されるようになるにしたがって、その周辺においやられるか、そこから排除されるかの脅威に直面した支配集団が、予防措置として採用する戦略」(Anderson 2006: 101 邦訳165)であり、19世紀ヨーロッパの王朝国家がその主な事例として考えられた。たとえば帝政ロシアは、ヨーロッパの言語ナショナリズムの隆盛に脅威を覚え、国語や教育制度、行政規則などの導入により自らの支配の正当化をはかろうとした。人民からのナショナリズムではなく、上からのナショナリズムである。これが19世紀から20世紀のアジア・アフリカの植民地ナショナリズムにも影響を与えた(Anderson 2006: 83-111 邦訳143-185)。

植民地では、近代的な行政制度、教育制度が一定程度整備された。植民地の行政領域の内部を仕事や勉学のために移動する（アンダーソンはこれを「巡礼」と呼んだ）現地住民の植民地政府の役人たちと近代教育制度で学ぶ者により、植民地ナショナリズムは培われた。読み書き能力、それも植民地宗主国の言語と自分たちの母語の二重言語能力を持つインテリゲンチア、学生や知識人が、アメリカ、ヨーロッパにおけるナショナリズム、国民、国民国家のモデルを出版物により学び、自らのナショナリズムを育む上で重要な役割を果たした(Anderson 2006: 113-140 邦訳187-230)。

また、植民地宗主国は、鉱山やプランテーション労働者として、中国やインドから労働力を支配地域に導入した。労働者のなかにはそのまま定住する者があり、植民地のエスニック集団別人口構成をさらに多様にした。この人びとは、先住の民からすれば、新たに住み着いた「ヨソ者」「移民」であった。宗主国はこれらの移民と先住のエスニック集団との間を融合させることなく分断統治した。独立にあたって国民に編入された後も、この「移民」は、多くの国で先住のエスニック集団と微妙な政治・経済的関係を形成していくことになる(Kahn 1998: 6)。

さらに、植民地統治時代に宗主国がもたらした制度として、「人口調査(Census)」の役割が注目される。アンダーソンは、アジア・アフリカの公定ナショナリズムの前提に、植民地時代の権力の三つの制度、人口調査、地図、博物館があるとする(Anderson 2006: 163-185 邦訳273-310)。植民地において、宗主国は人口調査により自らの支配領域の居住者を把握しようと試みた。海峡植民地、半島部マラヤのイギリス植民地およびその後継の独立国家であるマレーシアにおける人口調査に関する研究(Hirschman 1986; 1987)を引きながら、アンダーソンは、その研究の二つの主要な結論に注目する。一つは「植民地時代の進行とともに、人口調査のカテゴリーがより明白に、より排他的に、人種的となるということ」で、「これに対し、宗教的アイデンティティはしだいに人口調査の主要分類から消えていく」ことである。もう一つは「独立以降も大きな人種カテゴリーが維持され、集中され、「マレーシア人」「中国人《チャイニーズ》」「インド人」「その他」と呼び直され再配置される」ということである(Anderson 2006: 164-165 邦訳275-276 ただし直接引用部分は邦訳から一部変更している)。なお、マレーシア、シンガポールでは人種(race)という言葉が、文化的特徴に基づくエスニック集団に近い意味で用いられる。

アンダーソンは、こうした下位カテゴリーに分類された人びとはごく一部を除いてそれを自己定義としていたわけではない、と指摘する。また、複数のアイデンティティ、あいまいなアイデンティティはそこでは認められなかった。「その他」というカテゴリーもここから登場する。すべての人はいずれかの単独のカテゴリーに属さなければならなかったのである(Anderson 2006: 165-166 邦訳276-277)。しかし、支配下にある住民のシステマティックな数量化を通じて、「国家は新しく教育、司法、公共衛生、警察、入国管理の管理機構を民族・人種的ヒエラルキーの原則にもとづいて編成し」、これらのカテゴリーに社会的、制度的な意味付けが行われ、カテゴリーが実体化していったのである(Anderson 2006: 168-169 邦訳281-282)。

2 植民地からの独立と造られる国民・市民

新興独立国において政府が国民に浸透させせようとするナショナリズムは、アンダーソンがいう公定ナショナリズムとしての性質を多分に持つ。一方、複数の有力なエスニック集団が存在する場合、各集団を国家がどのように把握して公定ナショナリズムのなかに位置付けていくのかは大きな課題であった。「公定ナショナリズム」という言葉になぞらえば、そこではしばしば「公定エスニック・カテゴリー(official ethnic category)」の設定が必要となるのである。「公定エスニック・カテゴリー」とは、政府によって認定されたエスニック集団のカテゴリーを指す。○○系△△人の○○系の部分である。新興独立国においては、○○系、△△人のどちらも相互に関連しながら造られたものであった。

この公定ナショナリズム、公定エスニック・カテゴリーに影響を与える要因として、筆者は次の三つがあると考える。すなわち、①国際関係、②植民地遺制、③国内のエスニック集団間関係、である。①の国際関係については、その新興国家と元植民地宗主国との関係、東西冷戦などのグローバルな関係、周辺諸国とのリージョナルな関係があげられる。②の植民地遺制については、すでに述べたアンダーソンの植民地ナショナリズムをめぐる植民地政府による制度的、政策的影響が考えられる。③の国内のエスニック集団間関係については、アジア・アフリカ諸国の多くは、植民地の行政単位をほぼそのまま引き継ぐ形で独立を果たしたものの、一民族一国家という意味での国民国家はほとんど存在せず、複数のエスニック集団間の権力関係を踏まえ、多様な帰属意識を持つ人びとをどのように国民として統合しナショナリズムを共有するのかが国家建設において大きな課題であったことを指摘したい[2]。

新興独立国の公定ナショナリズム、公定エスニック・カテゴリーにおいては、中央政府による構築のプロセスがあった。そこで重視されるものの一つに言語がある。植民地ナショナリズムで培われたインドネシア語を国語としたインドネシアのような国もあるが、新興独立国では、政治的主導権を握ったエスニック集団は、しばしば自分の言語を国語とした。もしくは、自分の言語を基礎として国語を造りあげた。自分の言語が国語となることは、自集団の政治的正統性を担保するものであるのと同時に、教育や雇用において有利な立場に立つことを意味する。それは経済的利益につながるものでもあった。

人びとに国家への所属意識を持たせるというアイデンティティの面からも、「国語」の普及は重要であった。国語による学校教育、新聞、ラジオ、テレビなどのマス・メディアを通じて、政府は人びとに国民意識を持たせようとした。また、国語は国民間のコミュニケーションの道具としての役割も担うことになった。国語の整備と普及は新興独立国の中央政府により試みられていった。さらに、国語にならなかった有力エスニック集団の言語は、公用語として認められることを目指した。公用語となった言語話者の集団は、しばしば公定エスニック・カテゴリーとして認知されることになった。

ここで注意すべきことは、元植民地宗主国の言語である。現地のエリート層の共通語である場合もあり、独立後の経済開発を外資導入型で進める上で、特に英語の通用度は重視された。宗主国言語は、新興国家のナショナリズムをしばしば脅かすと同時に、「どのエスニック集団の言葉でもない」言葉であるという点では、各エスニック集団の特にエリート間の共通語として差しさわりのない、いわば緩衝言語である。経済のグローバル化に伴いより経済的価値を持つようになっている元宗主国言語、とりわけ英語は、公定ナショナリズムの弱体化と強化の相反する両方の機能を持つものとして、政策上注意深い扱いを必要とされた。[3]

宗教は、言語と並んでナショナリズム、エスニシティを特定する重要な要素である。東南アジアは、仏教、イスラム教、キリスト教、ヒンドゥー教など、多様な宗教が根付いてきた地域であり、エスニック集団のアイデンティティにも深く関わる。特定の宗教を国教と定める国もあるが、その場合でも信教の自由は（公的には）保障される。公定ナショナリズムにおいて、ネーションやエスニック集団の枠組みをはるかに超える広がりを持つ宗教的共同体をどう組み入れるのかは微妙な問題である。これは植民地ナショナリズムにおいてすでにそうであり、アンダーソンは、国家の権威主義的格子地図《グリッド・マップ》に宗教共同体はなじまず、「とくに、イスラム教と仏教に対し、みっともない対応をよぎなくされた」とする。そして、「宗教共同体をできるかぎり政治的、司法的に民族化《エスニサイズ》し、これによって人口調査と宗教共同体をもっとうまく同調させようとする努力がしばしば行われた」と述べている(Anderson 2006: 169-170　邦訳282-283)。

東南アジア諸国の政府も、各国家の主要宗教を重視しつつも、公定エスニック・カテゴリーにおいては、宗教的要素や宗教名を直接に用いることは控える傾向があり、むしろ言語の違いや地域性のほうが○○系を示す上で最初に取りあげる特徴であることが多いように思われる。異なる宗教の信仰者間だけでなく、同じ宗教の信仰者の間でも見解の違いがあり、宗教を強調しすぎることは、逆に社会的な調和を損なう可能性がある。だがその一方で、たとえばマレーシアでマレー系、もしくはマレー人(Malay)といえば、マレー語を話す人びとであるのと同時にムスリムであることを意味する。マレー人はムスリムの別称でもある。マレーシアではマレー人の定義は憲法で規定されており、「マレー人」は公的エスニック・カテゴリーでもある。アンダーソンがいう「宗教共同体の民族化」が英植民地統治時代から引き継がれている。[4]言語や地域名で○○系とされていても、そこでは宗教もアイデンティティの源泉としてしばしば強く意識されていることに注意が必要である。

こうして造られていく公定ナショナリズム、公定エスニック・カテゴリーは、市民に政治・社会的実体を持つものとして認識されていくが、それは現実の多様性を単純化するものでもあり、実際の人びととのエスニック・アイデンティティと必ずしも一致するものではなく、○○系△△人というアイデンティティは、○○系の部分、△△人という部分のどちらも、しばしば問い直される対象となっている。

次節では、シンガポールを事例として取りあげ、どのような状況であるのかを考察する。

3 公定エスニック・カテゴリーと現実の多様性 ――シンガポールの事例

シンガポールは複数のエスニック集団からなる国である。2015年の総人口は553万5000人である。シンガポールの統計では、人口はシンガポール居住者（シンガポール市民と永住者）と非居住者に分類される。シンガポール市民が337万5000人、永住者が52万7700人、非居住者が163万2300人である (Singapore Department of Statistics 2015: 3)。永住者と非居住者は外国人であり、合わせると216万人である。これは全体の39%を占める。シンガポールは外国人労働者の主要受入国の一つであり、現在では人口の10人に4人が外国人である。後述するように、市民のエスニックな関係に加えて、市民と出身が多様な外国人との関係は、シンガポールにとって今や大きな政治・社会問題となっている。

まずはエスニックな多様性と〇〇系の概念について見ていこう。2015年の総居住者人口のうち、華人 (Chinese) が最も多く74・3%を占める。これに次ぐのがマレー人 (Malays) で13・3%、インド人 (Indians) が9・1%、その他 (Others) が3・2%である (Singapore Department of Statistics 2015: 5)。シンガポールのエスニックな人口構成は、それぞれのエスニック集団の名前とその他の頭文字をとって、しばしばCMIOと称される。これは政府が公的に認めるエスニック・カテゴリーであり、このカテゴリーにより市民を管理する。身分証明書には人種が明記され、社会生活のさまざまな場面で、「自分が何者なのか」はこのカテゴリーに基づき問われる。多くの政策や法令で用いられ、政府が組織したほぼすべての国家イベントでこのCMIOの存在が強調される。CMIO分類は、元は英植民地統治時代の人口調査で姿を現し、人びとの言語、出身地域、植民地への貢献の違いを統制し、より広域の場所をその名称として実体化していったものである (PuruShotam 1998: 55-87)。シンガポールでは建国当時から、政治エリートがこのCMIO分類に基づく多文化主義（多人種主義）[5] を標榜し、エスニックな多様性の管理、制度化を行っている (Chua 2003; Clammer 1982; Hill and Lian 1995: 91-112; Vasil 1995)。シンガポールで最初に多人種主義研究の社会学的研究を行ったとされるジョフリー・ベンジャミン (Geoffrey Benjamin) は、多人種主義を「複合社会の人口を構成すると見なされるさまざまな「人種」の文化およびエスニック・アイデンティティに平等な地位を与えるイデオロギー」と定義し、「同時にしるしておかなければならないのは、多人種のイデオロギーは、その人口が「人種」という一つの特定の配列に分割されるよう定義するのに役立っている」と加えている（Benjamin 1976: 115; 鍋倉 2011: 97）。政治エリートは、この多文化主義（多人種主義）に基づき、独立以後、特定のエスニック集団を優遇することなく、「シンガポール人のシンガポール」を国家建設の基本としたのである。その背景としては、①一九六五年にマレーシア連邦から独立した際の理由として、「マレー人のマレーシア」への対抗心があったこと（田村 2000: 129-141）、②しかしその一方で華人が人口上のマジョリティであることから「第三の中国」と見なされることを避けようとしたこと、があった。[6]また、独立当初のシンガポールにとって最大の課題は、生き残りをいかに図るか、であった。新興独立国の政治エリートは周辺諸国との国際関係、また資源を持たない小国であることから特にその意識を強く持ち、上からの政策を次々に打ち出していった。そのために必要とされた価値は「生き残りのイデオロギー（Ideology for Survival）」と呼ばれた。それは、①国家利益を決定するのはＰＡＰ（与党である人民行動党）であり、シンガポールの生存イコールＰＡＰの生存である、②国民は、シンガポール生存のためのあらゆる貢献や国家利益への自己犠牲を惜しんではならず、（ＣＭＩＯ分類に基づき）異なるエスニック・グループの文化や言語を尊重する、③限られた人的資源を最大限に利用するための能力主義社会（メリトクラシー）を構築する、といったものであった（田村 2000: 163-167）。経済発展のために、上からの統制を正当化し、すべての市民の能力を最大限引き出すという観点からも、多文化主義が重視されたのである。

シンガポール流の公定ナショナリズムはこうした多文化主義のバランス感覚と生き残り戦略に基づくものである。それは、国語・公用語のあり方にも示されている。シンガポールの国語はマジョリティである華人の華語（Mandarin）ではなくマレー語である。公用語はマレー語、華語、インド人のマジョリティであるタミル人の言語であるタミル語、そして英語である。実質的には英語が共通語となっており、高度な教育を受けてよい仕事につくためには英語の修得が必須であり、メリトクラシーのなかで最も重視される言語である。この四つの公用語は社会のなかで平等に扱われる。教育では英語が重視される一方、自らの「母語」として華語、マレー語、タミル語のうち一つを学ぶことが求められる。「母語」教育により、公定エスニック・カテゴリーの継続は保証される。こうした言語の位置付けを、シンガポールの社会学者チュア・ベン・ファット(Chua Beng Huat)は、公定エスニック・カテゴリー（チュアの表現では人種）の本質化のプロセスの一部としてとらえた（Chua 1998: 35)。

宗教に関しては、憲法で信教の自由が保障されている。シンガポールは多宗教であり、仏教、イスラム教、ヒンドゥー教、キリスト教など、さまざまな宗教が信仰されている。街を歩けば、仏教や道教の寺院、モスク、ヒンドゥー寺院、教会など、宗教施設はいたるところに見られ、日常生活のなかに多彩な宗教が息づいている。政府は公定ナショナリズムやエスニック・アイデンティティにとっての宗教的要素の重要性を十分承知し、必要に応じて活用している。たとえば公的な休日には、華人（仏教、道教、儒教などの混淆宗教）、マレー人（イスラム教）、インド人（ヒンドゥー教）の宗教的、文化的行事に即した休日が設定され、宗教施設はシンガポールの魅力的な観光スポットとして紹介される。ただし、信教の自由はあくまでも社会の調和を乱さない限りで認められるのであり、政府は複数の法律や政策により、宗教活動もその管理下に置いている(Mathews and Mohammad Khamsya 2015; Tan 2008)。イスラム教徒にはマレー人が、ヒンドゥー教徒にはタミル人が多いことなど、一定程度公的エスニック・カテゴリーと宗教の間にも関連性はある。しかし、宗教名やその内容が公定エスニック・カテゴリーにおいて明示的に用いられることはない。宗教共同体の民族化が行われているとも言えよう。

こうしたナショナリズム、公定エスニック・カテゴリーは、政府によりさまざまな場面で動員され、[7]人びとの社会生活に深く浸透している。しかし、人びとのアイデンティティのよりどころとしての内実がどういったものなのか、そこにはさらに検討が必要である。

○○系△△人のまずは△△人の部分である「シンガポール人」について考えてみよう。公定ナショナリズムにとって、実際のところ「シンガポール人」とは何者なのか？チュアは、「シンガポール人」の「不在」について論じている。このアイデンティティの構築から排除されるのは、（通常「ネーション」で想定される）資本主義的な経済発展の文化的、社会的、政治的結果であり、全体として「日常生活の文化」の主要部分をなすものである。シンガポール人としての誇りは、「経済発展を生み出し、すべての人の物質的消費を改善し、清潔で効率のよい都市を維持し、最終的に社会的安定と公共の安全を維持する上で効果的な、公正なシステムの一部である」、ということにあり、シンガポールを取り巻く「退廃」「カオス」「非合理性」と常に比較することによって強化される。この「シンガポール人」としてのアイデンティティは、他の国の人びとと自分たちを区別するものとなっている。たとえば、シンガポールのマレー人はマレーシアとインドネシアのマレー人とは違うと自分たちを定義しているし、シンガポールの華人は、中国人と自分は違うと考えている。近代的な人間を主題とするということを通じて、シンガポール人アイデンティティは形作られているというのである（Chua 1998: 42-44）。

そして近代性を標榜する一方で、アジア的価値観と共同体主義（communitarianism）もシンガポールのナショナリズムの一部となっている。アジアでは、共同体主義はリベラリズム、リベラルな個人主義という欧米の価値観への修正ではなく、それらへの対抗言説である。「シンガポール人」はアジア化されてもおり、そこでは儒教的価値観など宗教を含むアジア文化が重視される(Chua 1998: 39-41; 2005: 179-182; Vasil 1995: 64-157)。これは国家共同体主義（state communitarianism）といえる。人びとは華人、マレー人、インド人といった公定エスニック・カテゴリー、エスニック集団という集団性の一つの階層に埋め込まれており、この現地共同体主義(vernacular communitarianism)を通じて国家共同体主義に結びついているのである(Chua 2005: 194)。欧米モデルの個人の自由に重きを置いたリベラル民主主義的な多文化主義とシンガポールなどに見られる共同体、集団重視的な多文化主義との違いがここにある(He and Kymlicka 2005: 6-7)。

また、〇〇系の部分である公定エスニック・カテゴリーは、人びとの間に深く浸透してはいるが、必ずしも現実の多様性に即しているとは言えない。まず、華人、マレー人、インド人とされるカテゴリー内での多様性がある。華人は福建、広東、潮州、客家、海南など出身地別、華語方言別の違いがある。マレー人も出身地によってかなり異なっている。インド人は、インド南部出身のタミル人が多いとはいえ、その出身地や言語は相当に多様である。こうした多様性は公定エスニック・カテゴリーにおいて画一化され、同質的なものとされる。華人は華語に、マレー人はマレー語とイスラム教に、インド人はタミル語に結び付けられる。そこでは集団内の文化的多様性は考慮されない。また、シンガポール人の多くが居住する、団地という異なるエスニック集団が共に生活する場においては、ＣＭＩＯ分類を超えたエスニック集団を問わない近隣関係が培われており、そのことにより異なる集団間の共存が可能となっている状況が指摘されてもいる（鍋倉 2011）。国家による管理とカテゴリー内の多様性、カテゴリーからの「逸脱」は微妙な緊張関係をはらんでいる。[8]

このＣＭＩＯ分類にあてはまらない、いわば狭間のエスニシティというべき特質を持つ人びとも存在する。歴史的に外国人男性と地元の女性とのインターマリッジによる子孫はプラナカン（Peranakan）と呼ばれ、マレー社会には数が多いことから一般的には華人系プラナカンが想定される。ババ・ニョニャと呼ばれることもある。[9] プラナカンという言葉には、異種混淆、混血性という概念が付与されている。福建語とマレー語の混合したババ・マレー語を話し、クレオール化した文化、生活習慣を持ちながらも華人としてのアイデンティティを保持している。また、植民地時代にキリスト教に改宗した者も多いとされる。マレー半島西海岸沿いにあるマラッカは歴史的に交易の中心で、植民地時代以前にやってきた華人がおり、その子孫がこのプラナカンとしての文化的特徴を持っていったのである。19世紀にペナン、マラッカ、シンガポールはイギリスの海峡植民地になり、シンガポールはその拠点として多くの人びとを周辺から引きつけた。シンガポールのプラナカンは、人口としては少なかったが、英語教育を受け、海峡植民地の行政職や専門職などとして政治的にも経済的にも力を持っていった（田中 2002: 24; 安里 2014: 165-166, 169）。

　シンガポールが独立し、公定ナショナリズムを造っていく過程では、プラナカンという概念が入る余地はなかった。「太平洋戦争やシンガポールの独立期における華人に対する反発と、英国植民地支配層に対する反発、さらには旧エリート層であったことに対する民衆からの反発という三重の意味で反発」（安里 2014: 173）があったのである。しかし、一九八〇年代後半に、プラナカンは、政府主導のエスニック・アイデンティティを推進する動きのなかで再び存在感を示すようになり、二〇〇八年にはプラナカン博物館が開設された。また、同年にマレーシアのマラッカとペナン（ジョージタウン）が世界遺産に登録され、シンガポールでも観光やメディアで頻繁に取り上げられた。さらには、プラナカンをテーマにしたテレビドラマが大ヒットするにいたり、プラナカン文化のブームが訪れたのである（安里 2014: 174）。

　シンガポール政府が、ＣＭＩＯ分類に入らないにもかかわらずプラナカン文化を重視するようになった理由として、安里陽子は「シンガポールを代表する伝統文化として、華人系、マレー系、インド系いずれかのものだけをとりあげるのは政治的に難しいが、プラナカンのものであればうまくパワーバランスをとることができる」「多文化主義を国是として掲げ、多文化主義がナショナル・アイデンティティを構築しているとするシンガポールでは、プラナカン概念が持つ異種混淆性、混血性というものこそが、統合のシンボルとしても作用しているのではないだろうか」と述べる（安里 2014: 176-177）。シンガポールではプラナカンの著名人が多いことも無視できない。また、ヨーロッパ系男性と現地女性との子孫であるユーラシアン(Eurasian)が「その他」に分類されるのに対し、プラナカンが、人口統計上華人系、マレー系、インド系その他のいずれに対しても属性を申告できることにも、この異種混淆性が表れている[10]。狭間のエスニシティの政治的な扱いは、「アジア系シンガポール人」がマジョリティであるCMIO分類を安定させることにもつながっているように見える。

一方、〇〇系を考える時、そこから排除されているのが外国人非熟練労働者であり、関係が微妙であるのが「移民」としての外国人である。すでに統計で見たように、外国人は永住者と非居住者という分類でシンガポール市民とは分けられている。シンガポールは独立以降、早い時期から外国人労働者を受け入れており、アジアにおける主要受入国の一つである。シンガポールの外国人労働者受入政策は制度的な整備が進んでおり、その基本は、専門職従事者、熟練労働者の厚遇と、非熟練労働者の管理を伴う受け入れ、である。専門職従事者には永住権、市民権の取得も奨励する。一方で非熟練労働者はあくまでも一時的滞在者として扱っている（石井 2009）。

近年、この外国人の「統合(integration)」が問題とされている（安里 2014; Lai, Collins and Yeoh 2013; Liu 2014; Ong and Yeoh 2013; Ortiga 2015; Rahman and Tong 2013; Yap, Koh and Soon 2015）。外国人比率の高まりと存在感の大きさは、シンガポール市民の反移民感情を増幅させている。特に注目されるのは、中国本土からニューカマー、「新移民」として来た人びとと華人系シンガポール人との関係である。CMIO分類からすればどちらもCに属するこの集団の間で摩擦が起こっている。華人系シンガポール人からすれば、中国人はシンガポールほど近代化されていない（Chua 1998）。

また、ある研究者は、シンガポールの新聞、政治社会問題を取り扱うウェブサイト、市民が意見を投稿できるウェブサイトの内容を分析し、中国からの移民がシンガポールが多文化（多人種）社会であることを理解しておらず「レイシスト」的態度をとること、シンガポール政府がそれに対応できていないことへの批判的議論があることを指摘する。シンガポールの多文化主義を中国出身者は学ぶべきだというのである（Ortiga 2015: 955-956）。同じエスニック集団であっても、シンガポールの多文化主義というナショナリズムが、他国出身の同一エスニック集団との差異化につながっている。帰化者、永住者、居住が長期化する外国人労働者が増え社会的に可視化し、シンガポール経済の発展に不可欠な存在となった「外国人」との関係構築は、グローバリゼーションの時代において競争にさらされるシンガポール政府、そして市民が今まさに直面する課題である。[11]

おわりに

アジアにおける○○系△△人のあり方は、いわば「複数（の集団・共同体）からなる一」の理念に基づくものであると言えるのではないか。これは、アメリカの理念「多からなる一」との比較による。アメリカにおいて、「多」は「アメリカの個人的自由にもとづく人種、民族、性、出身国、出自などの多様性」であり、「一」は「アメリカ合衆国」としての一体性である。アメリカ人の概念は、国籍・市民権を前提としつつ、建国の理念を共有する者としてのシビックなものである（南川 2016）。これに対し、シンガポールの事例で示したように、アジアではしばしば国家が定義した「複数」のエスニック・カテゴリーからなる「一」が想定される。そして、「一」は個々の市民と直接結びつくのではなく、エスニック集団などの複数の集団、共同体を通じて政治的に構築されているのである。△△人は国籍・市民権を持つ者である一方、この内実もまた独立国家としての歴史的経験や文化要素の政府による選択的採用により「造られる」性質を持つ。

日本の状況を考える場合、こうしたアジア諸国の事例はかけ離れたものであると考えられるかもしれない。しかし、○○系日本人のあり方を考えていく場合、そもそも国籍を持つものとしての「日本人」の定義において、文化的多様性が政治的に考慮されているだろうか。帰化者、インターマリッジ、国際結婚による子どもたちの政策的カテゴリー化も行われてはいない。人口調査（国勢調査）に日本国籍者のルーツに関する設問はなく、あるのは国籍を問う設問である（総務省統計局 2015）。人口比率を見れば、海外にルーツを持つ人びとの人口、外国人は圧倒的マイノリティである。また、「日本人」という定義は、日本語という国語・母語および血統とも深く結びついているが、ではたとえば日系南米人を「他者」とするまなざしは何に由来するのか。このような状況下で、○○系日本人としてのアイデンティティを持ち、社会のなかで存在感を発揮していくということは、どういうことなのか。個人のアイデンティティの確立という点は無論のこと、政治社会的な意義はどこに求められるのか。アジアの事例を考えることは、こうした問いを生起させる。

＊＊＊＊＊＊＊＊

本稿は、ＪＳＰＳ科研費26257004の助成を受けたものです。

注

1　東南アジアの植民地主義に対抗するナショナリズムの醸成については、たとえば東南アジア全体に目配りをした編著として池端編（2002）を参照のこと。

2　東南アジアにおける独立以後の各国の上からの国民統合と社会の分裂については、東南アジア地域全体の動向を踏まえた後藤編（2002）が参考になる。

3　筆者はマレーシアにおける国家建設と言語との関係について、以前分析を行っており（石井 1999）、ここまでの言語に関する記述はその内容を踏まえている。

4　アンダーソンは、植民地マラヤの王国連邦では「イスラム」は「マレー人」の別称として扱われ、「マレー人」を「イスラム」の別称とするのは独立以降のことであると指摘している (Anderson 2006: 170 邦訳283)。

5　シンガポールでは「多人種主義（multiracialism）」という言葉も同様の意味でよく使われる。本稿では日本を始めとする他国の状況との比較という点から、また昨今の研究で用いられることも多いことから、基本的に「多文化主義（multiculturalism）」で統一し、文献の引用など原文に即す必要性に応じて「多人種主義」という言葉を使用する。

6　マレーシア、インドネシアというマレー系人口がマジョリティである国に挟まれているシンガポールにとって、社会主義中国との関係を疑われることは、経済的自立と発展のために絶対に避けなければいけないことであった。シンガポールは外交において、その「中国性」を抑え「東南アジア性」を強調することを必要としたのである（田中 2002: 166-168）。外交のみならず国内政治にもそれは反映された。

7　シンガポールは文化政策においてもナショナリズム、公定エスニック・カテゴリーの構築を重視しており、国家遺産局 (National Heritage Board) が政府の専門部局として戦略的に取り組んでいる。この内容については、奥村 (2009) が詳しく分析している。奥村は、「国定エスニシティ」という言葉を用いている（奥村 2009:191-233）。

8　カテゴリー内部の多様性と国家政策との緊張関係については、最近の研究として、たとえば華人の方言アソシエーションの状況を分析したMontsion(2014)を参照。カテゴリーからの逸脱と国家政策との緊張関係については、鍋倉（2011）が参考になる。

9　プラナカンという言葉は、歴史的背景により構築された言葉であり、時期により、また文脈により異なるという点に注意が必要である。また、ババ・ニョニャ、海峡華人といった類似の言葉とまったく同じ意味ではないことも指摘されている（安里 2014: 167-168）。

10　安里のシンガポール統計局へのインタビューによる（安里 2014: 182）。なお、シンガポールの人口調査におけるエスニック集団の定義は、２０００年調査では「混血者は、父親のエスニック集団によって分類される」(Singapore Department of Statistics 2001: 16) とあるが、２０１０年調査では「エスニック集団は自己申告による」(Singapore Department of Statistics 2011: 169) とあり、この10年で変更されている。

11　安里は、プラナカン概念が新移民を社会的に包摂するためのコードとしても作用しているという指摘を行っている（安里 2014：183-186）。

参考文献

安里陽子「新移民の社会統合と脱領域的な主体の構築——シンガポールにおけるプラナカン概念をめぐって」（『Contact Zone（コンタクト・ゾーン）』第六号、一六三—一九一頁、二〇一四年）
池端雪浦編『岩波講座　東南アジア史　第七巻　植民地抵抗運動とナショナリズムの展開』岩波書店、二〇〇二年。
石井由香『エスニック関係と人の国際移動——現代マレーシアの華人の選択』国際書院、一九九九年。

石井由香「東南アジアにおける国際労働力移動」藤巻正己・瀬川真平編『現代東南アジア入門【改訂版】』古今書院、二〇〇九年。

奥村みさ『文化資本としてのエスニシティ――シンガポールにおける文化的アイデンティティの模索』国際書院、二〇〇九年。

後藤乾一編『岩波講座　東南アジア史　第八巻　国民国家形成の時代』岩波書店、二〇〇二年。

総務省統計局「平成27年国勢調査」http://www.stat.go.jp/data/kokusei/2015、二〇一五年（二〇一六年三月三十日確認）

田中恭子『国家と移民――東南アジア華人世界の変容』名古屋大学出版会、二〇〇二年。

田村慶子『シンガポールの国家建設――ナショナリズム、エスニシティ、ジェンダー』明石書店、二〇〇〇年。

鍋倉聰『シンガポール「多人種主義」の社会学――団地社会のエスニシティ』世界思想社、二〇一一年。

南川文里『アメリカ多文化社会論――「多からなる一」の系譜と現在』法律文化社、二〇一六年。

Anderson, Benedict. *Imagined Communities: Reflections on the Origin and Spread of Nationalism (Revised Edition with New Material)*. London and New York: Verso, 2006.（ベネディクト・アンダーソン、白石隆・白石さや訳『定本　想像の共同体――ナショナリズムの起源と流行』書籍工房早山、二〇〇七年）
Benjamin, Geoffrey. "The Cultural Logic of Singapore's 'Multiracialism'." In *Singapore: Society in Transition*, edited by Riaz Hassan. Kuala Lumpur: Oxford University Press, 1976.
Chua, Beng Huat. "Racial-Singaporeans: Absence after the Hyphen." In *Southeast Asian Identities: Culture and the Politics of Representation in Indonesia, Malaysia, Singapore and Thailand*, edited by Joel S. Kahn. Singapore: Institute of Southeast Asian Studies, 1998.
Chua, Beng Huat. "Multiculturalism in Singapore: An Instrument of Social Control." *Race and Class* 44(3) (2003): 58-77.
Chua, Beng Huat. "The Cost of Membership in Ascribed Community." In *Multiculturalism in Asia*, edited by Will Kymlicka and Baogang He. New York: Oxford University Press, 2005.
Clammer, John. "The Institutionalization of Ethnicity: The Culture of Ethnicity in Singapore." *Ethnic and Racial Studies* 5(2) (April 1982): 127-139.
He, Baogang and Will Kymlicka. "Introduction." In *Multiculturalism in Asia*, edited by Will Kymlicka and Baogang He. New York: Oxford University Press, 2005.
Hill, Michael and Lian Kwen Fee. *The Politics of Nation Building and Citizenship in Singapore*. London and New York: Routledge, 1995.
Hirschman, Charles. "The Making of Race in Colonial Malaya: Political Economy and Racial Ideology." *Sociological Forum* 1(2) (Spring 1986): 330-361.
Hirschman, Charles. "The Meaning and Measurement of Ethnicity in Malaysia: An Analysis of Census Classifications." *The Journal of Asian Studies* 46(3) (August 1987): 555-582.
Kahn, Joel S. "Southeast Asian Identities: Introduction." In *Southeast Asian Identities: Culture and the Politics of Representation in Indonesia, Malaysia, Singapore and Thailand*, edited by Joel S. Kahn. Singapore: Institute of Southeast Asian Studies, 1998.
Lai, Ah Eng, Francis L. Collins, and Brenda S.A.Yeoh eds. *Migration and Diversity in Asian Contexts*. Singapore: Institute of Southeast Asian Studies, 2013.
Liu, Hong. "Beyond Co-Ethnicity: the Politics of Differentiating and Integrating New Immigrants in Singapore." *Ethnic and Racial Studies* 37(7) (2014): 1225-1238.
Mathews, Mathew and Mohammad Khamsya Bin Khidzer. "Preserving Racial and Religious Harmony in Singapore." In *50 Years of Social Issues in Singapore*, edited by David Chan. Singapore: World Scientific Publishing, 2015.
Montsion, Jean Michel. "Chinese Ethnicities in Neoliberal Singapore? State Designs and Dialect(ical) Struggles of Community Associations." *Ethnic and*

Racial Studies 37(9) (2014): 1486-1504.

Ong, Fred C. M. and Brenda S. A. Yeoh. "The Place of Migrant Workers in Singapore: Between State Multiracialism and Everyday (Un)Cosmopolitanisms." In *Migration and Diversity in Asian Contexts*, edited by Lai Ah Eng, Francis L. Collins and Brenda S. A. Yeoh. Singapore: Institute of Southeast Asian Studies, 2013.

Ortiga, Yasmin Y. "Multiculturalism on Its Head: Unexpected Boundaries and New Migration in Singapore." *Journal of International Migration and Integration* 16(4) (November 2015): 947-963.

PuruShotam, Nirmala. "Disciplining Difference: Race in Singapore." In *Southeast Asian Identities: Culture and the Politics of Representation in Indonesia, Malaysia, Singapore and Thailand*, edited by Joel S. Kahn. Singapore: Institute of Southeast Asian Studies, 1998.

Rahman, Md Mizanur and Tong Chee Kiong. "Integration Policy in Singapore: a Transnational Inclusion Approach." *Asian Ethnicity* 14(1) (2013): 80-98.

Singapore Department of Statistics. *Census of Population 2000 Statistical Release 1: Demographic Characteristics*. 2001.

Singapore Department of Statistics. *Census of Population 2010 Statistical Release 1: Demographic Characteristics, Education, Language and Religion*. 2011.

Singapore Department of Statistics. *Population Trends 2015*, 2015.

Tan, Eugene K.B. "Keeping God in Place: The Management of Religion in Singapore." In *Religious Diversity in Singapore*, edited by Lai Ah Eng. Singapore: Institute of Southeast Asian Studies, 2008.

Vasil, Raj. *Asianising Singapore: The PAP's Management of Ethnicity*. Singapore: Heinemann Asia, 1995.

Yap, Mui Teng, Gillian Koh and Debbie Soon eds. *Migration and Integration in Singapore: Policies and Practice*. London and New York: Routledge, 2015.

移動する子ども

川上 郁雄

1 「移動する子ども」という現象

最近、国際色豊かな若いアスリートがたくさん活躍している。たとえば、ダルビッシュ有投手、オコエ瑠偉さん（プロ野球選手）、サニブラウン・ハキームさん（陸上競技選手）などだ。そして、これらのアスリートは日本代表選手として活躍している。この三人は、父親が日本以外の国（イギリス、ナイジェリア、ガーナ）の出身者で、母親が日本人という、いわゆる国際結婚家庭で育った人である。

このように国際結婚した両親を持ち、日本で生まれ育って、さまざまな分野で活躍している人がいる一方、海外に目を転じると、日本人の両親のもと海外で生まれ成長した人、たとえば長洲未来さん（フィギュアスケート選手）のような人もいる。長洲さんはアメリカ代表として活躍している。

さらによく見ると、日本で生まれ、その後、親の移住や転勤にともなって海外へ移り、その地で成長した人もいる。あるいは逆に、海外で生まれた後、親の都合で来日（帰国）し、日本で成長した人もいる。どちらも、出生地と居住地、さらに学校の間を移動しながら成長する子どもたちである。そのような子どもたちが、今、私たちの周りに多数いるのだ。

これらの子どもたちに共通するのは、幼少期より複数言語環境で成長しているという点である。その環境とは、たとえば、家庭で使用する言語と学校で使用する言語が違う場合や、父親の言語と母親の言語が違うような場合である。そのため、子どもは日常的に複数の言語を使い分けたり、複数の言語を混ぜて使用したりすることが起こる。また、親の突然の移住や転勤などにともなって、子どもはそれまでの生活空間から新しく馴染みのない生活空間に移動したり、親の休暇のたびに親の祖国に一時帰国したりするなど、言葉や習慣の異なる場所で生活することを子どもの頃から体験する。

さらに、異なる言語を使用して学んだり考えたりすることも日常的に起こる。たとえば、子どもは家では親の言語の絵本を読み、学校では異なる言語で教科書を読むという場合や、海外では平日は現地校へ通い、週末には補習校やコミュニティ・スクールに通う子どももいる。その場合、平日の学校の使用言語と週末の学校の使用言語が異なる場合がある。つまり、学びの言語が異なるのである。

これらの子どもに共通するのは，小さい子ども時代から①言語間を移動する、②空間を移動する、③言語教育カテゴリー間を移動する、という日常的な「移動の経験」がある点である。いま、「移動する子ども」という現象は世界各地で起こっている。

では、そのような「移動の経験」は子どもにどのような影響を与えるのか。

2 「移動する子ども」という経験

幼少期より複数言語環境に暮らす子どもは、異なる複数言語で他者と接触する体験を日常的に積みながら成長する。複数言語によるやりとりは、時には他者とつながり、時には他者とつながらない体験である。つまり、他者との接触体験には子どもの持つ複言語能力が深く関わっており、その能力によってコミュニケーションが成功したり不成功に終わったりするのだ。その結果、複数言語に関わる体験は時に楽しい体験であり、時に苦しいつらい体験にもなる。さらに、複数言語を使用して他者とつながったり、つながらなかったりした体験には、常に他者からのまなざしがともなう。また同時に、その体験は、自らが他者をまなざし、そして自己を振り返る機会にもなる。そのような機会を日常的に繰り返し持ちながら、子どもは成長していく。

このような体験は、自己アイデンティティの形成に影響する。ここでいうアイデンティティとは、「自分が思うことと他者が思うことによって形成される意識」（川上編 2010）である。

「複数言語を使用して他者とつながったり、つながらなかったりした体験」を自分の中で意味づけ、位置づけ、そして自分の人生の経験として位置づけていくということは必ずしも容易なことではない。なぜなら、その作業は自己の生きざまと向き合う作業であり、ときに苦しかった体験が思い出され、苦痛がともなうことがあるからである。

なぜ苦痛がともなうことがあるのか。その理由のひとつに、社会が持つ規範性に照らして、自らの位置づけが不安定になる場合があるからである。たとえば、日本人の両親を持つ子どもが海外で成長し、大学生となってから来日し、大学に通う場合、外見は日本人に見えるのに日本語に「外国人訛り」があるとか、漢字が書けないことから、周りから「日本人なのに、どうして？」と訝しく見られたりすることがある。このとき、その大学生は自分が日本人なのかと思い悩んだり、日本に居場所がないと感じたりする。

　同様に、国際結婚した両親のもと日本で育った子どもが大人になってから親の祖国に行ったとき、その国の言語が十分に使用できず自分の言語能力に不安を感じたりすることがある（詳しくは、川上編 2010）。このような体験と向き合い、自分自身の生き方を模索するとき、常に直面するのが、ひとつの国民国家はひとつの言語文化で成立しているといった社会的な規範意識である。それは他者が持つ規範意識であり、同時に自己が持つ規範意識でもある。まさに、「想像の規範性」の影響下にあって、自己のアイデンティティを形成しようと働くのである。

3 「移動する子ども」という記憶

　このような意味の「移動する子ども」という経験は、けっして成長期だけに見られる現象ではない。子どもが大人となって社会で活躍していく過程でも、複数言語を使用する場面に遭遇したり、自分と同様の経験を持つ人と出会ったりする中で、幼少期から体験してきた複数言語に関わる記憶が呼び戻され、それらの記憶が新たな「経験」として意味づけられたりするからである。それは、人が幼少期からの記憶を大人になってから新たな記憶として読み替え、再度、意味づける作業である。

　つまり、「移動する子ども」という経験は、「移動する子ども」という記憶として、その人の中に蓄積されていくことになり、人のアイデンティティを再構築していくことにつながる。

　ただし、その記憶が固定的なものかと言えば、そうではない。たとえば、グローバルな社会現象や国際関係の変化、観光やメディア、国際犯罪等によって、言語に対する社会的な評価や、その言語を使用する人々や国に対するイメージが変化したりすることがある。その結果、幼少期より複数言語環境で成長してきた人の、自ら持つ複数言語に対する「記憶」の意味づけも変化することがある。

　さらに、そのような人が壮年期、老齢期を過ごしていくうちに、生活や仕事のうえで複数言語使用の頻度や、使用言語と不使用言語のバランスが変化していくことがある。出生地の地域や国を離れ、出生地とは異なる地域や国で老齢期を迎えることはけっして珍しいことではない。そのようなライフコースの中で、「移動する子ども」という経験の意味づけも変化し、新たな「移動する子ども」という記憶となって、人のアイデンティティや生き方に影響し続ける。

では、このような「移動する子ども」という記憶は人のアイデンティティや人生にどのような影響を与えるのであろうか。「移動する子ども」という記憶は社会においてどのような意味があるのであろうか。近年のグローバルな移動の時代に、このような意味の「移動する子ども」という経験、そしてその記憶を持つ人々が急増している。つまり、誰もが「移動する子ども」となる「21世紀の人のあり様に関する研究」は、「人種」「民族」「国籍」「エスニシティ」などの20世紀の概念では捉えきれない新たなステージへと向かっている。それゆえ、「移動する子ども」は、「21世紀の人のあり様に関する研究」における、主観的意味世界を探究する新しい分析概念となりうるのである。

参考文献

川上郁雄編（2010）『私も「移動する子ども」だった――異なる言語の間で育った子どもたちのライフストーリー』くろしお出版
川上郁雄編（2013）『「移動する子ども」という記憶と力――ことばとアイデンティティ』くろしお出版

◎特別インタビュー

日本代表として闘う

日本国籍を取得したラグビー選手たち

２０１５年秋にイングランドで行われたラグビーワールドカップで、日本代表が世界的強豪である南アフリカ代表から24年ぶりの勝利を挙げたことで、日本は空前のラグビー・ブームを迎えた。その中で、普段ラグビーに接していなかった人から、「日本代表」チームの中に外国籍選手がいることに疑問が上がった。そうした中であるからこそ、「スポーツ選手（プロラグビー選手）と国籍」というテーマについて、現場にいる選手はどう考えているのかを、２０００年代に来日し、ワールドカップに出場経験があり、日本国籍を取得している近鉄ライナーズ所属の三選手に語ってもらった。

（インタビュアー　小林真生・佐々木てる
２０１６年2月3日、近鉄ライナーズ・クラブハウスにて）

【参加者プロフィール】

トンプソン ルーク　ラグビーワールドカップ２００７、２０１１、２０１５出場。63キャップ（＊キャップは代表チーム同士の試合出場記録数。２０１６年4月現在。以下同）。ニュージーランド出身。

タウファ統悦《とうえつ》　ラグビーワールドカップ２０１１出場。22キャップ。トンガ王国出身。

金《キム》 哲《チョル》 元《ウォン》　ラグビーワールドカップ２００７出場。２キャップ。大韓民国出身。

来日の経緯

小林　まず、皆さんがそれぞれ日本に来たきっかけを最初にうかがいたいのですが。

トンプソン　僕はニュージーランドで選手をしていた時に、

日本の三洋電機からオファーをもらって、日本に来ました。

佐々木 最初からラグビーをやるために来られたんですか？

トンプソン そうです。仕事で。僕は、統悦さんと金さんより、日本に来たのは多分ちょっと遅かった。2004年に来て、今は12年目。

小林 統悦さんは？

統悦 もちろんラグビーがメインで。トンガにいた時に日本に来るための奨学金が下りて。ノフォムリとホポイ（注：1980年に大東文化大学にトンガ国王の推薦で日本に留学したパイオニア。共に元日本代表ラグビー選手）と同じ形で。僕は日本大学なんですけど。ラグビーをしながら勉強もして。

佐々木 やっぱり日本が良かったんですか？ 当時は日本って、ラグビーはまだそんなに強くない、そんなイメージなんですけど。

統悦 日本が良かったというよりも、日本に来る前の2000年に俺は南アフリカのビザを待ってたんですよ。2001年の3月に選手として南アフリカに行くつもりだったんですけど。それを待ってる間に日本大学のオファーが来て、奨学金が下りて。俺が迷っていると、父が「日本だったら安全だし、南アフリカだとちょっと危ないイメージがあるから」って言って、そこから南アフリカに送ったパスポートをもう一回作り直して、日本に来たんです。日大はその年の11月までには来てほしいという話で、南アフリカには次の年の3月までに行けばよかったんで決めました。日本語は日本に来てから勉強して、今年で15年になります。

金 僕は日本の高校から話があって来ました。僕の高校の監督さんと知り合いの方が元々ホンダでプレイしてて、その人と日本の高校の先生のつながりで、U19のテストマッチを日本の先生が見にきてて。よかったら日本でプレイせんかっていうことで誘いをもらって、その時は韓国の高校3年生で卒業の2、3ヵ月前だったのですが、日本の高校2年生に編入したんです。そこから大学、社会人と進んで15年ぐらいになります。

佐々木 高校はどちらなんですか？

金 高校は三重の朝明《あさけ》高校っていう、全国大会に何度か出ている学校です。

小林 結構、韓国から選手が来られてる学校ですよね。

金 その時は、僕の高校からは僕一人、他の高校から三人で、合わせて四人がその高校に編入して。

佐々木 その他の三人の方々はみんな日本にずっといるん

トンプソン ルークさん

ですか？

金　いや、一人は高校の時に帰りました。一人は大学まで行ったんですけど大学卒業して1年ぐらい社会人やって辞めて韓国に帰って。もう一人は一昨年まで福岡のサニックスでプレイしたんですけど、もう引退して、今、結婚して福岡に住んでます。

佐々木　韓国ってラグビーはどんな感じなんですか。

金　全然盛んではないです、日本みたいに盛んではない。

佐々木　ということはラグビー選手として有名になるには日本に来るっていう人が結構いる？

金　そうですね。

ラグビー選手にとって日本人となること

佐々木　トンプソンさんに是非お聞きしたかったんですけど、やっぱり日本代表としてワールドカップに行くっていうのは、出身国は日本とは違うわけですから、どういう感じだったんでしょう。日本の代表という感じなんですか？

トンプソン　日本人としてプレイするってところが、とても誇りに思える。日本に長い間住んできましたし、そこで、日本代表としてプレイするチャンスをもらった。この2人もそうですけど、日本人になって、日本代表に。

佐々木　皆さん日本国籍をもう取られていますね。ただ、ラグビーっていうのは日本の国籍を取らなくても代表にはなれるんですよね。それがサッカーとまた違いますよね。

統悦　他の国の代表になったことがない選手が日本に来て、日本で3年間プレイすれば、日本代表になれるんです。

佐々木　そうした中で日本国籍を取ったっていうのは、やはり何か理由があるんですか？

トンプソン　一つだけの理由じゃなくて、いろんな理由があってそうしたんですけど。日本の代表として、日本人としてプレイしたかったんです。そして、こっちで生活してる間に子どもも日本で生まれて、日本に根付いたものっていうのもほしかった。で、自分の日本でやっているラグビーキャリアにもプラスなことがあります。例えば、僕は日本人だから、グラウンドに立てるトップリーグの外国人枠の二人には入らなくなる。

佐々木　そうか、枠っていうのがあるんですね。

トンプソン　外国人、つまり他の国のパスポート持ってる選手は一度に二人までしかグラウンドに立てないので、自分が日本人だとその枠が一つ空くんです。そして、日本人になることで、日本で生活していくことがすごく楽になっていく。

佐々木　帰化とか大変で、結構書類とか書かされませんでした？

統悦　書類で使うような日本語は分かんないですから（笑）。奥さんが全部、朝までずっと書いてくれて。

佐々木　行政書士に頼まないで全部家でやったのですか？

統悦　はい。俺の場合はもう全部奥さんが。寝ないでトンガから集めた英語の書類を全部日本語に訳してくれて。

佐々木　大体皆さん、書類を出してから国籍もらうまで、やっぱり1年ぐらいですか。

統悦　いや、1年かからなかったかな。僕の場合は早かったですね。6ヵ月ぐらいで。

佐々木　それは早かったですね。平均で大体1年から1年半っていわれてるんですけど。

トンプソン　私は書類作成が始まってから帰化するまで、多分1年間ぐらいでした。

佐々木　やっぱり1年ぐらい。

トンプソン　でも法務省の決めた書類を全部提出してからは、8ヵ月ぐらい。

佐々木　提出してからは早いですね。

金　許可をもらうのは早いです、提出するまでが長くて、1年とかかかるんですけど。

佐々木　最初のところがね。

金　たぶんそうだと思います、そんなに長くなかったと思います。

佐々木　皆さんご結婚されて、ご家族がいらっしゃるんですか。

トンプソン　僕は結婚しています。奥さんとはニュージーランドで日本に来る前から一緒にいて、高校生の頃からの友達。

佐々木　じゃあ家族みんなで日本国籍を取ったんですか？

トンプソン　奥さんはまだニュージーランド人。子ども二人は日本人。

佐々木　最近、法務省はそういうのも許可してますね。昔は割と家族まるごと帰化じゃないとダメっていうのがあったんですけど。統悦さんの奥様は日本の方ですか？

統悦　奥さんは日本人です。子どももみんな全員日本人です。

佐々木　じゃあもう普通に日本の学校に。

金　僕も奥さんは日本人。

佐々木　【＊二人からの祝福が入り】新婚ですか？　おめでとうございます。

トンプソン　ルールも変わってきてるんだけど、僕の奥さんは自分が帰化申請をした時に、まだ彼女が日本に来て1年とかそのぐらいしか経ってなかったから、たぶん一緒にしようとしてもできなかったですね。

佐々木　そうか、ちょっと期間が短いですね。

トンプソン　最初の2年間、僕は（三洋電機のある）群馬、奥さんはまだニュージーランドで勉強していて日本にいる期間が違ってしまった。

佐々木　そうですね。でも今度はたぶん、旦那様が日本国籍だと割とパートナーの方は早く国籍取れるので、楽かもしれません。統悦さんも日本国籍を取られたのは同じような理由ですか。

統悦　僕は単純に近鉄の力になれたらいいなと思って。正直なことはまあそれだけですね。パナソニック（元三洋電機）とか、その上のチームはやっぱり強いメンバーばっかりなので。近鉄は自分が帰化することによって、また違う外国人の二人が使える。やっぱり枠が二人しか取れないから、単純に「近鉄のためになるかな」っていうふうにはすごく思いました。もちろん、いろんな理由もあったかもしれないけど、まあ単純に俺が帰化すれば他の外国人が試合に出れるんじゃないかなということ。それが帰化した理由に一応なるんじゃないかって思うんですけど。

佐々木　日本の国籍を取ろうと思ったのはいつぐらいからですか？　近鉄に入ってすぐですか？

統悦　僕は入って1年で思いました。2年目にもう帰化したんですよ。チームに入って、近鉄の状況を見て、あ、こんな状態ならもうちょっと自分も力になれたらいいかなと思って。

佐々木　じゃあプレイをしているうちにっていう感じなんですか。

統悦　はい。1年間プレイしてやっぱり……。トップウエスト（トップリーグの下部カテゴリーで、地域別に分かれている）では優勝したんですけど、入れ替え戦で結局負けて、悔しい思いをして。その悔しい思いが何でなんやろうってなって。選手的には、理由は大体分かっていて、もうちょっとメンバーも必要じゃないかなという風に思っていたんです。で、自分が帰化したほうがいいかなと決意して。いろんな外国人が5、6人くらいいるのに、グラウンドに出れるのは二人だけで、残りの選手はベンチに座っている。それだったら自分が帰化すれば、もう一人出て、二人ベンチにいるだけかなと思ったんです。

佐々木　金選手は？

金　日本ではラグビーが自分の人生だったので、ここでラグビーがしたいなと。それで帰化しました。

佐々木　ご家族は反対されませんでした？

金　そうでもなかったですね。帰化したといっても変わるもの名前とかそれぐらいしかないんでね、結局は。

佐々木　名前変えました？

金　今は結婚して変えたんですけど、そのときは別に変えないでもよかったんです。別に母は反対もせんかったし、やりたいことを好きなようにやったほうがええんちゃうかと言ってくれて。

佐々木　ちなみに兄弟は？

金　きょうだいは姉がいます。

佐々木　では一応長男？

金　そうですね。

佐々木　ちょっと大変ですね、韓国で長男だと、家のことが。

金　そうですね。まあ好きなことやらしてもらってます。

佐々木　国籍を取ろうとしたきっかけというのはいつぐらいから考えてたんですか？

金　割と早いです。大学の時ぐらいですかね。その時はアジア枠（外国人枠とは別に、アジア・ラグビー・フットボール協会加盟国協会の国籍を有する者に対する枠）もなかったので、他の外国人と二人の枠を競わなければいけなかったんです。で、大学卒業して、幾つかチームから声はかかってるんですけど、なかなか返事を早く言ってくれなくて。僕が大学4回生の頃はまだアジア枠できてないし、僕が社会人になってからアジア枠ができたぐらいだったから。そこで、帰化を考えるようになりました。それに、僕はハーフ（スクラムハーフ。小柄な選手が機敏性を生かすポジション）やし、日本ではハーフで外国人枠を一人使うわけでもなくて。社会人だと、そこから上はなかなか難しいんちゃうかみたいな話になって。それでたまたま帰化の話が出たりとかして、考えようかってなって。

佐々木　大学はどちらでしたか。

金　大学は大阪体育大学。

小林　坂田好弘《よしひろ》さん（2012年まで35年間、同大学ラグビー部監督を務めた。現役時代は近鉄に所属した世界的名選手）がすごく有名ですね。

金　はい。坂田さんがいろいろ世話してくれました。

タウファ統悦さん

佐々木　トンプソンさんはいつ頃から日本の国籍を取ろうと考えてました？

トンプソン　たぶん4年目だと思うんですけど。友達が先に一回帰化しようとしたんですけど、できなかったんです。でも、とりあえず挑戦してみようと思ってやってみました。

小林　日本代表になってから帰化されてるんですよね。

トンプソン　そうです。

小林　統悦さんは代表選手になってから帰化されましたか？

統悦　そうじゃないんです。帰化してから代表になったんです。

小林　金選手は？

金　僕も代表に入ってから帰化したと思います。社会人1年目から帰化するという話はしたんですけど、ワールドカップの代表戦が終わってからだったと思うんですよ。

日本人選手としての思い

佐々木　今回の本の企画では、日本で活躍をされている、国籍を取られた方のお話をとりあげています。皆さんはプロのスポーツ選手として国籍を取られて活躍されてるんですよね。ただ、必ずしもそうじゃない方もいっぱいいると思うんです。そこで、どんな道でも、ラグビーでもサッカーでもなんでもいいのですが、国籍を取って日本の選手として活躍する時にすごく注意してることとか、どうしたらそんなに活躍できたんだろうという部分に大変興味があるんです。是非、これから一生懸命頑張ろうと思ってる人たちに、僕たちはこういう風にやってきて、今のような形で日本のプレイヤーとして頑張ってるんだっていうのをお聞きしたいんですけど。特に、どんなことに気をつけているかなどについて、金さんからお願いします。

金　別に気をつけてることもなく、何ていうんですかね、別に、日本人やから韓国人やからそんなんでもなく、普通にラグビー好きでやってるだけなので、そんなおしゃれなことも言えないし。二人のほうがおしゃれなこと言えると思います。（笑）

トンプソン　ラグビーでもサッカーでも、どんな仕事でも楽しむのが一番大事。自分のやってることをまずは楽しむ。日本というか自分の周りの環境が自分に合わせるのを待つんじゃなくて、自分が日本の文化だったりとか環境に合わせていくというスタンスです。自分がポンと入っていって、すべて周りの環境を変えてやっていくということは、元あるものに対して、敵意じゃないですけど、向かっていく形になってしまうので。日本の文化であっても、何であっても、必要のあるところに、どんどん楽しんで参加して。自分が新しいことを体験する時には、ずっとオープンでいる。それから後はもう一生懸命やっていくだけ。

佐々木　おそらく日本は、今でこそ強い印象もありますが、ラグビー先進国から来られて、ラグビーの練習とか、これじゃあダメじゃないかとかっていう感覚がいろいろあったと思うんです。そういう思いとは、どう折り合いをつけていたんでしょう。そういうものも含めて、できるだけ日本に合わせようとしてたんですか?

トンプソン　まずは日本に入って、しっかり文化を学んで、努力していって、自分がチームに対して何らかの価値を提供できるところを最大限出していく、ということを考えていました。

佐々木　なるほど。「まずは日本の文化というのを学んで、そこから提供できるものを」というように、ステップを踏むわけですね。

トンプソン　ラグビーをプレイするということを、先ずちゃんとやっていけなかったら、日本で暮らしていくこともできないですし。しいては日本人になるということも不可能になってしまいます。

佐々木　統悦さんはいかがですか?

統悦　昔は日本になかなか外国人が入れなくて、日本には日本のラグビーがあって、外の世界がなかなか見れなかったんです。ただ2000年ぐらいから外国人が増えてきて、あと、海外のラグビーの試合を日本でも見れるようになって、真似をしていけば俺は強くなるって思えるようになっている。今はもうインターネットの、ネットワークの世界だから、今の日本の強さの要因もそうした所があるかなというふうに思ってるんですけど。あと、外国人。もちろんどのチームでも外国人選手がいると思いますけど、トップリーグにはコーチの外国人がいるから、向こうのラグビーのシステムとか考え方、あるいは選手の育て方とかを日本人が受け入れて、そこから日本のラグビーの技術の強さを生かしていけるはずと感じています。体づくりとか、今までのようにただランパス（数人で並んで、パスを繋ぎながらグラウンドを往復する、以前からある練習方法）ばかりではなく、もうちょっとラグビーらしい練習をしたり、ウエイト・トレーニングもしないといけないし、食べ物も考えないといけないというところからやっていく。今みんながそういう風に海外からノウハウを吸収して、トップリーグもすごく強くなってる。トップリーグが強くなればやっぱり日本代表が強くなると思うんです。大学生も今、どんどんレベルが上がってきていて、ニュージーランドとかのコーチが、向こうのラグビー文化の考え方とかを全部持ってきて、それを真似したら、どんどん世界でも今戦えるようになった。だから、今回のワールドカップでもやっぱり結果が出せたとは思ってます。

昔はもう、とりあえず気持ちを鍛えるばかりで、全く体のことを考えてなくて、スキルの部分が全然上がっていない、っていう状態でした。監督が怒れば、とりあえずお前は練習やってろと。で、負けたら理由もなく、もう3時間ぐらい走りっぱなし。それではメンタル的には強くなるかもしれないけど、スキル的には全然上がらない。それでは絶対強くならないと思うんです。確かに、メンタルはもちろん大切なんですけど、スキルの部分も上げないといけないので、今の選手はスキルを上手く生かすための体づくりからやっている。だから、今の日本のラグビーのバランスが全体的にちょうど良くなっていて、これから多分もっと伸びると思うんです。

それと、日本人は自分たちがやっぱり小さいと思ってて、日本のラグビーって絶対勝てないっていうか、勝てればラッキーみたいな考え方があって、絶対勝てるとは考えて来なかった。でも、今回のワールドカップを見たら分かると思うんですけど、そういう風に考えて、それに向けたチーム作りをしてたから勝てた。今は、勝てるためのチーム作りをすると、みんな考えるようになったと思うんです。

佐々木　トンプソンさんは、ニュージランドの大学にいらっしゃった？

トンプソン　そうです。ニュージーランドは日本とはちょっと違うシステムで。ニュージーランドの大学でプレーすることは少なくて、みんな地域のクラブでプレーをします。高校のあとは、みんなクラブチームに入ってプレーしてる。僕も大学に行ってたけど、自分のクラブでプレーをしてました。

佐々木　クラブチームはもうプロみたいな感じなんです

か？

トンプソン　プロじゃなくてアマチュアだった。けど、高校を卒業してからもカテゴリー別に分かれていて、競争があります。小さい時だと5歳のチームからあって、アンダー21やトップチームまで。それにOBチームまで沢山あって、規模がめちゃくちゃデカい。

佐々木　そんなに。日本とは違いますよね。ラグビーに対する意識とか。

トンプソン　そうですね、全然違う。

統悦　ニュージーランドはもう、クライストチャーチ、オークランドとかもういろんな地区やカテゴリーがあって、そこから成功する、つまり（国の代表チームである）オールブラックスになるまでにはすごく大変です。下から一つ一つ上がっていくので。

佐々木　そうすると、最近では海外に行く選手っていうのは結構増えてるんですか。ニュージーランドやトンガから海外で活躍しようと思う選手は。

トンプソン　ニュージーランド人はフランスとかヨーロッパ、いろんな国に沢山の選手が行っている。でもオールブラックスに入るサモア人やトンガ人は、逆ね。たぶんトンガからニュージーランドに行って、大学生になって、そしてオールブラックスに入る。

統悦　やっぱりニュージーランドはすごく裕福な暮らしをしてて、トンガ、サモア、フィジーはそれなりの暮らししかできないから、やっぱり裕福な暮らしをするためにはニュージーランドに行かないといけないということがイメージとしてある。トンガにいた時にはニュージーランドに行けばお金持ちになれるという考え方があった。みんな最初は何もなくて、右も左も分からないのにニュージーランドに行って。僕はそうならなかったんだけど、村の中には何人かそういう人がいた。いろんな世代で出ていく人がいるけど、彼らにはニュージーランド生まれの子ども達もいる。そうした子ども達はニュージーランドの文化だけを理解していて、そういう部分では、彼らはもうニュージーランド人。トンガ、サモア、フィジーはそうした人が多い。

佐々木　韓国からは世界に飛び出してる選手はいますか。韓国はラグビーそれほどでもないんですか。

金　日本には来てますね。日本に来て、それから先に行ってる奴はいないでしょうね。

帰化と家族

小林　また少し帰化の話に戻るんですけれども、先ほど金選手からはお話いただいたんですが、日本に帰化するときのご家族の反応っていうのはどうでしたか。

統悦　僕は、帰化を決めたときに親に報告したんですけど、もちろん自分が長男ということもあって、親もちょっと戸惑ったというか、「いいのかな?」というふうには思ったようでした。でも、日本から父に電話して「俺はこういう考え方だから、自分の人生だし、自分で決めたいから」と伝えて、父も「お前が決めることだったらそれでいいと思う」ということになりました。あと、母が一番心配していたのは、戦争になったら俺も行かないといけないということ。そこで、「いや、日本は戦争やっていけない国だから、心配しないで」という説明をして。というのも、母の兄弟がアメリカでアメリカ国籍を取ったんですけど、軍人じゃなくても、いつでも戦争には呼ばれると言われているから。それだけを心配してたんですよ。そして、父は「トンガに帰ってこないのかな」って思っていたようですけど、「そうじゃない」とちゃんと説明して。「あとあと自分の人生に全部プラスになるから、日本人になったほうがいいんだ」と話したんです。

佐々木　でも、トンガの文化的なものっていうのはお子さんに伝えたいと思いますか。

統悦　はい。もちろんすごく。トンガの文化的なことは息子には伝えたい。俺も長男だからトンガって家族の絆がすごく強くて、その文化を全部伝えないといけない。息子がちょっと大きくなったら教えないといけないないというふうには思ってます。トンガでは結婚式と葬式の時に、長男の役割がすごく強くて、それを教えないといけないんです。家族全員のど真ん中にいるから、周りを全部リードしないといけない。あと、言葉もこういう言葉を使えないといけないというのもあるし、物に対してもいろんな物の価値観があって、そうしたことも理解をしないといけないんですよ。独特な文化があるから、それをいつか息子に教えないといけないなと思ってます。

佐々木　言葉は2ヵ国語話せますか?　お子さんは。

統悦　はい。英語と日本語。

小林　トンプトンさんは、ご家族の反応はどうでしたか。

トンプソン　ニュージーランドは一つのパスポートだけじゃなくて、いろんな国のパスポートを二つ、三つ持っていても全然問題ないんです。だから、日本の国籍を取ることは、ニュージーランドの人たちにとって、大きなことではなかったです。

佐々木　複数国籍が認められているんですね。

トンプソン　そうです。そういうことが日常的というか、周りにいたりするので。それが大ごとっていう捉え方はしてなかったと思います。

統悦　トンガは二つ国籍持っても大丈夫です。なぜかというと、トンガという国は、海外にいるトンガ人が国を助けて、国が動いてるというところがあるから。今トンガって国内に10万人住んでて、外には20万人ぐらいがいる。そうした人が仕送りとかして国が動いている。だから、二つ国籍持ってた方がいいということになる。

周囲の反応

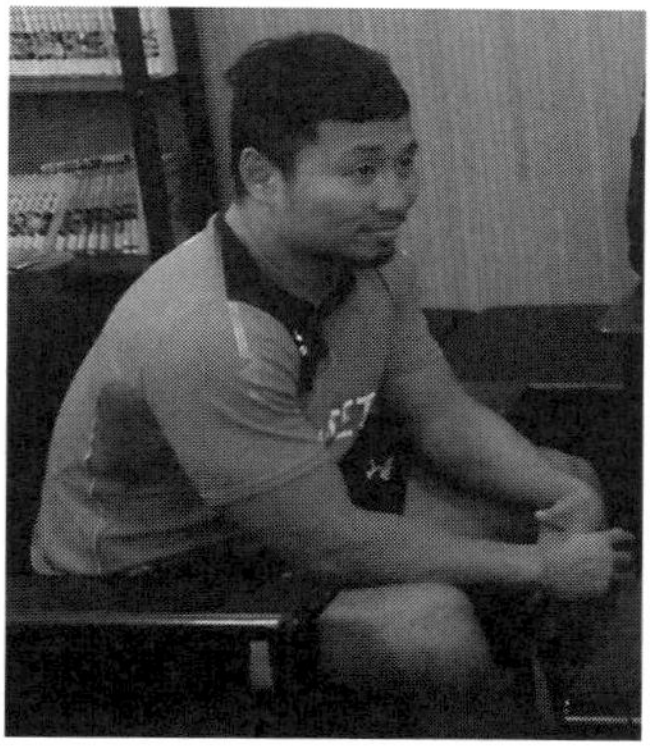
金哲元さん

小林　たとえばトンプソンさんだったらニュージーランド人、統悦さんだったらトンガ人、金さんなら韓国人ということになりますが、今、日本のトップリーグとか大学とかでプレイしてる同じ国の出身の人は、皆さんが帰化するということを聞いた時の反応はそれぞれどうだったんでしょうか。家族じゃなくて。いわゆるラグビー仲間は、どういうふうに感じるんでしょう。お互いに話することってありましたか？

統悦　あんまりないですね。ただみんな帰化したいですよ。そのほうがトップリーグに入りやすいし。今、日本のトップリーグって、オールブラックスとか強い代表の大物で外国人枠がなくなってしまうんです。今はトンガの選手を取りたいって言ったら、帰化しないとたぶん、普通に雇わないです。今はもうトップリーグのどのチームでも結構、いい大物を取りたがってるんで、もともと留学生だった選手がほとんど見られなくなった。それはちょっと可哀そうかなというふうに思ってます。ただ、いいプレイしてもなかなかトップリーグのチームは取らないから、就職が決まらないんですよ。そうなると、「じゃあ俺帰化しますから」っていうふうにアピールするしかないんですよ。そうしないとうまく生きられない。

だから今、日本の大学に留学して、4年間で卒業したら帰ってしまう子がトンガだけじゃなく、ニュージーランド、サモア、フィジーも多い。就職が決まってないから。特に気になるのが、日本の高校を卒業して、トンガに戻る子がいること。帰っても何もならないです。高校の留学生は18歳で日本での生活が終わってしまってるので。

小林　確かに、高校で帰ってしまう人もいますね……。

統悦　高校で帰るっていうのは俺から見るとすごく可哀そうなやり方なので、悪い子は別に返してもそれは当たり前のことですけど。一生懸命頑張っていて、その子たちは親の期待もすごい大きいのに……。

佐々木　チーム的にはみんな日本の国籍を取ってもらいたいんですかね。

金　やっぱりそれは、そのまま日本人選手として使えますからね。そうなったら、もちろんチームとしての戦力は上がります。

統悦　自分は留学生だけの枠がほしいと思っているんです。高校、大学と、みんな日本のシステムや文化を全部分かった上でここにいるわけだから。

佐々木　高校生ぐらいから徐々に活躍しているいろんなスポーツ選手が増えてるから、すごい有名な人を突然連れてくるというのもありだけれども、日本でプレイして強くなってどんどんトップリーグにっていう方が、いい感じはしますよね。

統悦　トンガに帰っても、帰った子たちは無職なんですよ。だからトンガの経済にもあまりよくないですね。

小林　日本で大学出て、資格か何かあればまだ別ですけど、高校だけだと厳しいですね。韓国の選手はアジア枠で最近結構来てますよね。けど、おそらく金選手以外は帰化されてる人っていないと思うのですが。

金　今、いないんじゃないですかね。僕だけ。でも、帰化申請しようとしてる子は何人かいます。あいつらも、帰化することを別に悪いとも思ってない。どっちか言ったら、良いように思ってます。帰化して、こっちで仕事したいと。

佐々木　今、僕は今度の本で「〇〇系日本人」っていうのを考えているんですよ。意識として、僕は韓国系日本人だとか、トンガ系とか、サモア系、ニュージーランド系とか、そういうイメージっていうのは何かありますか？　もう帰化しちゃったから日本人だっていう感じなんですか？　それとも、別に国籍関係なくて僕は韓国人なんだっていう感じですか？

統悦　やっぱトンガ人っていう感じ。それは変わらないね。国籍が変わるだけで。日本にいるという感覚がすごくある。俺も日本人として扱われているという感じですけど、もともとトンガ生まれで、それは変わらないです。

佐々木　一世の場合は特にそう。そうするとお子さんとか次の世代ぐらいから変わっていくんですかね。

統悦　はい、たぶんそうですね。

佐々木　最初はね、国籍を変える人は大体そうですよね。もともと育ちがトンガだから、トンガ人。

統悦　まだ人生の半分以上は向こうなので。

佐々木　そうすると、お子さんあたりが、まあトンガ系で日本人だっていうそういう感じは次の世代ぐらいから出てきますかね。

統悦　息子とか見たらもう完全に日本人です。たとえばトンガの感覚で怒っても、うちの息子は「えっ？」みたいに戸惑ってるけど、ということはその気持ちが分かってないということだから。俺はもう生まれてから当たり前の感覚なんですけど。「あ、そういうことがあるんだな」っていうふうには感じてます。俺もそういうのは理解しなきゃって思うんですけど。

佐々木　トンプソンさんは、お子さんが成長したら、ニュージーランドに連れていって、ニュージーランド文化っていうのも教えたいですか？

トンプソン　統悦選手みたいに何かトンガの文化とかを与えるというのは、あまりないんです。というよりも、日本の文化だったりとか、ここに根付いて住んでて、そこから子どもに与えられてあげるものっていうものの方が多いという感じをもっています。家では、親は二人ともニュージーランド生まれだから、いつも英語で話しています。でも、僕は子どもたちが日本の文化がたぶん強いと思う。家はニュージーランドの文化をちゃんと受け取れるように、そうした環境を与えてあげたい。彼らにとってはそれは簡単なことじゃないですからね。

小林　あと、最近ニュージーランドから日本国籍を取られてる方、トンプソン選手以外にも結構多くいらっしゃる。彼らから見ると、先ほど金選手や統悦選手からもあったんですけど、国籍を取りたいという人は多くなってきてますか。

トンプソン　日本でプレイしてるニュージーランド出身の選手は沢山いますが、彼らの多くが帰化したいというふうに思っています。

佐々木　ラグビーの特徴なんでしょうか。あんまりサッカーとか野球とかでは、そうした話は聞かないですよね。

トンプソン　日本国籍を取るということが日本でプレイしていくキャリアにおいて、すごい得なものです。ちゃんと仕事を持ち続けていないと、家族を養い続けるということができなくなってしまいますから。パスポートをちゃんと取って日本に住んで、日本人となっていれば、仕事も契約も楽に進む。

帰化による変化

小林　最後になると思うんですけれども、帰化して、普段の、ラグビー以外の生活で大きく一番変わったことっていうのは、それぞれありますか？

金　僕は高校の時に日本に来たので、逆に韓国の社会とかがまったく分からなくて。社会勉強とか、いろんなものを吸収する年頃にこっちに来たので、もう日本の文化のほうがどっちかといったら入りやすくて。で、韓国に帰って友達とかに久々に会ったりしても、言われるのはやっぱり、日本式の礼儀とかそんなことが韓国では変わっていると言われます。帰化してから変わったんじゃなくて、住んでるのが早かったので変わった。

佐々木　むしろ帰化した後のほうが自然だと。

金　そうですね。韓国に行って、何をしてても、飯を食った時も、お酒を飲んで友達としゃべっても、自分でも若干ちゃうなと思いますね。

佐々木　礼儀作法がまた違いますものね、韓国は日本とすごくね。

金　それが良い所でもあるし、悪い所でもあるんですけど。「若干違うねんなぁ」というのはあるので。僕は分からないですね、それが変わってるということが。

小林　トンガから帰化して何か変わったことは、普段の生活とかでありますか。

統悦　帰化してからじゃなくて、帰化する前から変わらないです。日本に来てからもう得なことしかなくて。帰化してから、これが得だと思ったことはなかったんですけど、もう日本に来てから全部いいことばっかりで、それが変わらないんですよね。一番得なのは、日本人のパスポートを使ってどこに行ってもビザいらないっていうこと。それはすごい得だと思うんですけど。

金　それは僕もそうです。

統悦　トンガのパスポートになると、ビザは2ヵ月ぐらい待ちとか。アメリカ行くのに2ヵ月待ちとかするんです。日本が得なのはやっぱり、じゃあ俺、明日グアム行きますって言ったら、空港行って何か書いてそれで行けるみたいな感じになる。

それと、外国のパスポートを持っていると入国管理局に一々行かないといけない。私は毎年トンガに帰るので、再入国許可をもらうために行かないといけないんですよ。それがなくなるから、もう全然楽です。

小林　逆に、日本国籍を取ったほうがトンガに帰りやすいということですよね。

統悦　はい。トンガっていうより他の国でも。俺は直行便がないから、トンガにニュージーランド経由で帰るんだけど、そこで泊まらないといけない時は、やっぱり空港の外に出ないといけないんです。その時にはやっぱりビザがいるから、それが大変で。で、今はもう別に何もしなくても、その場に行ってビザあるでしょと見せて、遊んでということができる。泊まらなくても、外に出て2時間後にまた飛行機乗り込んで、というのが楽になるというふうに思うんですけど。

左から、金哲元さん、タウファ統悦さん、佐々木てる、小林真生、トンプソン ルークさん

小林　トンプソンさんはどうですか。

トンプソン　僕は、ちょっと違う。前はニュージーランドのパスポートだったから、ビザはどこでもいい。日本のビザでも何でもいい。でも、日本の再入国許可証とか、入国管理局に行ったりとかがなくなって、今は便利です。ラグビーでは、もちろん変わる所はあるけど、他はあまり変わらないんです。自分の気持ちだけがちょっと変わる。なぜなら、自分が日本の国籍を取ったとしても、パッと日本人の人が見たら、単純に日本人に見えない。私や奥さんにとって何が良いのか、ということになります。

統悦　ともあれ心の問題です。日本人になるためには、自分の気持ちですね、やっぱり。

トンプソン　そうですね。日本代表でプレイしたときも、日本人になって、日本の代表なんだという気持ちがあります。

統悦　日本人としてということです。だから国籍を変えることが大事ではないんです。見た目は誰が見ても変わらないですけど、それは彼（トンプソン）にしか分からない気持ちですけど、自分はもう日本人として闘うという気持ちがあるんです。

小林・佐々木　どうも、ありがとうございました。

II

○○系日本人の可能性と課題

コリア系日本人の再定義

「帰化」制度の歴史的課題

李《リー》洙《スー》任《イム》

はじめに[1]

グローバル化が進展する中で、先進国では「移民の社会統合」は重要な課題になっている。日本でも深刻化する少子・高齢化が急速に進む現状に鑑みると移民の受け入れを真剣に議論しなくてはいけない段階にある。しかし近年、ヨーロッパのシリアからの難民問題やISによるテロ活動に参加する移民出身の若者がいたために日本での移民政策の進展はさらに遠のいた感がある。また日本社会では、深刻化する排外主義、そして極右グループの台頭と煽動はヘイトスピーチという深刻な社会問題を生み出し国際世論の批判を受けた。人種差別、排外主義が公然とまかり通り、「在日特権を許さない市民の会」（在特会）という人種・民族差別団体が、韓国・朝鮮人にヘイトスピーチと呼ばれる憎悪表現を向け、民族学校に通う小さい子どもにさえその言葉による暴力は向けられた。「北朝鮮のスパイ」「よい朝鮮人もわるい朝鮮人も皆殺し」「嫌なら帰れ」と罵声を浴びせかけ、東京では新宿・新大久保の、また大阪では生野区に位置する鶴橋のコリア・タウンに買い物に来た日本人たちに対しても暴力行為を行い地域経済に悪影響を及ぼした。在特会とは、特別永住者を他の外国人と同等の待遇に戻すことを綱領として設立された団体である（２００６年12月2日設立）。特別永住者とは、在日韓国人、朝鮮人、台湾人など、日本の植民地時代に日本国籍を所持していた旧植民地出身者とその子孫のことを指す。在特会は、この旧植民地出身者とその子孫をヘイト（憎悪）の標的にしているのである。２０１３年ごろからヘイトスピーチという人種差別表現が日本社会で深刻な社会問題になったが、その前に外国人地方参政権を獲得しようとする運動（1990年代後半）が高揚したのでその運動に対する反動とも受け取られるが、在特会の目的は特別永住者の社会的参画の徹底的排除である。帰化して日本人になればよいのかというとそうでもなく「朝鮮人に帰化を許すな」という罵声も聞こえることから在特会の思想は「国籍＝民族＝血統主義」という等式が成り立つ価値観に基づくことがわかる。しかし、国籍とは天賦のものではなく人為的なものであること に、私たちは気づかなくてはならない。国籍法の在り方で日本人の定義が変わり、「日本人とは誰を指すのか」、という疑問に対する答えは、時代や状況によって変化するものなのである。本章では、コリア系日本人の日本国籍取得もしくは回復への道であった帰化制度に着目し、韓国・朝鮮人コミュニティの国籍取得に対する意識の変化、そしてコリア系日本人の実像について述べる。今や特別永住者の中には4世や5世になる人たちが存在する。日本国籍こそ持たないが、彼らもコリア系日本人として位置づけながら日本人とは一体誰を指すかという疑問を読者に投げかけたい。

1 帰化制度の特質

日本経済の衰退によって日本の右傾化が強まり、進展していた多文化共生という考えも一挙に後退し、安倍内閣による右傾化路線は益々社会を排外的かつ排除的なものに変貌させた。日本女性の社会的進出や統合でさえ思うように進展しない現実を見ると、外国人の社会的地位向上や統合はそう簡単にはいかないであろう。日本社会で「移民」という言葉が積極的に使われることはなく、「国民」に対比する「外国人」という言葉が未だに市民権を得ているのが日本の現実である。世界が移民に対して排外的になりつつあるのに対し、日本は「外国人」という言葉が示唆するように「他者」に対して以前より排外的な姿勢を貫いてきた。よって移民を積極的に受け入れてきた欧米諸国が、反移民へと転じた今日の反動的な傾向とは本質的に異なることを理解する必要がある。

日本政府は、「移民」と「外国人」という言葉を巧妙に使い分けてきた。国際世論を気にしたからであろうか、日本の法務省入国管理局の英語表記では「Immigration Bureau」が使われている。「Immigration Bureau」は日本語に正確に訳せば「移民局」である。「Immigration」という言葉の背後には「immigrants」、「移民」が存在し、「移民」とは、いずれ自国民となる人たちのことを指し、「外国人を管理することを目的とする」のと根本的に異なる。「Japan's Control Bureau of Foreigners」という表記のほうが日本の外国籍住民に対する施策の本質が正しく伝わると揶揄されても仕方がない。

定住外国人という言葉も誕生している今日、「外国人も日本国民と同じ重要な住民です」という理念から、2012年7月に外国人登録法は廃止され外国人も住民基本台帳に組み込まれることになった。しかし、日本国民と外国籍住民との間で社会における扱い方が異なるのであれば「外国人も同じ住民です」という言葉の信憑性を疑わざるをえない。[2] 移民国では新来入国者は定住者、永住者という在留資格を得て、最終的にはその国の国籍取得に至る制度が存在する。たとえば、米国の場合、就業に制限を設けないGreen Card（永住権）は条件を満たせば約3年で取得でき、約5年から10年滞在し、条件が整えば「市民権」取得が可能となるシステムが整備されている。移民にとっては一本の線のような生活設計が描ける。そのような社会では、移民を自国民と同様に扱うべきだという価値判断、いわゆる内外人平等の原則がある。先進国の多くは外国人の両親から出生した子供に自動的に国籍を付与する生地主義に基づく国籍法をとる。すなわち移民の子供はその国の国民となる。このように国籍法の違いで私たちの国籍が決まることから、国籍とはいたって人為的なものであると言える。

一方日本では、日本で出生しても外国人には日本国籍を自動的には付与されず、帰化申請という手続きを踏んでやっと日本国籍取得の道が開かれる。「国籍取得は簡単なのか」という質問に対して明確な答えはない。なぜなら帰化許可の基準は不明瞭で、「法務大臣の裁量」という言葉で代表されるように密室性、そして閉鎖性がその制度の特徴であるからである。申請者は「まな板のコイ」のような心情になり、帰化許可の結果を待つだけの身となる。「帰化」という言葉は本来国家の秩序に従い「君主」のもとに服して従うという意味を持つため、一時は日本国籍を所持していた旧植民地出身者が多い韓国・朝鮮人[3]にとって帰化を通して国籍取得をすることは朝鮮民族への裏切りという考えが長く続き、「帰化すること」や「帰化を口にすること」はタブーであった。彼らのコミュニティにおいても積極的に議論されてこなかったし、関心のあるものにとって帰化関係の情報は入手しにくいものであった。

また、帰化後は日本式氏名を採用する人たちが多いため、帰化者であってもコリア系というルーツは社会で顕在化されない。コリア系日本人の存在は、日本社会の多様性の象徴となり得ていないのである。これは日本社会にも問題があるが、韓国・朝鮮人コミュニティにも責任がないとは言えない。大沼保昭は、『日本国籍を取りますか？ 国家・国籍・民族と在日コリアン』（編者白井美友紀）（２００７年、新幹社）で、「韓国系日本国民をなぜ多様性のひとつと認めないのか？」と疑問を呈している（167-168）。「社会というものは不合理なもの、「日本社会に民族差別がなくなったら」なんて夢のようなことを言っていても始まらない。また、韓国系日本人になったとしても日本社会に１００％同化する必要がない」（168）、とする大沼の意見は、「差別があるから社会参画を拒否する姿勢」をもつ韓国・朝鮮人コミュニティを批判する。もちろん、大沼の批判は多様性を認めない日本社会、そして日本国民にも向けられている。グローバル化が進む中で多様性を重視する大沼の提言は説得力を帯びる。社会の多様性を阻むこのような傾向を打開しなければ、帰化制度の密室性はさらに維持され、日本国民の旧植民地出身者に関する知識のなさや無理解、そして偏見と差別がさらに深刻化する可能性もある。その最たる現象がヘイトスピーチなのである。

2　特別永住者もコリア系日本人

１９５２年4月19日、植民地出身者とその子孫は、法務府民事局長通達（民事甲第４３８号）という形で一方的に日本国籍を喪失するとされた。１９５２年4月28日、サンフランシスコ平和条約（１９５１年9月8日調印、１９５２年4月28日発効）によって、日本は主権を回復した。そして、１９４７年5月2日、日本政府は天皇の最後の勅令として外国人登録令を発令した。外国人登録令は外国人登録法の前身的法令であり、日本国憲法が施行される前日に、駆け込み的に発令された勅令である。同令では、「台湾人のうち内務大臣の定める者及び朝鮮人は、この勅令の適用については、当分の間、これを外国人とみなす」とされ、その後、外国人登録法において、日本に在住する旧植民地出身者は外国人として管理されるようになる。１９９０年に日本の出入国管理及び難民認定法が改正され、3世までの日系ブラジル人や日系ペルー人を活動制限のない、つまり労働者として受け入れる制度が誕生した。それまでは、外国人登録法における主な管理対象は多数派であった旧植民地出身者であり、かつて日本国籍所持者であった韓国・朝鮮人をどのように管理するかという意味合いを含んでいた。

日本国籍を取得するには、出生、届出、そして帰化という3つの方法があるが、帰化による国籍取得は申請者の意思表示から始まり、「法務大臣の裁量」という国家の絶対的裁量で判断される。国籍付与が恩恵的に決定されることから、出生、届出のそれとは性格を異にしているが、米国に代表される生地主義に基づく国籍法をもつ国々と違い、血統主義をとる日本では日本の地で出生しても外国人から出生した子どもは外国人の枠組みに組み込まれ、社会統合を阻む。結果として、日本には4世、5世になっても「外国人のママ」で主流社会の周辺に置かれながら、地方参政権さえも付与されない人たちが存在する。このように旧植民地出身者の国籍問題が放置されたままなのは、他の先進国では見られない事象であり、日本社会の在り方の一つの象徴とも言えるだろう。

チャン（Erin Aeran, Chung）は、旧植民地出身者の韓国・朝鮮人が4世や5世になっても外国人として社会の周辺に置かれ、社会統合されていない日本の現状を「a fourth-generation immigrant problem」とし、日本の社会問題としてとらえ、日本は社会統合の失敗からくる反動に喘いでいるとした（Chung 2010:3）。チャン自身が米国に両親と移民した背景をもつ研究者なので、韓国・朝鮮人が置かれている状況をみると違和感は否めないのであろう。戦後において旧植民地出身者に国籍の選択権が与えられていたら、また国籍法を生地主義に改正していたら、現在のような急速に進む少子化の効果的な対策になっていたかもしれない。なぜなら、日本社会が「他者」に寛容になり、何々系日本人が多く誕生したかもしれないから。

筆者は、帰化していなくても日本に在住する特別永住者をコリア系日本人として再認識する段階にあると本章を通して提言したい。「外国人」という言葉で社会の周辺に彼らの存在を排除し続ける姿勢を貫くより、彼らの存在をコリア系日本人として再定義し、日本社会における多様性を認めようではないか。

3 基礎統計から読み取ると

毎年何人の外国人が帰化を通して日本国籍を取得しているかを統計から分析することにする。**表1**は、２００１年から２０１４年の帰化許可申請者数、帰化許可者数等の推移を示している。２００１年から２０１１年まで帰化許可申請者数は１万人以上を維持していたが、２０１２年に９９４０人と１万人を下回った。最高数値となった２００４年の１万６７９０人と比較すると６８５０人減である。２

０１３年には１万１１１９人と１万人台に回復し、２０１４年には１万１３３７人と増えたが、やはり一時の勢いはなくなった印象を与える。２０１４年の帰化許可者数も１万人台を下回ったままである。

帰化許可者数の内訳を見てみよう。[4] ２０１４年の帰化許可者数の合計は、９２７７人で、原国籍の内訳は韓国・朝鮮が４７４４人、中国が３０６０人となり、その二つのグループが全体の帰化許可者の84％を占めている。韓国・朝鮮は減少傾向に入り、中国も２００９年では５３９１人（後に５３９２人に修正された）と５０００人台を突破したが、２０１１年では３２５９人、２０１２年では３５９８人、２０１３年では２８４５人、２０１４年には３０６０人と以前のような増加傾向における勢いは見られなくなった。一方で不許可者数は２０１２年には４５７人と、２０１１年の２７９人と比較すると急増しており、２０１３年には３３２人と減少したが、２０１４年には５０９人と高い数字を示している。

韓国・朝鮮、中国以外の「その他」に分類される帰化許可者で、その数は２００９年には１７５６人をピークにその後、２０１０年には１５８８人に減少し、過去３年（２０１２年から２０１４年）は１４００人台を維持している。しかし、不許可者数が急増したりするのは（２０１２年、

表１　帰化許可申請者数、帰化許可者数等の推移

（単位：人）

年	帰化許可申請者数	帰化許可者数				不許可者数
		合計	韓国・朝鮮	中国	その他	
2001	13,442	15,291	10,295	4,377	619	130
2002	13,344	14,339	9,188	4,442	709	107
2003	15,666	17,633	11,778	4,722	1,133	150
2004	16,790	16,336	11,031	4,122	1,183	148
2005	14,666	15,251	9,689	4,427	1,135	166
2006	15,340	14,108	8,531	4,347	1,230	255
2007	16,107	14,680	8,546	4,740	1,394	260
2008	15,440	13,218	7,412	4,322	1,484	269
2009	14,878	14,784	7,637	5,391	1,756	202
2010	13,391	13,072	6,668	4,816	1,588	234
2011	11,008	10,359	5,656	3,259	1,444	279
2012	9,940	10,622	5,581	3,598	1,443	457
2013	10,119	8,646	4,331	2,845	1,470	332
2014	11,337	9,277	4,744	3,060	1,473	509

※いずれも暦年の人数である。
出典：法務省HP公開統計「過去10年間の帰化許可申請者数、帰化許可者数等の推移（2013年統計から）を基に作成。
注：2016年4月18日現在、法務省ホームページで公開されている数字は、2009年の帰化許可数・中国が5,392人、不許可数が201人に修正されている。
なお、法務省は「朝鮮」を国籍ではなく、「符号」ないしは「用語」であるとしている。

表 2　原国籍別帰化許可者数　（単位：人）

順位＼年	2002		2003		2004		2005	
1	朝鮮	9,188	朝鮮	11,778	朝鮮	11,031	朝鮮	9,689
2	中国	4,442	中国	4,722	中国	4,122	中国	4,427
3	ブラジル	130	ブラジル	203	ブラジル	224	フィリピン	227
4	フィリピン	106	フィリピン	167	ベトナム	192	ブラジル	185
5	ヴェトナム	86	ベトナム	167	ペルー	186	ペルー	158
6	ペルー	75	ペルー	133	フィリピン	150	ベトナム	112
7	カンボディア	53	カンボディア	50	カンボディア	54	カンボジア	61
8	タイ	29	連合王国	37	アメリカ合衆国	31	アメリカ合衆国	33
9	連合王国	26	パキスタン	34	パキスタン	27	ミャンマー	31
10	アメリカ合衆国	23	タイ	33	無国籍	26	インド	27
							パキスタン	27

順位＼年	2006		2007		2008		2009	
1	朝鮮	8,531	朝鮮	8,546	韓国・朝鮮	7,412	韓国・朝鮮	7,637
2	中国	4,347	中国	4,740	中国	4,322	中国	5,392
3	ブラジル	249	ブラジル	348	ブラジル	342	ブラジル	427
4	フィリピン	212	ペルー	216	ペルー	254	フィリピン	251
5	ペルー	194	フィリピン	213	フィリピン	208	ペルー	249
6	ベトナム	125	ベトナム	162	ベトナム	179	ベトナム	249
7	カンボジア	48	パキスタン	50	カンボジア	43	バングラデシュ	89
8	ミャンマー	38	アメリカ合衆国	34	パキスタン	37	カンボジア	70
9	アルゼンチン	27	タイ	23	ミャンマー	36	カンボジア	44
10	英国	27	パラグアイ	21	バングラデシュ	35	アメリカ合衆国	36
							ミャンマー	36

順位＼年	2010		2011		2012		2013	
1	中国	4,816	韓国・朝鮮	5,656	韓国	5,436	韓国・朝鮮	4,331
2	韓国	3,532	中国	3,259	中国	3,598	中国	2,845
3	朝鮮	3,136	ブラジル	316	ブラジル	251	ブラジル	275
4	ブラジル	374	フィリピン	264	ペルー	236	フィリピン	253
5	フィリピン	247	ペルー	215	フィリピン	230	ペルー	176
6	ベトナム	192	ベトナム	132	朝鮮	145	ベトナム	139
7	ペルー	192	バングラデシュ	56	バングラデシュ	111	バングラデシュ	115
8	バングラデシュ	83	アメリカ合衆国	40	ベトナム	86	パキスタン	74
9	パキスタン	60	カンボジア	39	パキスタン	47	カンボジア	60
10	カンボジア	45	タイ	34	ミャンマー	42	アメリカ合衆国	46

順位＼年	2014	
1	韓国・朝鮮	4,744
2	中国	3,060
3	ブラジル	343
4	フィリピン	221
5	ペルー	193
6	ベトナム	142
7	バングラデシュ	112
8	アメリカ合衆国	46
9	スリランカ	41
10	カンボジア	34

出典：民事局提供資料　2014年1月27日と2015年12月24日入手（国名は、提供資料のママ、朝鮮、韓国・朝鮮、ヴィエトナム、もしくはベトナムなど統計の項目の不統一が目立つ)。また、2005年と2009年は10位と同数である11位まで掲載した。

２０１４年など）、「その他」に分類される申請者の原国籍が多様化し、一定の帰化基準を維持できなくなっているのではないか。

法務省のＨＰでは、韓国・朝鮮、中国以外の原国籍者は、「その他」として、一括に算出されている。２０１４年現在で、「その他」の数は１４７３人と２００２年７０９人と比較すると約2倍に増えている。韓国・朝鮮、そして中国以外にどのような国籍の人たちが帰化しているのかを知るために、法務省民事局から資料を入手した。入手した資料を基に、帰化許可者数が多いトップ10の原国籍を表にしたのが、**表2**である。韓国・朝鮮の表記に整合性がなく、例えば２００２年では韓国・朝鮮はまとめて「朝鮮」と記載されているが、２０１０年では「韓国」と「朝鮮」が別々に算出されている。ところが、２０１１年では「韓国・朝鮮」と二つが合算され、２０１２年では再度「韓国」と「朝鮮」が別々に算出されている。全体的な傾向として、ブラジルは韓国・朝鮮、そして中国に次ぎ3番目に多く、次に多いのはフィリピン、そしてペルーやヴィエトナム（もしくはベトナム）、そしてカンボジアである。２０１４年にはスリランカの数も9位と数が急増している。日本国籍を取ろうとする申請者の多様性が高まっていることから、以下のことが想定される。一つは、帰化制度そのものの方向が変化しつつある。そして、二つ目は多様な原国籍の人たちの日本国籍取得への動機が決して「差別からの逃避」ではないことである。

4 帰化許可者の推移

外国人の出入国管理と帰化基準がどのように関連しているかを統計から見てみたい。**図1**は、帰化許可者合計と、韓国・朝鮮籍、中国、その他の三つの原国籍の推移をグラフ化した。そして、帰化許可者数の推移を年代別に区分けした。また、民事局が発表している論文や資料、そして学説や雑誌、新聞の記事を年代別に整理し、帰化行政の流れを考察する。

(1) 第1段階（１９５２年〜１９６０年）

１９５０年代の在日朝鮮人の帰化許可者は、年間２０００人台の水準で、ほぼ横ばい状態である。このころの申請者の大多数は日朝結婚をした日本人女子が離婚して、その子どもとともに帰化したもの、すなわち「元日本人の日本国籍の回復」であった（金 1990:15）。１９６０年代に入ると、在日朝鮮人の帰化許可者数は３０００人台の水準となり、１９６４年では４６３２人と前年から急増している。

図１　帰化許可者数と原国籍別許可者数推移　（単位：人）

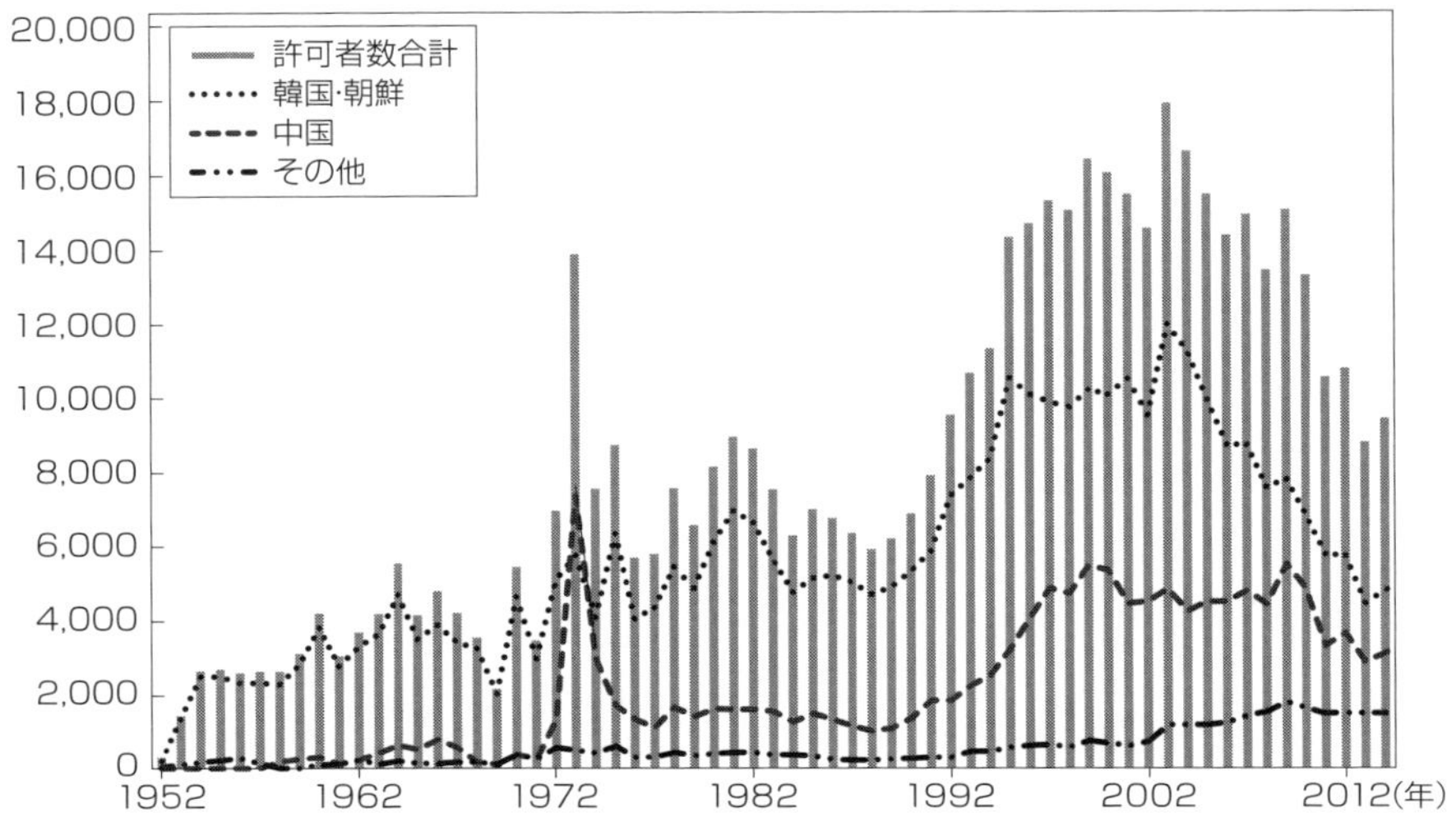

出典：浅川晃広『在日外国人と帰化制度』新幹社、2003年、14-15頁、および法務省民事局「過去10年間の帰化許可申請者数、帰化許可者数等の推移」から作成。

将来が見えない日本社会に見切りをつけた韓国・朝鮮人は新天地を求めて朝鮮民主主義人民共和国へ帰還していった。これは、「在日朝鮮人の帰還事業」と呼ばれ、１９６３年末までの4年間では、約8万人が帰還し、「民族大移動」（李 2010:45）とも呼ばれた。北朝鮮への「帰国」か日本への「帰化」か、在日朝鮮人は「二者択一」を迫られた、あるいは「踏み絵」を踏まされたと言えるのかもしれない。日本政府も、この帰国事業は一方では帰化へのインパクトにもなったと分析している（法務省「国籍法10年の歩み」『官報資料版』1960:12、金 1990:15-16）。

　帰化制度を運営する上で、行政側はどのような考えで帰化処理に携わっていたのかを見ることにする。１９６５年『民事月報』（第20巻12号）で、民事局第五課国籍総括係長（当時）であった佐藤重元が「帰化手続小論」という表題の論文を発表している。そこで、佐藤は、「帰化をどう捉えるべきかと」、という疑問に対し二つの学説を紹介している。一つは、「公法上の契約説」である。いわゆる外国人の日本国籍の取得を希望する意思表示（帰化許可の申請）に対し、国家が許可を与えることによって、日本国民たる資格という包括的な地位を創設する行為である。すなわち、帰化は、申請とこれに対する許可とによって成立する公法上の双方行為あるいは公法上の契約とする解釈である。もう一つの学説は、「行政処分説」である。外国人の申込に対する国家の承諾を意味するのではなくして、単に日本国籍を付与する行政処分たるにすぎないとする考えである。佐藤は、「現在、両説の対立が熾烈を極めているというわけではなく、帰化事務処理の実務からはいずれの説をとったとしても影響はなさそうである」（佐藤 1965:44）とし、本論文から制度改善につなげようとする論調を見い出すことは難しい。加えて、「わが国籍法には明文をもって規定されていないが、帰化政策上の当然の理として、帰化者は、日本社会に同化していることを条件の一つとして要求される」との一文を最後に加えている（佐藤 1965:61）。

翌年の1966年『民事月報』（第21巻5号）では、民事局第五課長補佐（当時）大棟治男が、「氏名の変更と帰化者の氏名」を表題とする論文を発表している。大棟は、「名は名づけられる当人のものであると同時に社会のものである。（中略）人間と人間の接触交渉が複雑多岐になった社会においては珍奇難解な文字を用いた名は他人の利益を害する。（中略）社会生活の能率を害すること多大で、（中略）当人以外の人々がめいわくするわけである」と主張している（大棟 1966:34）。日本の帰化制度は同化政策であると国内外で批判こそされてはいるが、制度運営側の思考は同化政策というより自国中心主義的なものであることがわかる。当時は、統計数字が十分に公表されておらず、帰化行政が密室の中で運営されていた理由として金英達は、「社会が朝鮮人を受け入れることに対し民族的偏見からくる感情的反発があったからに他ならない」（金 1990:30）としており、制度運営にも大きな影響を与えていたと考えられる。

（2）第2段階（1970年代〜1980年代）

1970年代に入ると、帰化制度は変動の時を迎える。1972年9月29日、中華人民共和国の北京で行われた「日本国政府と中華人民共和国政府の共同声明」（日中共同声明）の調印式において、田中角栄、周恩来両首相が署名したことにより日本と中国の外交が正常化された。同時に日本はそれまで国交のあった中華民国に断交を通告し、その結果台湾人は一時「無国籍者」と扱われた（陳 2005:22-24）。このような状況を鑑み、台湾政府は、在日台湾人に国籍喪失証明書を発行したことから帰化申請する台湾人が急増した（松田 2004:147-148）。中国の帰化許可数が、1971年には249人だったのが1972年には1303人、1973年には7338人（帰化許可者の53・8%）となった。

在日韓国・朝鮮人を取り巻く環境は、彼らの定住化、永住化も進み、国籍以外は日本人と何ら変わらない若い世代が増えているにもかかわらず、許可基準の厳格さは変わらなかった。１９７５年には、朝鮮人の帰化許可数は６０００人を突破する（６３２３人）。このころの帰化行政に携わる職員は、１９６０年代の職員と意識が異なり、従来とは異なる論調を唱える論文が発表される。例えば、１９７４年に法務研究員（当時）の遠藤毅が「在日朝鮮人の歴史及び処遇に関する研究」『昭和四十九年度法務研究報告要旨集』で、日本の社会における在日朝鮮人への差別を指摘しながら、在日朝鮮人に日本国への忠誠心と帰化しようとする素直な意志を期待することは未だ困難な状況にある、と指摘している（遠藤 1974:66-69）。金英達は、当時の職員の思考について以下のように述べている。

在日朝鮮人にとって、日本という国が愛国心の対象となるような国であるならば、帰化にともなって心理的葛藤や社会的摩擦が起きるはずがないのである。たとえ生活上の理由から帰化しても、〝魂〟まで日本に売り渡したとは思っていない者も多いはずである。それに、行政当局者の冷徹な目は、在日朝鮮人が日本国に忠誠を誓って帰化するのではないことぐらい、とうに見抜いているはずである。（金 1990、93）。

このころ行政側に意識のさらなる変化が見られるようになる。１９７５年に坂中英徳（当時、入国管理局参事官室・法務事務官）が入国管理局応募論文で「今後の出入国管理行政のあり方について」と表題する論文を発表し、優秀作に選ばれている。この論文は、在日コミュニティから同化政策を強要するものと厳しく批判こそされたが、[5] その後、在日韓国・朝鮮人の法的地位の安定を唱えた「坂中論文」と呼ばれ、差別待遇の是正を課題とすることによって在日韓国・朝鮮人のための政策提言を法制化する発端となった。

(3) 第3段階（１９８０年代）

日本政府は、国際人権規約（１９７９年、日本批准）、難民条約（１９８２、同）、女子差別撤廃条約（１９８５年、同）などの批准によって国内法が整備され、１９８４年には国籍法が父母両系血統主義に改正された。帰化許可者数は、１９８０年代に入って堅調に数字が伸び、８０００人を突破する。その7割以上が韓国・朝鮮であり中国は全体の2割程度である。このころ「日本版公民権運動」である外国人指紋押捺制度廃止運動が始まる。また帰化申請者の世代間で日本と韓国への見方は異なりつつあった。

１９８０年代では、それまでタブーであった帰化や帰化者を記事にする一般の雑誌が見られるようになる。例えば、『月刊プレイボーイ』（1981年11月号）が「プレイボーイインタビュー高見山大五郎」というタイトルで元横綱であるハワイ出身の高見山大五郎の帰化に関する記事を掲載している。新しく日本人になった心境を尋ねるという帰化者のアイデンティティに焦点が置かれた。また、在日韓国・朝鮮人の若い世代が日本の帰化制度に対し疑問を呈する場面がアカデミアの分野、特に法学の分野で見られるようになる。以下は『法学セミナー』（Vol.24, No.9, 1980:158）「せみなあ・さるーん」に掲載された記事の抜粋である。

私は、今春神戸大学法学部を卒業し、現在司法試験のため浪人中の一愛読者です。（中略）法を通して、生きた社会を考えるきっかけを得るための貴重な手段として貴誌を愛読しています。（中略）帰化行政の推移についての説明の中で「中国籍から帰化した者は帰化後も堂々と原国籍名を名乗っているのに対し、韓国籍からのそれは一様に日本名を名乗っているのが対照的である。」という記述があり、非常に驚いてしまった。「運用の実態」と題して書かれているにもかかわらず、あまりに浅薄なとらえ方ではないでしょうか。（中略）行政によって、日本名を用いることが実質的帰化要件とされていること、そしてそれがどのような意図によるものなのか、もっとよく勉強なさってください。（中略）「民族性の違い」などと決めつけられるのは、「姓」を大切にする朝鮮民族に対する理解のなさを示すものであり、悲しい気持ちが致しました。

東大阪市　梁英子《ヤンヨンジャ》

帰化後の日本的氏名については、1985年、「民族名を取り戻す会」が結成され、すでに日本国籍を取得していた京都在住の朴実《パクシル》が、家庭裁判所への「氏名変更」を申立て、1987年6月、初めて民族名を回復することに勝利した（朴、講演記録、2004年5月12日）。また、1985年に締結した女子差別撤廃条約批准に伴って、国籍法が父母両系血統主義に改正され、戸籍法が外国姓を受容したため、日本的氏名の強要は結局のところ破綻した。外国人登録における指紋押捺拒否が進む中、同会は帰化申請時に採取された指紋の返還請求を京都地裁に提訴した。外国人登録の指紋と違って法的根拠がなかったこともあり、1994年4月、法務省がそれまでの帰化者22万人分の指紋をすべて破棄することで裁判は終結し、以降帰化申請時における指紋押捺制度は廃止された。[6]

1980年代後半から、日本社会におけるいわゆる単純労働に従事する労働者の不足という経済的要因から外国人の入国審査基準を緩和させ、日系ブラジル人やペルー人を調整弁として大量に受け入れた。単純労働者は入国させないという建前的な原則は崩れ、現実は、外国人労働者が日本経済の底辺を支える重要な労働力という役割を担った（井口 2001:13-14、丹野 2007:28-31）。１９８９年の出入国管理及び難民認定法の改正をもって出来上がった「１９９０年体制」が後の日本の外国人政策を大きく変えるきっかけとなった（明石 2010:139）。さらに短期労働者として受け入れた日系人たちの定住化が進むにつれ、帰国せず日本に永住しようとする日系人たちが帰化の対象となった。

(4) 第４段階（１９９０年〜）

　１９９０年代に入ると、帰化許可者総数はさらに増加し、１９９３年には1万人を突破した。ニューカマーの受入れが始まった１９９０年代から帰化の不許可者数の減少が見られることから許可基準が緩和されたことがわかる。１９９５年、１９９６年には不許可者数は93人、97人と減少した。ニューカマーへの許可基準は特別永住者の帰化にも影響を与えていることが想定できる。加えて、帰化はもはや「祖国か日本か」の二者択一の「踏み絵」ではなく、申請者の帰化に対する意識の変化が申請者数の増加につながった。若い世代の「国籍」に対する考えが変わり、二つの文化の懸け橋の役割を担う人たちや、帰化後の氏名に民族名を残し「コリア系日本人」としてのハイブリッドなアイデンティティをもつ例も増えてきた（河 2001:326、佐々木 2006a:20-25、2006b:101、白井 2007:63）。

　１９９４年1月28日付の『統一日報』では、「申請者数と許可者数の因果関係が分からないと、帰化希望者が増えているということだけで帰化者が増えているとは断定できない」としている。また帰化者の動機として、以下のような記事が紹介されている。

> 帰化申請は四年前にだし十ヶ月後にはおりた。韓国人としての誇りはあるので帰化したことは親戚や周囲には一切話していない。動機は、複雑。パスポートの切り替え時、民団に行ったが法外な団費を請求され、払えないなら国に帰らなければいいと言われた。入管に行けば、ほかの外国人と同じように扱われ何時間も待たされる。領事館の窓口では特権的意識を出して本国と在日を分けた態度を見せ、本国に行けば「あー僑胞か。韓国語もろくに話せないで」と陰口をたたかれる。こうした不自由とわずらわしさを解消したかった。

（「在日同胞――帰化許可人数急増の怪」『統一日報』1994年1月28日付、3面）

5 コリア系日本人の日本国籍取得の動機

次に、今日のコリア系日本人はどのような動機をもって帰化を通して日本国籍を取得したかを見てみたい。筆者は、2009年から2011年にかけて科学研究費補助・基盤研究（C）「日本の移民政策に連動する帰化制度のあり方」という表題で研究活動を行った。本節では、原国籍が韓国・朝鮮に限定し、コリア系日本人の分析を試みた。官報から帰化者1100人を抽出し（最初に事前調査として、2008年1月4日～2009年11月24日までの官報に記載されている帰化許可者の中から無作為に100人を抽出し、本調査として、2011年3月1日～2011年6月23日までの官報に記載されている帰化許可者の中から無作為に1000人を抽出した）、回答数は169（回収率、15%）であった。169人の中から帰化前の原国籍が韓国・朝鮮の99人を抽出し、データ分析を行った。内訳は、韓国が96人（97%）、朝鮮が3人（3%）で、その中で北朝鮮と答えた人が1人（1%）いた。

99人のコリア系日本人の日本国籍取得の動機というと「子供たちに日本国籍を与えることができた」と安定志向が目立ち、「差別されない」や「アイデンティティの確立」という意識面や、「日本国のパスポートを所持することができる」「再入国許可に惑わされることがない」という利便性を上げる人が多かった。また「子どもが障碍者になった為、外国籍より日本国籍の方が良いと考えたためです」と外国人に対する社会福祉制度の不備を指摘する意見も聞かれた。「日本で生活していくために、参政権を得る」「子供に日本国籍を与えるため、そして公務員になるためを含め、職業の選択を広げるために。すべて息子2人のために」と親の強い愛情が感じ取れる意見は、差別からの逃避ではなく積極的な社会参画として解釈されるべきであろう。

「帰化されてもっとも悪かったことはなにですか」という問いに対し、「いざとなったら国をすてた気持で少しさびしい」や「なんとなく罪悪感がある」「元外国人ではないような振りをしていること」「差別から解放されるために帰化したが、日本国籍を取得した今でも、自分自身は韓国人であるという意識が強く、所属意識と国籍とのギャップがあること」「日本で生まれた韓国人のため、ネガティブに見られるが、在日としてのアイデンティティもあり、帰化後、日本人と公表するのに、若干抵抗がある」など複雑な思いを吐露されるケースが目立った。「自分のルーツが無くなると感じている事」や「自分の国を喪失すること」など、「望んで帰化をしたため、ありません」などの意見も聞かれ、「両親と違う国籍になったこと」という喪失感が帰化の悪かった点として最大要因になっていることがわかった。

6 コリア系日本人のダイナミズム

２０００年代中期まで増加し続けた在日外国人数は、２００８年のリーマンショック後、減少に転じた。２００７年には韓国・朝鮮に代わり、中国人が最多グループになった。２００１年から２０１０年まで中国人の帰化許可数は一定の数を保ったが、在日韓国・朝鮮の許可数は減少傾向に入った。帰化を通しての日本国籍取得はもはや差別からの逃避ではなく、日本社会へ積極的に参画しようとする意思ともなった（李・田中 2007:70-74）。ソフトバンクの社長の孫正義《ソンマサヨシ》やマルハン会長韓昌祐《ハンチャンウ》のような、自分のルーツを顕在化させながら日本国籍を取得する例は、今から帰化しようとする人たちだけでなく韓国・朝鮮人が属するコミュニティにも多大な影響を与えた。孫正義や韓昌祐がフォーブスに毎年高額納税者として名前が紹介されると日本の経済界での存在も大きくなり、無視できないアイコンになっている。彼らは、「差別に打ち勝った日本版ドリームのアイコン」として強いダイナミズムを感じさせる人たちであり、日本人をも勇気づける人たちなのである。

帰化制度は「同化への踏絵的制度」から「日本社会への受け入れ窓口」に徐々に変化してきた。申請者の価値観の多様性から、国籍と民族を切り離し、国籍取得を通して「コリア系日本人」として生きるという考えをもつ申請者も出始めた（李・田中 2007:81-82）。２００３年７月より特別永住者については帰化申請時の「帰化動機書」の提出が不要になるなど、手続きは簡略化に向かったように見える。しかし、未だに帰化手続きは煩雑である。多くの時間と労力を要し、帰化申請者の職業や経歴によって、提出する書類の量や難易度に違いがある。不透明な膨大な必要書類の準備など、手続きが複雑であることから、行政書士に申請を代行依頼する場合が多い。行政書士に手続きを依頼すると高額になり、高い手続き経費が帰化申請を躊躇する要因ともなっていたが、今やインターネットの時代となり、帰化に関する情報が透明化され始めた（李 2014:179）。

日本の国籍法で定める帰化要件は明示こそされているが、法務大臣の自由裁量そのものが不透明であり、制度そのものに対し懐疑的にならざるを得ない。[7] 法務省のホームページでは、官報で帰化許可者の名前、現住所、生年月日が公開されており、個人特定ができることから個人情報保護法に抵触し、帰化者の人権侵害にもつながる可能性がある。それにもかかわらず、国民だけなく外国人を含む住民に発信すべきこと、特に許可基準がどのように設定されるかなどの情報はないに等しい。しかし、昨今では帰化業務に携わる行政書士や司法書士の数が増え、インターネット上で詳細な情報を入手することが可能になりつつある（詳細は、李、2014を参照）。

また行政書士による帰化申請に関する実務書も増え、申請者は容易にネット上でそのような書類を手にできる時代にはなった。そして、官報告示の帰化申請許可者に関する情報は、時代に応じて変化してきた。1948年の段階では、許可年月日、原国籍、現住所、氏名、生年月日であったのが、1950年には現住所が出生地に変更となった。1971年以降は、住所、氏名、生年月日の3項目のみの表示になった（浅川2003: 20-21）。帰化前の氏名に加え使用された通称名はすべて公開されていたが、1995年に通称名の記載がなくなった。理由として、帰化後その氏名を採用する場合が多いので、本人特定が容易になり、差別を受けることを防いだのではないかと思われる。1995年前の帰化者の個人情報は特定できるので、日本名で帰化した政治家を筆頭に、著名人がインターネット上でハラスメントを受けている。

7 在日コミュニティと日本社会における変化

在日コミュニティにも国籍や民族へのこだわりについて変化が見られる。元韓国民団大阪府堺支部支団長であった呉時宗《オシジョン》は、民団にとって外国人地方参政権要求は最重要課題だが、それと並行した運動を展開するために、今の時代に即した目標を掲げる必要があると語った（2016年2月8日　インタビュー）。民団の役職を担う人の子供たちと日本人との国際結婚が増え、その子供が22歳になるまで、日本と韓国の重国籍者である現実が、在日一世や二世の価値観に変化を与えている。自分たちは韓国という国に特別な思いがあったが、この特別な思いが新しい世代に踏襲されることは少ないし、仕方ないことだ、と語る。呉時宗は堺市役所や堺市教育委員会とも対話を積極的に続け、民族差別を是正しなくてはいけないと明確に意思表示する市会議員とも連携をとりながら地域貢献に尽力している。今日では民団に日本国籍者の支団長が誕生し、また韓国系銀行に、帰化者ではなく生まれながらの日本人が多く就業している。むしろ韓国籍の従業員よりその割合は多いという事実など、韓国・朝鮮人コミュニティにおいて日本と韓国という国籍間にある壁は低くなりつつあるようだ。

呉時宗は、ヘイトスピーチが日本社会で深刻化する中で、民団内で国連に訴えようとの働きかけをし、その過程で2015年4月、民団中央に人権擁護委員会が設置された。その設置目的は、在日同胞を主なターゲットに人種・民族差別を扇動するヘイトスピーチなどの根絶にむけ、対内外にきちんと情報発信をしていくためとされた[8]。

今日の民団の国籍に対する意識は大きく変化したようである。また総連でも同じような変化は見られるようになった。先述のように、民団の支団長レベルでは帰化者がその地位につけるようになり、総連でも韓国パスポートを取得し、自由に海外旅行を楽しむ人たちが増えている。組織運営のための理念が国民国家の枠内で語られていたのが、国籍が国籍法の改正によって変化する現実は組織加入の資格にも影響を与えた。結成70周年を迎えた民団は、「在日同胞は団結しよう」というスローガンから韓国人社会の砦、日韓の架け橋を担ってきたという自負心がある。その一方で、「在日同胞」という概念が弱化し加入率が減少傾向にあり若者の層に関心がないという現実に危機感を抱いている。呉公太《オゴンテ》民団中央本部団長は、民団と在日同胞の現状、課題について以下のように述べている。

1990年代半ばから2000年代半ばまで毎年1万人ほどが帰化した。その後は減り、現在は5000人ほどだ。90年代には民団の人を中心に帰化した。最近は朝鮮国籍者が韓国国籍に変えながら帰化する（※朝鮮国籍は解放後に在日同胞に付与された国籍で、日本帰化者や65年の韓日国交正常化後に韓国国籍取得者を除いた人であり、ほとんどが朝総連系と推定される）。朝鮮国籍者はすぐに帰化できない。同時に国交正常化後に日本に来たニューカマーの帰化が民団所属の人よりも多い。さらに、日本が85年に国籍および戸籍法を改正し、母が日本人でも子の日本国籍を認め、30歳以下は圧倒的に日本国籍者が増えた。若い人が少ないのが大きな問題だ[9]。

まだまだ韓国・朝鮮人が日本社会に貢献をするというニュースはオブラートに包んだ形で日本社会に浸透する。日本が東日本大震災の影響で国全体が失望感に陥ったときに、日本国民に希望を回復させたうれしいニュースが飛び込んできた。サッカーのワールドカップで女子チームなでしこジャパンが優勝したのだ。一躍有名になった澤穂希《さわほまれ》が所属していたINAC神戸のオーナーが在日二世の文弘宣《ムンホンソン》であることを知っている日本人は少ない。また日本のメディアも大々的に彼の存在を報道しない。しかし、韓国では話題を呼び、同国の複数メディアが「なでしこジャパン優勝の影の主役」「なでしこジャパン優勝は在日韓国人の作品」などと相次いで報道した[10]。

文弘宣は、不動産や情報通信、外食産業に加え、スポーツビジネスとして2001年に女子サッカークラブ、INAC神戸を創立した韓国・朝鮮人2世である。その動機は、日本社会の女子サッカーに対する関心が低く、周辺に置かれながらも必死で這い上がろうとする女子サッカー選手の姿と差別に喘ぐ韓国・朝鮮人の姿が重複したからである。筆者は、大阪高槻市に誕生したコリア国際学園が創設されたとき、文弘宣と出会い、彼の教育観やマイノリティーとしての生き方を知った。コリア国際学園では越境という言葉を基本に国家に翻弄されないグローバルな生き方を教育理念としている。文弘宣のような日本の影の立役者が存在するにもかかわらず、犯罪者やネガティブな報道に偏るメディアは、国民感情を読み取りながらの国民へのリップサービスなのであろう。力道山が、自分が朝鮮半島出身であることがばれれば日本のヒーローでなくなると信じた1960年代の日本社会と比べて今日の日本社会は大きく飛躍したとは言えないのが現状であろう（朴 2011:43）。

8 多様化する特別永住者

現在の外国人労働者問題は、植民地支配時代に強制連行で連れてこられた朝鮮人や中国人労働者に対する対応と本質は酷似している。「植民地支配」と言っても多くの日本人にとっては「ピンとこない」歴史の一幕であり東アジア地域で共通の歴史認識を共有する理想には程遠い。特別永住者とは、1991年11月1日に施行された日本の法律「日本国との平和条約に基づき日本の国籍を離脱した者等の出入国管理に関する特例法」により定められた在留の資格を有する者を指す。「かつて日本国籍を有していた外国人」が協定永住者として在留資格が確定されたのは日韓正常化が締結された1965年の翌年である1966年1月17日であった。2015年末時点の特別永住者数は34万8626人でその中でアジア系特別永住者数は34万7121人である。**表3**はアジア系特別永住者国籍別、**表4**は非アジア系特別永住者国籍別にまとめたものである。これらの人たちは日本の特別永住者の親が日本人もしくは他の国籍をもつ人と結婚し、その間に生まれた子供も含まれ、その国籍は多様化してきていることがわかる。彼らが日本社会に住むのか国を往来しているグローバル人材なのか不明で

表3　アジア系特別永住者

（単位：人）

国籍	人数
韓国	311,463
朝鮮	33,281
中国	1,277
台湾	991
フィリピン	48
タイ	12
マレーシア	11
その他	38
アジア系総数	347,121

出典：法務省資料「在留外国人統計」を基に筆者が作成。

表4　非アジア系特別永住者

（単位：人）

国　籍	人　数
米国	782
カナダ	117
英国	85
フランス	79
ブラジル	27
スイス	18
ドイツ	16
ナイジェリア	15
イタリア	13
オランダ	13
その他	340
非アジア系	1,505

出典：法務省資料「在留外国人統計」を基に筆者が作成。

あるが、国際結婚を行う結婚の対象は日本人の国際結婚と比較をすると興味深いであろう。ちなみに日本人の国際結婚で夫が日本人、妻が外国人の場合、(1)中国、(2)フィリピン、(3)韓国・朝鮮、(4)タイ、(5)ブラジル、(6)米国の順で多く、妻が日本人、夫が外国人の場合、(1)韓国・朝鮮、(2)米国、(3)中国、(4)ブラジル、(5)英国、(6)フィリピンの順となる。[11] 特別永住者は、以下の地域に多く、近畿圏（大阪、兵庫、京都）に45％、首都圏（東京・神奈川・埼玉・千葉の4都県）に23％、中京圏（愛知・三重・岐阜の3県）に11％が居住している。[12]

9　考察——コリア系日本人の再定義

日本の帰化を取り扱う機関と外国人の在留資格やビザを取り扱う機関は、同じ法務省内にありながら縦割り行政的に取り扱われていることはあまり知られていない。前者は民事局、後者は入国管理局が管轄している。この縦割り行政はUnited States Citizenship and Immigration Services（ＵＳＣＩＳ）として「移民局」と「帰化申請局」がセットになっている米国の状況と大きく異なる。米国、カナダ、そしてオーストラリアのような移民国家では、外国籍住民を「積極的に統合しよう」とする政策上の意図が見える（U.S.

Citizenship and Immigration Services、Government of Canada、Australian Government のＨＰを参照）。一定の条件が整えれば永住権、そして市民権が取得できるとする「入国者に夢を与える」制度があり、外国人の社会統合が政策に組み込まれている。日本では帰化許可申請者の絶対数が少ないことから制度の不整備、不統一、そして国家の絶対的な自由裁量から許可基準も不透明であるため、申請しようとする人たちや申請中の人たちの精神的な労力は計り知れない。佐々木が指摘するように同化を強制したり、違いを認めず排除することは改善すべき日本の課題である（佐々木 2006a:17）。日本で生まれ育った人は日本人と同様、社会の重要なメンバーであるとする考えが社会で浸透されなければ、日本人になろうとポジティブに思う外国人は増えないであろう。

単純労働者の受入れは厳しく制限し、高度外国人人材は積極的に受け入れるという方針を受けて、２００８年７月29日付けで文部科学省ほか関係省庁（外務省、法務省、厚生労働省、経済産業省、国土交通省）は、「留学生30万人計画」の骨子を策定した[13]。この計画は、アジア、世界の間のヒト・モノ・カネ、情報の流れを拡大する「グローバル戦略」を展開する一環とされ、日本留学への関心を呼び起こす動機づけや情報提供から、入試・入学・入国の入り口の改善、大学等の教育機関や社会における受入れ体制の整備、卒業・修了後の就職支援等に至る幅広い政策である。就職後の生活を安定させるために、日本国籍取得は必然的に日本企業がテコ入れすることが予想され、また高度外国人人材の積極的な受け入れは、帰化許可の緩和につながることが予想される。日本で就職した外国人留学生が在留資格について入国管理局に相談に行くと永住権よりむしろ帰化申請を推奨される事例をよく聞くようになった。日本政府も少子化を食い止めるための策として帰化許可を緩和しようとしているのであろう。しかし、日本社会の少子化を食い止める策としては国籍法を血統主義から他の先進国のように生地主義に改正することが最も理にかなった策である。所詮国籍とは人為的に操作できるものだから。

参考文献

明石純一（2010）『入国管理政策――「１９９０年体制」の成立と展開』ナカニシヤ出版。

浅川晃広（2003）『在日外国人と帰化制度』新幹社。

井口泰（2001）『外国人労働者新時代』ちくま新書。

遠藤毅（1974）「在日朝鮮人の歴史及び処遇に関する研究」『昭和四十九年度法務研究報告要旨集』66-69。

大棟治男（1966）「氏名の変更と帰化者の氏名」『民事月報』第21巻5号、18-30。

河炳旭（2001）『第四の選択　韓国系日本人――世界六百万韓民族の生きざまと国籍』文芸社。

金英達（1990）『在日朝鮮人の帰化』明石書店。

坂中英徳（1989）『今後の出入国管理行政のあり方について――坂中論文の複製と主要論評』日本加除出版。

佐々木てる（2006a）『日本の国籍制度とコリア系日本人』明石書店。

佐々木てる（2006b）監修、在日コリアンの日本国籍取得権確立協議会編『在日コリアンに権利としての日本国籍を』明石書店。

佐藤重元（1965）「帰化手続小論」『民事月報』第20巻12号、40-67。

白井美友紀編（2007）『日本国籍を取りますか？――国家・国籍・民族と在日コリアン』新幹社。

丹野清人（2007）『越境する雇用システムと外国人労働者』東京大学出版会。

Chung, Erin Aeran (2010) *Immigration & Citizenship in Japan.* UK:Cambridge University Press.

陳天璽（2005）『無国籍』新潮社。

朴実（2004）「民族名で生きるとは」多民族共生人権教育センター第５回総会記念講演、２００４年5月12日。

『法学セミナー』（1980）Vol.24, No.9、日本評論社。

法務省「国籍法10年の歩み」『官報資料版』１９６０年8月11日。

松田良孝（2004）『八重山の台湾人』南山舎。

民事局提供資料　２０１４年1月27日と２０１５年12月24日入手。

朴一（2011）『僕たちのヒーローはみんな在日だった』講談社。

李洙任・田中宏（2007）『グローバル時代の日本社会と国籍』明石書店。

李洙任（2014）「日本の帰化行政とインターネット情報の影響――行政書士への調査を中心に」『世界人権問題研究センター紀要』第19号、161-185。

李泳采（2010）「戦後日朝関係の初期形成過程の分析――在日朝鮮人帰国運動の展開過程を中心に」『立命館法学』５・６号 33-58。

［Web、新聞記事］
インターネット版『官報』２０１３年10月１日アクセス、http://kanpou.npb.go.jp/
インタビュー・民団団長「最近の若者、在日同胞が母国に寄与した歴史を知らない」（１）２０１６年４月４日、『中央日報』、中央日報日本語版、http://japanese.joins.com/article/063/214063.html ２０１６年４月５日アクセス。
Australian Government, ２０１４日２月１日アクセス、http://australia.gov.au/
Official Website of the Department of Homeland Security, U.S. Citizenship and Immigration Services, ２０１４日２月１日アクセス、http://www.uscis.gov/
Government of Canada, ２０１４日２月１日アクセス、http://www.canada.ca/en.html
『サンケイ新聞』「〝西郷恐かつ事件〟で追及―参院―疑惑残る帰化―法務省当局許可基準の公表拒む」１９７１年２月３日付。
政府統計の総合窓口（e-Stat）http://www.e-stat.go.jp
チョン・ヤンイ「日本の「帰化」制度の問題点」２０１２年６月10日アクセス、http://www.geocities.jp/yonamugun/kikanomo.htm
チョン・ヤンイ「新坂中論文への疑問と批判！」２０１３年10月１日アクセス、http://www.geocities.jp/yonamugun/sakanaka.htm
『統一日報』１９９４年１月28日、３面。
法務省HP公開統計「過去10年間の帰化許可申請者数、帰化許可者数等の推移（２０１４年統計）」２０１５年10月１日アクセス、http://www.moj.go.jp/
文部科学省　２０１３年10月１日アクセス、http://www.mext.go.jp/
livedoor News「なでしこジャパンの優勝は「在日韓国人の作品」「影の主役」＝韓国」、２０１１年８月９日、http://news.livedoor.com/article/detail/5772559/、２０１６年１月12日アクセス。
「ヘイトスピーチ根絶へ…要望活動など強化」在日本大韓民国民団HP、『民団新聞』２０１４年５月28日、http://www.mindan.org/front/newsDetail.php?category=0&newsid=19020　２０１６年２月12日アクセス。

注

1 本章では、科学研究費補助・基盤研究（C）「日本の移民政策に連動する帰化制度のあり方」の2009年から2011年に亘る研究活動の調査報告の一部を紹介している。また李洙任「日本の帰化行政とインターネット情報の影響――行政書士への調査を中心に――」『世界人権問題研究センター紀要』第19号（2014）からも一部抜粋した。

2 筆者は、総務省、外国人台帳制度に関する懇談会（第3回）2008年6月16日、テーマ「適法な在留外国人の台帳制度についての基本構想」に有識者として招聘され、次のような意見を述べた。外国人も日本人と同じ住民であるならば、在留カードの携帯義務を廃止すべきである。特別永住者のみが証明書の携帯義務が廃止されたが、他の外国籍住民には携帯義務を課すという制度そのものは残った。加えて、在留カードに記載するなどの通称名の法的効力を認めるように提言した。なぜなら日本社会には依然深刻な差別があり、就業の場などで差別を受けることは明らかであるからとした。

3 本章では、法務省の『在留外国人統計』の表記にならい「（日本に在留する）韓国・朝鮮人」を用いる。そして、旧植民地出身者を総称し、在日コリアンも使用している。

4 帰化許可者数が申請者数を上回る年度があるのは、申請時期が1年以上前の人たちが含まれているからである。

5 チョン・ヤンイは、「坂中論文は行政官の立場から在日社会のありようを分析し、その方向性を「帰化」へと結び付けた。このことで「同化」を先取りする日本国家の政策を代弁したと批判されたのである」と述べている。「新坂中論文への疑問と批判！」http://www.geocities.jp/yonamugun/sakanaka.htm（2013年10月1日アクセス）。

6 「民族名を取り戻す会」の申し立て人の一人である朴実《パクシル》は、1971年に「帰化」により日本国籍となるが、1987年、2度目の申し立てにより「帰化」時に強制された「日本的氏名」から、元の民族名を取りもどした。1994年には、「帰化」時、強制的に採取された「十指指紋返還訴訟」に勝訴した（2004年5月12日多民族共生人権教育センター　第5回総会記念講演）。

7 1971年2月3日、参院議員運営委員会で、参院議員、西郷吉之助元法相が乱発した不渡り手形をめぐる恐喝かつ事件が取り上げられ、社会党、公明党の議員が鋭く追及した。その過程で、日建グループの不正預り金事件で逮捕されている武藤真吾の帰化問題で「帰化の許可決済には不明朗な点が多い」と厳しく追及したが、法務省当局はしどろもどろの答弁を繰りかえている（『サンケイ新聞』、「〝西郷恐かつ事件〟で追及―参院―疑惑残る帰化―法務省当局許可基準の公表拒む」1971年2月3日付。

8 「ヘイトスピーチ根絶へ…要望活動など強化」在日本大韓民国民団HP、『民団新聞』2014年5月28日、http://www.mindan.org/front/newsDetail.php?category=0&newsid=19020　2016年2月12日アクセス。

9 インタビュー・民団団長「最近の若者、在日同胞が母国に寄与した歴史を知らない」(1)2016年4月4日、『中央日報』、中央日報日本語版、http://japanese.joins.com/article/063/214063.html　2016年4月5日アクセス。

10 「なでしこジャパンの優勝は「在日韓国人の作品」「影の主役」＝韓国」livedoor News、2011年8月9日付け、http://news.livedoor.com/article/detail/5772559/　2016年1月12日アクセス。

11 「人口動態調査」厚生労働省　http://www.e-stat.go.jp

12 法務省統計「在留外国人統計」

13 「留学生30万人計画」「平成20年度報道発表」文部科学省、2008年7月29日。

◎第5章

華僑華人

マルチ・エスニック・ジャパンへの希望の芽

陳天璽《チエンティエンシ》

1 「中国系日本人」か、「中華系日本人」か「在日華僑華人」か?

本書ではロシア系日本人、ベトナム系日本人、フィリピン系日本人など、日本におけるさまざまな移民コミュニティに注目し、多民族化、多文化化した日本人の実態を明らかにし、彼らとともに構成されている現代の日本社会を分析している。本章ではその比較、もしくは一事例として、華僑華人について触れる。

他の章に合わせ、国名を冠して「中国系日本人」と呼ぶべきか、もしくは「中華系日本人」と呼ぶべきか、あるいは「在日華僑華人」と呼ぶべきなのか、悩ましい。なぜなら、「中国」は分裂国家であり、そこから世界各地に離散したディアスポラである華僑華人たちは、長い歴史的背景と複雑性を有している。[1] したがって、呼称の仕方によっては、そこに含まれる人が多少なりとも変わってしまうのだ。

「中国系日本人」といった場合、一般的に、中国系の「中国」からは中華人民共和国を連想する人が多いだろう。たとえば、多くの人が参照するウィキペディアでは、「在日中国人とは、日本に在住している中華人民共和国の国籍を持つ中国人である。広義には中華人民共和国（香港、マカオを含む）と中華民国（台湾）国籍者を指すが、中華民国（台湾）の国籍者は在日台湾人と呼ばれる事が多い。両者を総称して華僑と呼ぶ事があり、日本国籍を取得したものは華人と呼ぶ事がある」と定義している。[2] ここにも既に触れられているように、「中国」という言葉が「中国人」「中国政府」など集団や体制を表す場合、政治的意味合いを含み狭義的に使われ、主に中華人民共和国を指すことになる。一方「中国語」「中国伝統文化」などのように文化を示唆する場合は、広義的な使われ方がなされ、中国のみならず香港や台湾など諸地域を跨ぎながらも同じ文化を共有する人々や対象が含まれる。なお、「中国系日本人」は、中華人民共和国出身の人が来日し、のちに日本国籍を取得した人を指す傾向が強い。

一方、「中華系日本人」といった場合、中華系という言葉は「広義の中国」と類似した意味を想起する人が多い。中華街、中華料理、中華文化、といったように「中華」という言葉は、元来、広義に使われることが多く、政治的意味合いを持って使われたとしても中華思想や大中華経済圏構想などと、一つの国家体制に収まるのではなく、香港や台湾、そしてシンガポールなど制度や境界を跨いで中華文化を共有する人々を指す際に使われる。したがって「中華系日本人」といった場合、つまりは、中国大陸出身、台湾出身、香港出身の人々のほか、韓国やベトナムなど各国出身の華人で日本に移り住んだ者、日本生まれの華人の末裔、さらに国際結婚をした両親の一方が中華系である子なども含まれる。なお、「中華系日本人」とした場合、以上の条件に加えて、「日本人」というからには、日本国籍を取得している人に限定される。例えば、台湾出身で日本国籍に帰化した評論家の金美齢（敬称略・以下同）や俳優の金城武などが想起されるだろう。

最後に、もう一つの呼称として挙げられるのは「在日華僑華人」である。「華僑」とは、海外に居住しながら依然として中華人民共和国もしくは中華民国（台湾）の国籍を有している人を指す。一方、「華人」とは、居住国すなわちここでは日本の国籍を有している人を指す。よって、「在日華僑華人」といった場合、前に触れた「中華系日本人」よりもさらに広義の人々を含むことになる。つまりは、日本国籍を有している華人（「中華系日本人」）だけではなく、日本国籍を有していない在日華僑も含まれる。

本書のマルチ・エスニック・ジャパニーズという特集の趣旨に基づけば、あくまでも日本人を取り上げるため、ここでは、最初に挙げた「中国系日本人」、もしくは二つ目に挙げた「中華系日本人」に限定して議論を進めるべきなのかもしれない。しかし、日本に暮らす華僑華人たちの歴史的な経緯を含め、彼らが経験してきたこと、そして身につけている文化や習慣、さらには国籍に対する意識などを考慮すると、必ずしも国籍で線引きし、分別できるとは限らないケースがある。よって「在日華僑華人」をも視野に入れ議論することが妥当ではないかと考えている。

その理由となる一例を挙げたい。日本国籍への帰化の必要性を感じず中国（厳密には中華民国・台湾）籍のままでありながらも、日本国民の一員としての意識を高く持ち、日本社会に溶け込み、また日本社会にも国民として受け入れられているケースがある。誰もが知る王貞治だ。王貞治が日本の国民的ヒーローであることを否定することは難しいだろう。しかも、彼自身、日本の野球界を背負って生きているという自負がある。２００６年のワールド・ベースボール・クラシック第一回に日本代表として出場し優勝した野球日本代表チームを率いたのが王貞治監督であり、チームは「王ジャパン」と呼ばれた（松下 2010）。彼は日本国籍ではないが、日本より国民栄誉賞第一号を授与されている。「スーパースターの王貞治だから……」と例外視すべきなのか、もしくは特別扱いすべきでないかは議論が分かれるだろう。しかし、このように法的には「日本国籍を有していない」一人の華僑が、日本社会に「国民的ヒーロー」として受け入れられているケースがあることは事実であり、それが中国系日本人や中華系日本人だけではなく、在日華僑華人をも視野に入れて議論する方が妥当と考える所以である。後に述べるが、在日華僑華人の多様性やこうした事例を度外視して、本書のテーマであるマルチ・エスニック・ジャパニーズを語ることはできないだろう。

2 在日華僑華人の実態——各種統計を通して分析する

(1) 在留外国人統計

日本における外国人の数は、在留外国人統計から大よその数を把握することができる。２０１５年の在留外国人統計によると、日本に在留する中国人は65万６４０３人であり、日本における外国人のもっとも大きなグループとして君臨している。このうち、永住をしている人及びその家族は23万２４７２人である。留学生も多いが、日本で働いている中国人も多く、職種も調理師、会社員のほか、大学教員や会社経営者などと幅広い。在留資格や職種から、中国人の日本への定着性が高いことが窺える。このほか、２０１２年に改正された在留外国人統計では、台湾が中国とは別に算出されることになったため、中華系という枠組みで見た場合、これに更に台湾人４万５２０９人が加わることになる。よって、日本国籍に帰化をしていない華僑人口だけでも、およそ70万人近くは日本に在住していることが分かる（法務省『在留外国人統計』２０１５年６月）。

(2) 国際結婚に関する統計

次に、中華系日本人に含まれる家族が増えている一例として、日本における国際結婚について、厚生労働省大臣官房統計情報部が行っている統計を基に分析していきたい。グローバル化が進み、国境を越える人の移動が頻繁化したことにより、国際結婚（異文化間結婚）のカップルも増加した。日本における婚姻数全体に占める国際結婚の比率は、大きく上昇した。戦後の国際結婚の歴史を遡ると、196６年日本国内で届け出のあった日本人と外国人の婚姻件数は３９７６件であり、その年度の婚姻総件数の０・４％に過ぎなかった。１９７０年代には1％を下回っていた国際結婚比率は、１９８３年には1万件を超え、婚姻全体に占める割合も１・４％となった。１９８９年には2万２８４３件に達し3％を上回り、平成に入ってからは３％を維持し、国際結婚は珍しいものではなくなった。２００１年になると3万９７２７件に増加し、婚姻総件数の5％、つまり20組に1組が国際結婚という状態に達した。２００６年には、ついに4万４７０１件となり、婚姻総件数の６・１％が国際結婚となった。その後、フィリピン女性との婚姻数の激減など結婚件数の大幅な減少に伴って比率も低下し、２０１０年には４・３％となっている（厚生労働省『人口動態統計』2010）。ピークであった２００６年、国際結婚カップルは4万４７０１組を記録した。また、生まれた子どもの両親の一方が外国籍だったケースは2万３４６３人に上った（厚生労働省『人口動態統計』2006）。こうして見ても想像がつくように、家族のあり方、個人の身分、国籍、アイデンティティに大きな変化が起こっているのが分かる。当然のことながら、こうした趨勢のなかで、多様な民族的背景、文化、国籍を有する子どもたちが生まれている。近年、複数の国籍、文化、民族的背景を有する人は、ごく普通の現象となっている。

こうした国際移動時代における日中間の国際結婚に注目している賽漢卓娜（2011）によれば、１９４５年の日中戦争の終戦から１９７０年代まで、日中間の国際結婚はごく稀であり、年間３００組以下の水準に留まっていた。１９７０年代以降になって増加し、１９８１年に年間１０００組を超え、そして１９８９年には３０００組を突破した。１９９０年代に入るとその数は急増し、もっとも多かったのは２００１年の年間1万３９３６組で、この時期は中国での国際結婚数が7万９０００組ともっとも多かった時期にあたる。中国での国際結婚が4万９０００組と減少してきた２００９年でも「夫妻の一方が日本人で、もう一方が中国人」の数は、中国における国際結婚のトップとなっているとのことである（賽漢卓娜 2011, p.8）。

２０１４年度末の『人口動態調査』から、１９６５年より今日までの推移を分析すると、日本人と中国人が結婚しているケースがもっとも多いことが分かる。なかでも特に、日本人男性と中国人女性の国際結婚カップルは群を抜いている（厚生労働省『人口動態統計』2015）。中国人と日本人が国際結婚をした場合、二人の間に生まれてくる子は日本社会において、たいていの場合日本国籍を取得している。つまり日本社会には、中国系の血をひく日本人が増えている。さらに、三世になると親が中華系であっても書類上は日本国籍であるため、中華系か否かについては統計に表れてこない。よって分別判断するのは、外見的特徴や名前などの民族的な要素の有無である。なお、中華系の場合外見上も大和民族と類似しているので分別するのは難しい。

(3) 日本国籍への帰化者の統計

このほか帰化した中華系、いわゆる華人たちも見逃すことができない。日本国籍への帰化者数は、全体的に見ると、２００５年から２０１４年の10年間で申請者のもっとも少ない２０１２年が年間１万６２２人、一番多い２００７年が１万４６８０人。10年間の合計では12万４０１８人が帰化しており、中国国籍者は毎年韓国・朝鮮籍者に次いで帰

表１　過去10年間の帰化許可申請者数、帰化許可者数などの推移

（単位：人）

年＼事項	帰化許可申請者数	帰化許可者数				不許可者数
		合計	韓国・朝鮮	中国	その他	
2005（平成17）年	14,666	15,251	9,689	4,427	1,135	166
2006（平成18）年	15,340	14,108	8,531	4,347	1,230	255
2007（平成19）年	16,107	14,680	8,546	4,740	1,394	260
2008（平成20）年	15,440	13,218	7,412	4,322	1,484	269
2009（平成21）年	14,878	14,785	7,637	5,392	1,756	202
2010（平成22）年	13,391	13,072	6,668	4,816	1,588	234
2011（平成23）年	11,008	10,359	5,656	3,259	1,444	279
2012（平成24）年	9,940	10,622	5,581	3,598	1,443	457
2013（平成25）年	10,119	8,646	4,331	2,845	1,470	332
2014（平成26）年	11,337	9,277	4,744	3,060	1,473	509

出所：法務省民事局

化許可者が多い。10年で、4万806人の中国国籍者が日本国籍を取得していることが、**表1**のデーターから読み取れる。

なお、1952年以降、韓国・朝鮮籍や中国籍を中心に、約50万人の外国人が日本国籍を取得したことが法務省の統計から分かる。日本政府は日本国民に関して、民族的背景による分類を行っていない。そのため、日本国籍者のうち外国に出自を持つ人の割合は不明である。こうした外国人の国籍取得状況からも、日本がもはや「単一民族国家」でないことは明らかだ。

本節で見たように、『在留外国人統計』『人口動態統計』そして法務省民事局がまとめている帰化者の推移など、各種の統計資料から、どれほどの中華系の人々が来日し、居を構え、華僑(中国国籍、中華民国国籍)から華人(日本国籍)へと推移し、日本社会に定着しているかが窺える。

3　多様性に富んだエスニックグループ

(1)　さまざまな分野で活躍している在日華僑華人

在日華僑華人の日本社会における存在感は、統計で見たように数もさることながら、社会への定着性や浸透力は目を見張るものがある。老華僑(オールドカマー)によって形成されてきた長崎、神戸、横浜などのチャイナタウンは中華系コミュニティとして有名であるが、近年、新華僑(ニューカマー)によって池袋が新たにチャイナタウン化している(山下 2010)ことや東京江戸川区や埼玉川口市の団地に中国系が数多く集住していることが知られている(江 2005)。このように中華系コミュニティが多様化していること、また、なかには既存のコミュニティに属さず日本社会に溶け込んでいる中華系が多いことも見受けられる。

華僑華人に関しては他のエスニックグループと比較すると、多様性に富んでいることがなによりもの特徴といえよう。まず、活躍する分野も、スポーツ界では前にも触れた王貞治、囲碁界では林海峰、芸能界ではアグネス・チャンやジュディー・オング、余貴美子、鳳蘭、一青窈などの有名人がいる。また、文学界では多くの作品を残した陳舜臣、芥川賞受賞作家の楊逸などが挙げられよう。また中国ビジネスに関する著書を沢山日本に紹介している莫邦富や朱炎、段躍中などもいる。財界でも、すでに日本の国民食となっている「カップヌードル」や「チキンラーメン」を開発した日清食品の安藤百福(呉百福)は台湾出身の中華系日本人である。彼を皮切りに多くの中華系企業家が日本で活躍している。リー・クワンユーが世界の財界で活躍する華商(華僑華人企業家)を集めてシンガポールで発起した世界華商大会が２００７年に神戸で第９回大会を開催した際、筆者は現場で取材を行った。日本の華商は東南アジアのそれに比べるとビジネスの規模こそ小さいが、新華僑がハイテク産業や医薬関係、食品関係など様々な分野で起業し、グローバルに活躍していることを目の当たりにした。特に一世の企業家たちのハングリー精神は目を見張るものがある。彼らは、こうした機会に世界の華商とのネットワークを駆使し、日本の製品をグローバルなマーケットにつなげる役割も果たしていた。

なお、中華系は政界にもいる。蓮舫が日本国籍を取得した華人であることは広く知られている。また近年、新華僑が帰化し日本の政界に出馬した事例があった。[3] この他、華僑華人は、教育を重んじる伝統があり、その結果、大学教員や医師、研究者などの職に従事している者も少なくない。分野は変わって、サービス業でも中華系の活躍は著しい。たとえば、現在、日本の外食産業のなかでも中華料理店が極めて多いのは周知の事実である。日常身近にあるレストランで調理師として働く中華系から、陳健一のように日本中で広く知られるような調理師もいる。さらに、近年、中国からの観光客が増えたことにより、旅行会社やホテル、さらにはコンビニなど、いろいろなサービス業界で中華系の人に出くわすことが増えている。このように、まさに多種多様な分野において日本で活躍している華僑華人がいる。

(2) 老華僑と新華僑

華僑華人の多様性は、上に見た分野別のほか、移民背景の違いにも起因している。既に老華僑、新華僑という言葉を使っているが、老華僑とは、戦前より来日した中華系の移民とその子孫を指し、一方、新華僑とは１９８０年代後半、具体的には中国の改革開放以後に来日した人とその子孫を指す。[4]

ここでは詳しく歴史を遡らないが、早期の老華僑は、１８５９年の日本開港に伴って来日している人々が多い。当初は、長崎、神戸、横浜などの開港場の外国人居留地に居を構えた。日本政府が１８９９年に「内地雑居令」を発令した際、日本人労働者の生活を保護するため、中国人が従事できる職業を制限した。よって老華僑たちは「三把刀《サンパトウ》（菜刀＝調理師、剪刀＝裁縫師、剃刀＝床屋）」など西洋人に仕える労働に従事するものが多くなった（横浜開港資料館他編 1994）。伝統的に日本では家業を重んじるが、移民である華僑たちは家業を継ぐことをそれほど重視しておらず、教育を重んじ自活できる能力を次世代に身に着けさせる傾向が強い。またリスク分散も考慮し、子どもたちを異業種に就かせる傾向もある。よって、二世は多文化力や語学力の利点を生かせる貿易業や通訳業、旅行社、飲食店などを起業する人や医師、俳優など、多方面に進出している。飲食店の父からスポーツ界に進出した王貞治、軍事の仕事についていた父を持つ俳優のジュディー・オングなどの例が挙げられる。

老華僑に関していえば、すでに日本で生まれた四世や五世が育っている家族もある。なお、生活環境ゆえ当然であるが、日本で生まれ育った子どもたちは中国語よりも日本語が堪能である傾向が強い。さらに二世、三世になると国際結婚[5]も頻繁化している。

一方、1980年代後半より来日する中国人が増えた背景には、中国の改革開放と1983年中曾根元首相のもとに行われた「留学生受け入10万人計画」がある。プッシュ要因とプル要因が重なり多くの中国人留学生の来日につながった。留学生たちは、勉学を終えた後、日本企業に職を得、家族を持ち日本に定着し新華僑となった。彼らの多くは、当初留学生として来日したため、老華僑のコミュニティに根付くことはなく、日本語学校や大学が多い東京など大都市に居を構えた。現在、池袋チャイナタウンが形成されているのも、都心にある日本語学校に通いやすく、しかも家賃が比較的安い池袋周辺に集住する新華僑が多かったのが原因であろうと言われている。[6]

今では二世、なかには三世が生まれている新華僑家族もあるだろう。留学生として来日した一世たちの親や親戚が依然として中国で暮らしていたり、中国関連の事業を展開しているという理由から、中国と日本を定期的に行き来している新華僑は多い。日本で生まれた子を幼少期に中国に送って祖父母に育ててもらっているというケースも見られる。一方では、中国との関わりが薄れ、どっぷり日本社会に溶け込んでいる新華僑もいる。老華僑コミュニティとは違って、新華僑たちは中華学校などを設立運営する基盤はない。そのため老華僑コミュニティの付近に暮らしていない新華僑の子どもたちは、基本的に日本の学校に通い日本語を主とした教育を受けている傾向にある。よって、日本社会に溶け込みやすい環境にある。

4 ケーススタディから見る在日華僑華人

以下では、筆者がインタビューしたいくつかの具体例を通して、在日華僑華人たちの国籍やルーツに対する意識、コミュニティ内の実態、彼らの日本社会やグローバリゼーションへの対応について見てゆきたい。

(1) 中華街にある歯科医院から
——ツールとしての言語、文化、国籍

横浜中華街で歯科医院を開業した中国系三世の歯科医師・張師俊院長をインタビューした[7]。張院長（以下師俊、敬称略）の祖父・張友恭は中国・寧波出身であり、祖母も中国人である。友恭は戦前に来日し、横浜中華街の老舗・華正樓で経理を任されていた。祖父母は、中華街の一角に暮らし、三男二女計五人の子どもに恵まれた。友恭の長男が師俊の父にあたる。華僑二世である父は横濱中華学院に通っていたこともあり、中国語は堪能である。現在は東京で開業医として働いている。今年73歳になる父が生まれた1943年より前に祖父母はすでに来日していた。

師俊は、横浜生まれの華僑二世の父と上野出身の華僑二世の母との間に横浜で生まれた。「母は華僑二世であったが中国語はあまり話せない」と言う。そのため師俊は家では日本語を話し、日本の文化習慣が中心であったと振り返る。しかし、思い返せば食卓には中華料理が多く並び、ときにはハンバーグや煮物など「日本的な」食事もした。幼少期には、年に何度か祖父母から孫の世代まで家族全員が集まって中国的な節句をした。元旦には餃子を包み、餃子の餡のなかに五円玉を入れて年越しの食事をした温かい記憶がよみがえる[8]。「そんな家族の行事の時にここ（祖父母の家）に来た」のを覚えている。近年、祖父母が暮らしていた家の跡地に父がビルを建てた。それをきっかけに、師俊は2階で中華街歯科医院を開業し、1階では兄が喫茶店を営んでいる。

師俊は、中華街の隣町・元町で育った。幼少期から日本の学校に通っていたこともあり。家族や親戚以外、日常触れ合うのは日本人がほとんどで、中国人と接触する機会は多くなかったと記憶する。小・中・高そして大学もすべて日本の教育を受けた。「日本社会のなかで生まれ育った中国人として葛藤や戸惑いもあり、中国語を学ぶべきではないかと思い、大学では外国語学部に入学し中国語を専攻した」。しかし、その後、父の影響を受けて歯科医師になりたいと思い、歯学部に編入した。

師俊が大学在学時、父は子どもたちの就職などでの便宜を考慮し、一家そろって日本国籍に帰化した。帰化はしたが日本的な姓に改名はせず中国名を維持した。師俊は「幼少期、いじめを受けることはなかったものの、名前を理由に揶揄《からか》われたり、病院や役所など様々な場面で〝よそ者〟的な扱いを受け不愉快な経験をした。なので、せっかく帰化するなら名前も変えればいいのにと思った」[9]と当時の思いを振り返る。現在、師俊は日本人の女性と結婚し、二児をもうけている。「家ではほとんど日本語を使い、子ども

たちも日本の学校に通わせる予定である。四世である自分の子は日本国籍を有しているが、張という苗字なので今後日本社会でどのように扱われるのか心配がないわけではない」と親としての胸のうちを明かした。なぜなら子どもたちも自分と同じように日本に溶け込んでいるため、不必要な〝よそ者〟扱いを受けて傷つく経験はなるべくさせたくないからだ。

師俊は歯学部卒業後研修を終え、歯科クリニックに勤務した。祖父母の家の跡地にビルを建てるという父の提案を受け、2011年開業することを決心した。師俊も心のどこかでは中華街に愛着があり、自分が華人であることを意識していたのだ。そのため、彼はこの地域に暮らし日本語が堪能でない人でも安心して通える歯科の医療サービスを提供したいと思った。そして「なによりも患者によく説明し、理解し納得してもらうことをモットーとしている」[10]。

よって、中華街歯科医院では、患者との意思疎通のため中国語の通訳を配置している[11]。師俊の丁寧な治療法と中国語通訳サービスがあるという好評から、口コミで多くの中国人患者が診療に訪れるようになった。現在患者の約7割が中国語通訳を要すると言う。筆者も外国生活を経験したので実感できるが、病院で言葉が通じないというのは不安に不安が重なる。そのため病院で言葉が通じるのは本当に安心できて有り難いものだ。

患者が通訳を要するということからも分かるように、多くが老華僑の一世、もしくは新華僑である。医院で中国語通訳をしているスタッフの謝暁萍にもインタビューさせていただいた[12]。暁萍は台湾に生まれ8歳で来日し、現在日本在住35年ほどである。暁萍の夫は日本人の父と台湾人の母のもとに生まれ日本で育った日本国籍所持者である。二人はそれぞれ横浜、東京にある中華学校に通っていた。友人の紹介で知り合い結婚した。暁萍はいまでも中華民国国籍であるが、日常、通称で夫の姓（日本人名）を使っている。暁萍に国籍について聞いたところ、「日本国籍を取得する必要性を感じていない。夫が日本国籍なので日本とのつながりは既にある。自分が帰化していなくても不自由はしていない。むしろ、将来、家族のビジネスや子どもの進学で台湾に戻る可能性があるかもしれない。そのために台湾とのつながりも残しておきたいので帰化はしないでいる」と語った。彼らからすれば、国籍はコネクションやツールであるのが分かる。

職場での仕事について聞くと、「自分はフィルター機能」だと語る。日本社会に馴染んだ老華僑（師俊医師）と、日本で暮しても依然中国的感覚で生きている新華僑（患者）の間で、コミュニケーションの橋渡しをしている。同じ

「中国人」であっても物の考え方、文化、習慣、嗜好は違っている。「「中国人」だからといって一つに括ることはできない」と、この医院で働いていて毎日実感するそうだ。

暁萍は横濱中華学院卒業後、日本の会社で働いた経験を持つ。よって、日本的な接客対応を身に着けており、それに慣れ親しんでいる。しかし、医院の患者の多くは新華僑であるため、中国的な感覚が求められる。「日本的な考え方だけでは対応できないのが事実」と感じる。例えば、予約一つとっても感覚の違いが如実に現れる。日本では通常、医者が主体であり、患者は5分ほどの診察・治療のために30分ほど待たされることがある。しかし、この医院では、予約をとっても日程が合わなくなったとかで患者が現れなかったり、はたまた仕事が空いたので突如現れては「治療してくれるまで待つ」と自分本位だ[13]。また、治療についても、医師としては治療の経過を観察しながら進めたくとも、患者は、仕事が忙しいので一度か二度で治療を済ませて欲しいと通院を拒むことがある。また、師俊医師がモットーにしている「治療について丁寧に説明し納得してもらうこと」を、患者はセールスと誤解することもある。

暁萍は、「医師と患者、そして老華僑と新華僑双方の考え方や感覚が理解できるため、治療の際、物事が円滑に進むよう気を使って通訳している」と言う。違う尺度を持つ人の間でコミュニケーションをはかるのはストレスが溜まる作業だ。同じ中華系でも、育った環境や日々交流している人々によって意識の違いが生まれるのは当然だ。自分の子どもたちは、日本で生まれ育った三世で、母校である横濱中華学院に通わせている。子どもたちには日本語と中国語双方を身に着け、両方の文化を理解し、将来は柔軟性を持った人間に育ってほしいと考える。ルーツをしっかり自覚してもらうためにも、「毎年、親戚に会いに台湾に連れて帰っている」と家庭での教育的配慮も語った。

(2) 中華学校の生徒から——多様化する子どもたち

中華学校は、華僑華人の子どもたちの民族教育を主な目的とし、中国の伝統文化や思想に基づいた教育を行っている。よって中華学校は華僑学校とも呼ばれている。現在、全日制の学校として存続している中華学校は日本に合計5校ある。台湾（中華民国）系が3校と中国（中華人民共和国）系が2校ある。台湾系は繁体字と注音符号を、一方中国系は簡体字とピンインを教えている。また歴史など教育内容もイデオロギーや教育方針の違いから内容が多少違っている。設立110年以上の歴史を持つ学校もあれば、戦後に設立した学校もある。どれも華僑華人の母国語である中国語による教育、および日本語や英語の習得も含めた多言語教育を行っている。また、中華の伝統的な思想を基本とした道徳教育を行い、子どもたちに中華系であるという民族的な自覚を持ってもらうこと、そして、伝統文化の継承や日中（日台）友好の橋渡しをする人材を育成することを教育理念に掲げている。

かつて、中華学校は学生が少なく、筆者が通っていた頃は一クラス10数人ほどで、なかには一学年に生徒が一人と同級生がいないようなクラスもあった。一般的に、「中華学校は民族学校」というイメージが強く、近所に住む華僑の子どもが主に通っていた。また、華僑華人のなかには、母語教育よりも日本社会や海外での活路を求め、子どもを日本の学校やインターナショナルスクールに通わせる人が多かった。そのため、中国語よりも日本語や英語の方が堪能であるという華僑華人は珍しくない。

しかし、2000年前後より、中華学校への入学を希望する人が増え、日本では少子化により閉鎖する学校が増えるなか、中華学校は生徒数制限のため受験を実施するほどの人気校になっている。この背景には、中国の経済発展、在日華僑華人の増加、国際結婚の増加、さらには日本社会自体の多様化といった影響がある。かつて、民族学校として華僑華人の子どもを主とした学校であったのが、近年は生徒も多様化・多民族化し、なかには血統的・民族的に中華系でない生徒も通っている。

ここでは、横濱中華学院で実施したインタビューと生徒数の統計を紹介する。**表2**の横濱中華学院の生徒数にある「台湾」は、国籍が中華民国（台湾）である生徒を指している。一方、「中国」は中華人民共和国国籍を有する生徒を指す。「華人」は、親の一方もしくは両親が中華系かつ日本国籍の生徒、そして「日本人」とは、親がいずれも中華系ではない生徒を指している。そして、「その他」とは、それ以外の国籍を有する生徒を指す。

横濱中華学院に関していえば、両親とも日本人である生徒が3割ほどいる。駐在でシンガポールや台湾、中国など中華文化圏で暮らしていた日本人家族が帰国後子どもを中華学校で学ばせているケースがある。ほかにも、「国内留学的」な感覚で子を通わせている親もいる。子どもたちは中華学校で学んでいくなか、自然と中国語を身に着けており、子どもの適応力の高さを実感させられる。横濱中華学院は、学校で掲げる国旗や斉唱する国歌から中華民国（台湾）系と捉えられる。近年、華僑華人の間ではそういった政治的なイデオロギーの垣根はかつてと比べ低くなってきており、中国大陸出身の新華僑を親に持つ生徒や、中華人民共和国の国籍を所持する生徒が横濱中華学院に通うようになってきている。前に見た統計にも表れているように近

表２　横濱中華学院の生徒の統計（各年）

（単位　％）

	台湾	中国	華人	日本人	その他	合計
2005（％）	14.7	17.8	39.4	27.1	1	100
2006（％）	14.8	17.6	36.9	30.1	0.6	100
2010（％）	11.8	13.8	43.5	29.8	1.1	100

幼稚園、小学校、中学校、高校の合計より
（出所）横濱中華学院で収集した資料をもとに筆者作成。

年来日した中国人（新華僑）がどんどん増加しており、彼らが子どもを中華学校で学ばせる場合は、政治的イデオロギーはそれほど気にしていないようだ。それよりも、中国語で学べるか否か、子どもが中国語を習得できるかどうかが重要だと考えているのが分かる。新華僑も多様な背景を持った人が増えているため、学校側もこれに対応し、否応なく生徒の多様化が進んでいるのが実態である。なお、横濱中華学院の２０１０年の統計を見ると、華人が43％、約３割が中華系でない生徒となっている。

　どのような家族背景の生徒が通っているのか、インタビューを通して見ていく。まず、はじめに、①リターン老華僑が挙げられる。どんな人たちかというと、親が老華僑の子孫で、日本の学校もしくはインターナショナルスクールに通っていたため、中国語が流暢に話せない経験から、自分の子どもには中国語を身に着けさせたいと考え、中華学校に戻ってきた老華僑の子弟が増えている。こうした生徒の親は片言の中国語を話すが、家庭での第一言語は日本語であるのが実状である。

　次に、②新華僑の子どもたちの増加が挙げられる。すでに見たように、日本における中国人の数は１９８０年代以降増加し続け70万人を超えている。中華学校は、中国語による母語教育の環境を提供しているが、受け入れられる生徒の数は限られている。また、中華学校の所在地の関係で通える生徒も限られる。そのため、既に触れたが、子どもを日本の学校に通わせ、母語である中国語の使用は家庭のみとなっている新華僑は少なくない。一方、中国語を身に着けさせたいと考えている新華僑は、子どもを中国に送り返して教育を受けさせるケースもあるが、家族離ればなれにならずかつ中国語の読み書きを身に着けさせたい新華僑は、中華学校に通わせるため引っ越しをするケースも見られる。

　また、近年増加しているのは、③中華系でない日本の子どもである。国際結婚でどちらかが中華系であるという場合は理解しやすいが、どちらも中華系でない親が、子どもを中華学校に通わせることを希望しているケースが意外に増えている。これには、中華学校が実施している多言語教育を受けさせたい、公立学校のゆとり教育の回避など、さまざまな理由があるようだ。

それぞれのタイプの事例として保護者と生徒に行ったインタビューを紹介する。[14]

まず、①リターン老華僑のケースを見る。父が日本人、母が老華僑二世で、子ども二人を中華学校に通わせている。家族いずれも日本国籍を有している。母に「どうして子どもたちを中華学校に通わせたのか」と聞いたところ、母は、「自分が中国語を話せなかったため、親戚と会う際にいつも苦痛な思いをした」という経験を話してくれた。「そのため、子どもたちには中国語を学ばせたい」と思い、中華学校に入学させたという。インタビュー当時、息子は高校3年、娘は高校2年生であった。息子は、高校を休学し、1年間カナダへ短期留学をした。その留学を通して、「息子は、自分は中華系というよりも日本人だ、という意識が強まった」と言う。母によれば、「息子のほうが妹より中国語が堪能だが、日本人としての意識は妹より強い。高校を卒業して4月から大学に進学するが、将来は中華学校の先生、もしくは区役所で多言語・多文化に関わる仕事に就きたいという目標を持っている」。そんな息子と比べると高校2年生の妹は、「中国語の能力は兄ほど高くないが、華僑華人としての意識が非常に強い」と母は言う。獅子舞や民族舞踊など中華の伝統文化に対する興味が強い。同じ環境に育ちながらも、子どもたちの可能性は千差万別だ。

次に、②新華僑について見てみよう。筆者がインタビューを行った新華僑の方は日本人男性と国際結婚している。子どもは日本国籍である。当初自分が住んでいる地域にある日本の公立小学校に子どもを通わせようと思っていた。しかし、友人から横浜に中華学校があるという話を聞いて、授業参観の際に見学に行った。子どもを連れて中国に帰省した際、親戚と子どもの間でコミュニケーションが取れずに困ることが多々あったため、中華学校に入れたいと思うようになった。中国出身であるため、中国系の山手中華学校への入学を希望していたが、受験の結果、台湾系の横濱中華学院に合格し、家も引っ越して子どもを通わせることになった。「当初、政治的イデオロギーや自分ができない繁体字を子どもに教えられるかなどの不安があり迷ったが、今は通わせて本当に良かったと思っている」と話す。

最後に③日本人のケースに触れたい。「語学学校としてではなく、中国の伝統的な道徳意識や人間関係など、華僑華人のグローバルな生き様を学んでほしいと思い入学させた」と言う。両親とも日本人で、母親はかつてアメリカに留学していた経験があり、留学の際、シンガポール華人と仲良くなり、留学後日本に戻ってからも、度々シンガポールを訪問した。母親は、友人であるシンガポール華人が英語と中国語のいずれも堪能であることや、シンガポール訪問を通し華僑華人のバイタリティを羨むようになった。一方で、日本のゆとり教育、皆が同じであることを重んじ順位をつけないという教育制度に疑問を感じ、娘を中華学校に入学させたいと思い、他県から横浜に引っ越した。母親も中華街の活動に積極的に参加し、横浜中華街発展会が開催している街の歴史や文化についての講義を受け、中華街コンシェルジュとして観光案内もしている。母親は、娘が日本の国歌は歌えないけれども学校で学ぶ中華民国の国家は歌えることに触れ、「娘は、自分は日本人であるという意識はあるけれども、一方で横濱中華学院の生徒であることを誇りに思っていて、その帰属意識が強い。むしろ日本の社会に違和感を感じてしまうことがある」と言う。帰国子女だけではなく、こうした日本人の子どもたちも、マルチ・エスニック・ジャパンを考える際に無視することができない。

簡単にいくつかの家族を紹介したが、中華学校の生徒が多民族化、多様化している実態が分かる。正直なところ、生徒の民族的背景の分別も難しくなっている。国籍や民族にかかわらず、日本と中国そして台湾など、あらゆる社会に愛着を持ち、人々をつなぐ可能性を有している子どもたちが着実に育っている。

(3) 横浜中華保育園から
——毎日の小さな積み重ねと客観的な視点

２０１６年１月５日の読売新聞に横浜中華保育園に関する取材記事が掲載された。横浜中華保育園は、横浜市の認可保育園である。１９６９年に設立された当初は華僑の子どもを預かることを主な目的としていた。現在では園児の６割が日本人、４割が中華系である。園内で使うのは基本的に日本語だが、授業で中国語と英語を学ぶ。「国際都市横浜にあり、国際人を育てることを目標」としている。[15]保育園では年間行事として、ときには日本の行事、ときには中華の行事を取り入れ、子どもたちに自然に二つの文化に馴染んでもらっている。「両方のよい文化を通じて、思いやりがあり、誰とでも仲良く遊べる子供にしたい」という教育方針からだ。

この教育方針を支える陳淑明園長は福建省にルーツを持つ華人四世である。彼女自身は日本生まれの日本育ちで、日本国籍を有しており、矢野淑明という日本名も有する。記事では、２０１５年の新語・流行語大賞に「爆買い」が選ばれたことを例に挙げ、「中国人に対する日本人の見方はどこか好意と反発が相半ばする」とし、これについて園長は、「中国は発展したが、生活が苦しい人もいる。日本と比べ発展途上な部分があり、国際的なマナーが身に着けられていない人がいるのも事実」としつつ、「中国人は日本の安心安全や良質な製品を評価しているのですよ」とコメントしている（読売新聞２０１６年1月5日）。こうした客観的なコメントができるのは、両方の文化を深く理解し、どちらにも愛着を持ち、心に国境がない所以であろう。こうした精神を持つ人によって日々教育されている子どもたちの将来がいかに開花するのか楽しみだ。

園児たちの冬の行事だけを見ても、クリスマス会は英語でクリスマスキャロルを唄い、年始は餅つき大会を楽しんでいる。春節になると、子どもたちは中華街を練り歩き、中国語で新年のあいさつや歌を唄うほか、獅子舞や龍舞をする。日々の実践のなか、多文化を身に着け、多様化する社会で柔軟に適応できる子に育つよう配慮した教育を行っている。こうした環境から巣立つ子どもが、マルチ・エスニック・ジャパンの一員として社会の橋渡しをする役割を担うことになるのだろう。

5 おわりに

在日華僑華人コミュニティの実態と、それが日本社会にどのような多様性をもたらしているのかについて見てきた。最後に、在日華僑華人たちが国籍やルーツをどのように捉えているのかを分析し、彼らと国家（具体的には日本）、そして国家を超えるグローバリゼーションへの対応について当事者から学び、結びとしたい。

(1) 日本国籍への帰化

筆者は、老華僑や新華僑の別なく、いろいろな世代や背景を持つ在日華僑華人たちに、国籍やルーツをいかに捉えているのか質問をし、率直に答えてもらった。また参与観察を通じ、彼らの日常の行動や生活から、以下のような実態が分析できる。

① 帰化しない人たち

まず、帰化をしていない華僑たちにその理由を聞いたところ、「必要性を感じていない」と答える人は多い。ほかにも、「中国人としての誇り」を挙げる人もいる。傾向としては、老華僑の一世、そして新華僑で来日間もない人たちに帰化をしていないケースが多く見られる。

老華僑の場合は、永住や定住してからすでに長い年月を経過しており、日本国籍でなくとも不自由を感じないことから「帰化する必要性を感じていない」と思っている。または、「民族的なアイデンティティの証し」や「中国人としての誇り」を主張し帰化を拒む人は、戦争を経験した世代や政治的関心が高い人たちに多い。

一方、新華僑で帰化しない人には、「中国人としての誇り」を主張する人もいるが、便宜上の理由で帰化をしていないケースも多く見受けられる。特に新華僑は、親や親戚に会うため定期的に中国に帰国している人が多く、日本国籍を取得すると長期の帰国の際にいちいちビザの申請が必要になってしまう。インタビューに答えてくれた新華僑は、「親が万一死去した場合は、故郷に帰る目的や理由がなくなるので、その際は帰化する」とはっきり決めている。そう話す女性は来日してから15年経過しており、日本人の夫との間に小学校に通う子を有する。毎年子どもの長期休暇に合わせ、子連れで両親に会いに故郷へ戻っている。ほかにも、中国関連のビジネスをしている人の場合、中国籍を維持した方が出張などの際に便利なため、帰化しないままでいる。

② 帰化した人たち

一方、帰化した人たちについて見てみよう。帰化する理由としては、日本に慣れ親しみ、日本で永住すると決めた場合が多い。老華僑の二世以降など、日本に生まれ育った人は、帰化するケースが増えている。1980年代頃までは、帰化の条件が厳しく、申請をしたとしても許可されることが少なかったため、老華僑でも帰化しない家族は多かった。近年になり、帰化許可が緩和され、また日本社会の多様化が進んだこともあり、帰化を希望する老華僑が増えた。理由としては、子どもの就職などを考慮した末や、外国旅行などの利便性のために帰化する人もいれば、日本人との結婚などが帰化を決断するきっかけになっている。

(2) 名前に見られるアイデンティティ

近年、日本国籍に帰化はしたが民族名をそのまま使っているケースが散見される。日本の国籍は取得しても、自分の民族的アイデンティティを保持し、ルーツの証しとしたいという思いがあるのであろう。もちろん、改名することで、それまで保持していた身分証明や所有物の名義変更をせねばならないという面倒を避けるために変更しない場合もある。

比較的早く（1980年代以前）に帰化した老華僑について見てみると、当時、日本では、帰化者に日本的な名前への変更を要求していた。そのため、帰化者は日本人らしい名前に改正する人もいれば、なかには、日本人にも中華系にも使われている「林」（はやし、又はリン）や「関」（せき、又はカン）という一文字の苗字に改名する人も多く見られた。ほかには、元々の苗字を残して日本風の姓に改姓するケースも多い。たとえば、王から王田、張から張本といった具合である。

蓮舫は国会議員であることから日本国籍を有していることは明らかである。しかし名前は民族名を維持している。ちなみに筆者も2003年に帰化したが、名前は堅持した。近年、こうした帰化者の増加や民族名の堅持からも、日本人が多様化していることが分かる。自分の事例で恐縮だが、帰化後、区役所で戸籍謄本の写しを取得しようとした際、筆者の名前を見た役所の窓口の人が「必要な書類は戸籍謄本の写しではなく、外国人登録の証明ではないですか？」と訊ねてきたことがある。もちろん親切心からだ。その事務員は、書類上に記入された名前からして筆者が日本国籍ではない（戸籍を有さない）と判断したのであろう。あれから10数年経過し、日本は急速に多様化した。近年は芸能界ではハーフタレント、スポーツ界でも外国に出自を持つ日本人選手が増えている。こうした人々の活躍により、社会も多様化した日本人が暮らしていることに気づき、慣れてきている。

(3) 次世代の芽を摘まないために

ケーススタディでも見たように、マジョリティである日本人がマイノリティである中華系の学校に通い、むしろ中華系のコミュニティに帰属意識を感じる人たちも増えている。彼らから、まさに日本が民族や国家の枠組みを超えたマルチ・エスニック・ジャパンの時代に突入していると気づかされる。横浜中華保育園の事例でも見たように、それぞれの文化を理解し、日々、自己と他者の尊厳を守りながら生きていくことが明るい社会を築くことにつながるのではないかと、次世代を担う子どもたちを見ていて考えさせられる。

日本と中国の間では、歴史問題や領土問題など政府レベルでの難問は依然として山積しているが、一方で、文化交流や災害援助などを通して信頼関係を深めた。レベルは違うが、同じ日本社会に生きる在日華僑華人たちと日本のつながりは、日々の生活に根差している。多様な文化を身に着けた次世代は、日本に多くの活力をもたらす可能性を有している。本章で見てきた実態をしっかり認識し、日本社会としては、実情に合った対応と制度改正をしていくべきであろう。こうした希望の芽を如何に開花させるかは、日本社会という土壌にも左右されるであろうから。

参考文献

江衛（2005）「公共住宅団地に集住する新華僑」山下清海編『華人社会がわかる本――中国から世界へ広がるネットワークの歴史、社会、文化』明石書店、pp.139-145。

厚生労働省『人口動態統計』

法務省『帰化許可申請者等の推移』

法務省『在留外国人統計』

賽漢卓娜（2011）『国際移動時代の国際結婚――日本の農村に嫁いだ中国人女性』勁草書房。

趙衛国（2010）『中国系ニューカマー高校生の異文化適応』御茶の水書房。

譚璐美・劉傑（2008）『新華僑　老華僑――変容する日本の中国人社会』文春新書。

陳天璽（2001）『華人ディアスポラ――華商のネットワークとアイデンティティ』明石書店。

陳天璽（2009）「華人社会の文化とアイデンティティ」横浜商科大学編『横浜中華街の世界――横浜商科大学中華街まちなかキャンパス』横浜商科大学、pp.46-62。

陳天璽（2009）「中華学校に通う日本の子どもたち」、日本文化人類学会編『文化人類学』第74巻第1号、pp.156-175。

陳天璽・小林知子（2011）『東アジアのディアスポラ』明石書店。

松下茂典（2010）「王貞治が初めて語った〝国籍〟〝長嶋茂雄〟」『文藝春秋』２０１０年６月号、pp.180-187。

山下清海（2010）『池袋チャイナタウン――都内最大の新華僑街の実像に迫る』洋泉社。

横浜開港資料館、横浜開港資料普及協会編（1994）『横浜中華街　開港から震災まで』横浜開港資料館。

読売新聞（2016）「開港新時代２　日中友好の芽育てる」『読売新聞』２０１６年1月5日。

注

1　ディアスポラ（diaspora）とは、撒き散らすや離散するという意味を持ち、各地に分散して暮らす民族を指す。華人ディアスポラに関しては、以下を参照されたい。陳天璽（2001）『華人ディアスポラ――華商のネットワークとアイデンティティ』（明石書店）。陳天璽・小林知子共編（2011）『東アジアのディアスポラ』（明石書店）。

2　ウィキペディア「在日中国人」https://ja.wikipedia.org/wiki/ % E5% 9C%A8%E6%97%A5%E4%B8%AD%E5%9B%BD%E4%BA%BA（２０１６年2月23日アクセス）

3　２０１５年日本に帰化し、2カ月後に新宿区議会選挙に出馬した李小牧がいる。

4　新華僑については以下を参照。譚璐美・劉傑（2008）『新華僑　老華僑』文春新書。

5　正直なところ、日本で育った世代は中華文化も日本文化も身に着けており、また日本国籍を取得している人も多いため、何をもって国際結婚と言うべきか難しい。

6　池袋チャイナタウンについては、以下が詳しい。山下清海（2010）『池袋チャイナタウン――都内最大の新華僑街の実像に迫る』洋泉社。

7　２０１６年1月25日、中華街歯科医院にてインタビューを行った。

8　実際、多くの華人家庭は、日本語と中国語を併用したり、食卓は中華料理をベースに煮物やキムチが並ぶなど「ちゃんぽん文化」を楽しんでいる。暦に関しても、日本の暦と中国の陰暦の暦を併用している。こうした華人家庭の慣習については、以下を参照されたい。陳天璽「華人社会の文化とアイデンティティ」横浜商科大学編（2009）『中華街まちなかキャンパス――横浜中華街の世界』横浜商科大学、pp.46-62。

9　「妻とは友人の紹介で知り合った。日本国籍を有しているので日本人だと思っていたが、結婚をすることになり、家族の顔合わせを通じて、実は彼女の祖母が中国系であることを知った」と言う。

10　『ドクターズ・ファイル 4076』。http://doctorsfile.jp/h/40582/df/1/

11　開業当初、師俊自身が中国語で対応していたが、のちに通訳スタッフを配置するようになった。

12 2016年1月22日、横浜中華街にてインタビュー。

13 筆者が、参与観察として医院に通っていた際、まさにこうしたケースに出くわした。

14 2015年2月、横濱中華学院にて。

15 横浜中華保育園については、以下を参照。http://chukahoikuen.jp/philosophy/（2016年2月28日アクセス）

Column 2

〈非-在日〉作家による「在日コリアン文学」

安岡伸好『遠い海』によせて

倉石一郎

「在日コリアン文学」の代表的作品を挙げろと言われたら、それこそ金史良からはじまって、金石範、金時鐘、高史明、李恢成、金鶴泳、梁石日から李良枝、柳美里、金城一紀まで、あるいはそれ以上に多くの作家たちが織りなす絢爛たる系譜が思い浮かび、選択に迷ってしまう。また好みも世代等によって大きく異なるだろう。だが本欄で取り上げる安岡《やすおか》伸好《しんこう》著『遠い海』（196年、講談社刊）は、まったく「忘れられた作家」による「忘れられた作品」と言えるかもしれない。そもそもこの作品が、在日コリアン文学の範疇に入るかどうかもあやしい。と言うのも、国籍如何を問わずとも、在日という自身の立場を自覚する作者によって書かれたものを「在日コリアン文学」とみなす強固な常識が存在するからだ。〈非-在日〉作家が作品の中で在日という存在を描いても、それらは「在日表象」としてクリティークや分析の対象になりこそすれ、作品としてまともに認識はされない。ここで敢えて安岡伸好の『遠い海』という作品を取り上げるのは、こうした状況に一石を投じ、「在日コリアン文学」は誰のものなのか、また誰のためのものなのかを捉え直す機会を、そしてまた「在日」とは、「日本人」とは何かをより深く考える機会になればという思いからである。

安岡伸好は、奄美群島の喜界島出身である。喜界島を含む奄美群島は1945年の日本敗戦と同時に沖縄と並んで米軍統治下に置かれ、1953年末に日本に返還されるまで占領状態が続いた。奄美出身というルーツ、そしてそこから派生する日本本土や日本人に対する複雑な思いは、安岡の全作品をつらぬくモチーフであろうと想像される。『遠い海』の時代設定は朝鮮半島で戦火が続く1950年から翌年頃にかけての東京、主たる舞台は奄美出身の主人公が教員として勤めることになる都立朝鮮人学校である。この設定から、奄美人、日本人、そして（在日）朝鮮人という三者が織りなす緊張関係がこの作品の基調をなしていることが分かる。この時点で東京（本土）に暮らす奄美人はみな、故郷喪失者（ディアスポラ）であった。そうした屈折したまなざしが捉えた在日朝鮮人群像が、戦争特需に浮足立つ経済社会、戦況の進行とともに強まる朝鮮人学校への弾圧といった社会状況を背景に描かれていく。これもまた特異な「在日コリアン文学」の果実であろうと筆者は考えている。

　作品は、主人公の上月安茂が、都立朝鮮人学校校長の丸田に就職の斡旋を頼みに行くところから始まる。丸田は同郷の奄美人で、なんとかそのよしみで職場に潜り込もうという魂胆である。島の名家に生まれ、大学まで進んだインテリの上月だが、子どもが病を得て妻と共に故郷に帰し、今は義父の村上（やはり同郷人）が営む不動産屋の手伝いに甘んじている。東京での生活の閉塞感に押しつぶされそうな上月は、帰郷して「島の生活の中で、いま一度素足で自分の生活をつかみ直してみたい」と訴えたが、村上に「君なんか帰ったって島じゃ迷惑するだけだ。文字通り、島はいま蘇鉄をくだいて食いつないでいるんだ」と一蹴されてしまう（『遠い海』p.27 以下頁数のみ記す）。もともと彼は教員になりたいとは思っていなかった。「教員の持つ、卑屈で傲慢な雰囲気が、彼は前からたまらなく嫌い」だったのだ（p.8）。だが都立朝鮮人学校の求人をみたとき、「なにか自分の行くべき道を見出したような、あるいは見出し得るようなものを感じた」（p.9）。「日本の敗戦によって、朝鮮人は祖国を恢復し、上月は故郷を失った。それはまるきり逆の現象であったが、彼はそこに何か強い一つのものを感じたのだ。奄美人であればそれは自然に判るはずだし、奄美人が朝鮮人学校の校長をしていると聞いた時、逆に上月はハッとした思いでそれに気付いたのであった」（p.9）。

　だがこうした上月のナイーブな思いは、採用されて実際に朝鮮人学校の教壇に立ったとき、微塵に打ち砕かれていく。最初の授業のとき、少しでも朝鮮人学生の気持ちに近づこうと、出席簿の名前の母国語読みを下宿の同居人の金本（金奉珠、村上の不動産屋に出入りしている朝鮮人）に習ってのぞんだが、反応はつれなかった。簡単な自己紹介をした上月に対し、学生たちは一斉に「吊し上げ」に打って出た。「そういう、日本人として、立派な履歴をお持ちのあなたは、わたし達朝鮮人が、現在兄弟同士で、血を流し合っているのを、いったいどう思って見ているのか、教壇に立つ前に聞かせて下さい。それを聞いてからでないと、わたし達は、あなたを、先生と呼ぶわけにはいかないのです」（p.78、傍点引用者）。「あなたは、いま自分で紹介したように、立派な日本人でしょう。だから、日本人としてあなたは、わたし達の祖国の戦争をどう思っておられるのか、それをわたし達は聞かして欲しいのです。それとも、あなたは日本人じゃないんですか？　わたし達朝鮮人の眼にはそう見えるけど」（p.83、傍点引用者）。こうした「吊し上げ」の実態は、都立朝鮮人学校で5年間教員をした経験を持つ、梶《かじ》井陟《いのぼる》の回顧録（岩波現代文庫『都立朝鮮人学校の日本人教師　1950－1955』で復刊）でも触れられている。周知のように公立朝鮮人学校には日本人教員と朝鮮人教員が混在していた。このうち特に日本人教員をターゲットとしたこうした仕打ちは、一種の「通過儀礼」として常態化していたようである。

だがこのやり取りが与えた衝撃は、上月にとって特別のものではなかったろうか。奄美人であることは、象徴的な意味でも実利面においても、彼のアイデンティティの支柱である。大学にまで進んで歴史や社会科学を研究した彼が、維新以前の幕藩時代からヤマト（薩摩）の抑圧を受け続けてきた奄美人の被抑圧民族としての歴史を知らぬはずがない。被抑圧民族から解放民族への道を力強く歩み始めたかに見えた（在日）朝鮮人への連帯感や憧憬はそこに発するものであり、それが彼に都立朝鮮人学校での教職という道を選ばしめたのだった。しかし上月の思いは学生たちとすれ違う。かれらはどこまでも、上月を「日本人として」しか遇しようとしない。連帯感は上月の一方的思い込みに過ぎなかった。「それとも、あなたは日本人じゃないんですか？」の問いに、絶望とともに沈黙するのみだった。

上月が教員になって思い知ったのは、こうしたアイデンティティのすれ違いだけではない。たとえば同郷の校長丸田の狸おやじぶりである。出勤初日、校長室（と言っても衝立で仕切っただけのスペース）で丸田校長は唐突に、部屋に掲げてある三・一独立運動の血みどろの場面を描いた学生の絵について講釈を始めた。「そんな風に、絵と思って見ちゃいかん。事実なんだ、これは。日本人は過去のものだと思うかもしらんが、朝鮮人にとっては、未だに身辺に生きている事実なんです。なるほど上手な絵じゃないかもしれん。だが、絵の巧拙より、それを超える事実そのものの正義が、ここにあるんです」（p.40）。だがこの講釈は、衝立の向こうにいたPTA会長の呉熙贊や職員室の朝鮮人教員を意識して、聞こえよがしに言ったものだった。そうしておけば「心証」が良くなるということだろうか。また、一見すると日々厳しい対立・緊張関係にありそうに見える

ＰＴＡ会長の呉との「持ちつ持たれつ」の関係を暴露した次の発言。「それでもあの男の立場上、ぼくの顔を見さえすれば、毎日でもあんな調子でぼくに咬み付いていなくちゃならんのだ。しかし、それを承っているぼくは、なにかと口実を作っては逃げ出さんことには、とてもやり切れたもんじゃない。いつだって彼らの要求や非難は一つ一つしごく尤もなことばかりときているんでネ。校長失格と呶鳴られていりゃ、いいんだよ、ぼくの仕事は、はははは。が彼らが本気でぼくのことをそう思ってると考えちゃいかんよ、君。もしそうだったら、ぼくは疾うに辞めて日本の普通の学校へ戻ってるよ。……とやかく嗤う奴は多いが、実際は、何百人もいる東京の校長連の中で、ぼく以外に、あの学校の校長の引受け手はいないんだ。……ぼくがそんな気を起して辞めてみたまえ。学校はとどのつまり廃校になるか、あるいは神経質な役人が直接乗込んで管理するかの、どっちかになる。……彼らだって、肚ん中では自分らがおかれているそうした情勢は充分承知しているんだよ。だから、早く言えばお互にどうにもならない土俵の上で、どうにもならない相撲を取っているのさ」(p.60)。さらに丸田校長は不動産屋の村上と組んで、戦争特需をにらんで株で一儲けたくらんでいる。友人の金本(金)も、「連盟の者も、民団の者も、みんな競争で川へ入ったり屑山掘り返して、鉄屑拾ってるよ。それがアメちゃんの戦争に使われるものた《ママ》といっても、金儲かるから、仕方ない。みんな一生懸命やってる」(p.153)と割り切る。

このように、上月のまわりの奄美人も朝鮮人も立場は違えど、それぞれが置かれた困難な状況のなかで図太く生き抜こうとしている。「生活をつかみ直す」という上月の言葉は、かれらの生活者としての逞しさの前では上滑りなものとして響くばかりだ。こうして冷え冷えとした気持ちがつのるなか、ある日、同郷の丸田から奄美の祖国復帰運動の話を聞かされ、復帰協議会の青年部で「活躍してくれんかな」と持ちかけられるが、にべもなく断ってしまう。幻滅のなかで、もはや奄美人としてのアイデンティティは、上月の支えではなくなってしまったのだろうか。

小説は、ある日武装警察隊が強制捜査のため学校を急襲し、多くの逮捕者を出して再開困難な状態に追い込まれるところまで描いて唐突に終わる。最後のシーンで上月は、路上で、遠い故郷にいる母や妻たちの幻影をみる。救いどころがなく、何とも後味悪い終わり方ゆえ文学作品としてはいかがなものかと思う。しかしこの後味の悪さは、アイデンティティをめぐる葛藤の底なし沼の表現であり、日本、あるいは日本人の周縁をめぐる問題の根深さの表現でもあると思う。

第6章

フィリピン系日本人

10万人の不可視的マイノリティ

高畑 幸

1 はじめに

2016年は日比国交回復60年という節目の年である。2015年6月にはベニグノ・アキノ三世大統領が国賓として訪日し、2016年1月に天皇皇后両陛下が54年ぶりにフィリピンを訪問された。フィリピンは第二次世界大戦中に日米の戦場となった。しかし、1956年に平和条約と日比賠償協定が発効して両国の国交が回復し、その後はフィリピンへの日本企業進出や政府開発援助、フィリピンから日本への出稼ぎ労働や両国間の人の往来等を通じて、日比関係は友好的となった。若い世代は、かつてフィリピンに反日感情があったとは想像がつかないだろう。今や、フィリピンは東南アジアで順調に経済成長を続ける親日国として知られている。

2015年6月にアキノ大統領が訪日したさい、大統領主催のパーティが東京で行われた。そこではおそらく初めて、フィリピン政府による「フィリピン系日本人」の表彰が行われている。このことを、2015年6月2日付の『日刊スポーツ』は以下のように報じた。

女優秋元才加（26）が2日、来日中のフィリピンのベニグノ・アキノ三世大統領と初対面した。大統領が都内のホテルで催した「大統領と在日フィリピンコミュニティとの集い」に、特別ゲストとして招待された。フィリピン人の母と出席した秋元は、女優や歌手としてだけでなく、昨年からはフィリピン観光親善大使として活躍していることを紹介され、アキノ大統領に固い握手でたたえられた。（中略）大相撲の前頭高安、バスケットボール日本代表の森ムチャ、柔道のフィリピン代表保科知彦らも招待されていて、ともに最前列に着席した。「各方面でご活躍されている皆さんとも親交が深められてよかったです」と感激の面持ちだった。[1]

元ＡＫＢ48のメンバーで現在は女優・タレントとして活躍する秋元才加ら、右の記事で名前が挙がった若者たちを、日本のメディアに接している人たちは「フィリピン系日本人」と意識しているだろうか。彼（女）らはそのことを隠しているわけではなく、公式プロフィール等にも母親がフィリピン人だと書かれている。ただ、見た目が「ごく普通の日本人」とあまり変わらないので不可視的だったにすぎない。

本稿の目的は、「フィリピン系日本人とは誰か」から問いを起こし、主に若者の事例から、フィリピン系日本人にとっての民族的アイデンティティおよび国籍の意味づけを明らかにすることである。本稿では「フィリピン系日本人」を、「フィリピンにルーツを持ち、日本国籍を持つ人びと」と考える。なお、国籍はフィリピンだがアイデンティティは日本だという「フィリピン系日本人」もいると思うが、議論の対象とする人びとをある程度限定するために、ここでは「日本国籍者」としたい。もちろん、フィリピン人と日本人を親に持つフィリピン国籍の人びとも多くいることは十分承知している。

「フィリピン系日本人」をテーマとした先行研究は管見の限りまだ少ない。在日フィリピン人に関する研究は、大別すると、結婚移民としての来日・定住（佐竹眞明／メアリー・アンジェリン・ダアノイ 2006 等）、フィリピン系ニューカマーおよび在日フィリピン人１・５世代の子どもたちの教育的課題（角替弘規 2013、三浦綾希子 2015、額賀美紗子 2014、高畑幸／原めぐみ 2014、矢元貴美2013 等）、そしてフィリピンコミュニティと地域社会との関係（高畑幸 2012）等があった。すなわち、１９９０年代から始まったフィリピン人女性の結婚移民の定住、子育て、前夫との子どもの呼び寄せ、地域社会への溶け込みといった、「第一世代の女性たち」を主な対象とする研究である。一方、「日系人」に関しては、戦前にフィリピンへ渡った日本人移民の子孫にあたるフィリピン日系人の来日と定住に関する研究（大野俊 2009、大野俊・飯島真里子 2010 等）、そして、２００９年の国籍法改正に伴い来日が増加している新日系フィリピン人の来日と就労に関する研究（高畑幸 2015 等）もある。このほか、フィリピン系日本人（ジャパニーズ・フィリピノ・チルドレンと呼ばれる）に関してはジャーナリストによる優れたルポルタージュがある（例えば、野口和恵2015、等）。とはいえ、総じて先行研究は在日フィリピン人の第一世代の「移動と定住」を射程としたもので、第二世代、特にそのアイデンティティ問題にはまだ目配りができていなかった。また、第一世代（フィリピン国籍者）の日本国籍への帰化に関する先行研究もない。その部分を補うのが本稿である。

2 フィリピン系日本人とは誰か

先に、本稿では「フィリピンにルーツを持つ日本国籍の人びと」を「フィリピン系日本人」と定義すると書いた。では、そもそも、なぜ「フィリピン系日本人」が増加したのだろうか。それは、日比の両国間に人の移動があり、日本人とフィリピン人の国際結婚が増加し、そこで生まれる子どもたちがいたからである。

第二次世界大戦前、日本に定住していたフィリピン人はごくわずかであった。彼（女）らは当時、アジアの文化的中心地だった上海を経由して来日した芸能人や音楽家（歌手、楽団員）、プロボクサー等である（Yu-Jose 2002、高畑幸 2004）。戦後、外国人登録制度が始まった１９４７年、日本に在留していたフィリピン人はわずか２４０人であった（在留外国人統計）。１９５０年代は沖縄の米軍基地内で雇用され来沖するフィリピン人が増え、沖縄の本土復帰に伴い彼（女）らが日本の外国人登録対象に加わった１９７２年からさらに在日フィリピン人人口が増えていく。１９８０年代後半から若年の女性興行労働者が年間数万人規模で来日し、そこで出会った日本人男性と結婚し家庭を築いた。本稿では、この時代の結婚移民を「在日フィリピン人の第一世代」と考えている。結婚移民の定住・永住化に加え、２０００年代からは、戦前にフィリピンへ移住した日本人の子孫であるフィリピン日系人の来日と定住も増えている。日本におけるフィリピン人人口は増え続け、２０１５年末現在では過去最高を記録し、22万９５９５人であった（在留外国人統計）。

さて、「フィリピン系日本人」は、大きく三つのカテゴリーに分けられると筆者は考えている。

(1) フィリピン国籍者の長期滞在に伴う帰化

第一に、来日したフィリピン国籍者が長期滞在をした結果、帰化を決意したケース。法務省民事局の統計によると、２００９年から２０１４年の帰化許可者は合計6万６７６１人で、そのうちフィリピン国籍からの帰化は合計１４６6人（２・２％）であった。結婚移民、１・５世代（結婚移民の前夫との子等、子ども移民）、日系人などが想定されるだろう。日本人の夫や義理の親から勧められて帰化する結婚移民もいれば、「日本のパスポートならば、親族がいるアメリカ等へビザなし渡航ができる」と便宜的なメリットを考えて帰化する人もいる。フィリピンは外国籍者の土地取得と所有を制限しているが、２００３年からフィリピンで成人二重国籍が認められるようになった。[2]日本へ帰化しても母国で土地取得と所有ができ、在外投票を利用して政治参加も可能である。

また、幼少期に来日したフィリピン国籍の子ども移民の帰化ニーズもあるようだ。インターネットのヤフーが提供する悩み相談サイト「ヤフー知恵袋」では、「国籍はフィリピンですが6歳から日本で育った23歳です。言葉も生活も日本人なので、日本国籍になりたいですがどうしたらいいですか」といった相談が寄せられている。

戦前にフィリピンへ移住した日本人の子孫である日系人の日本国籍取得は少し異なる。戦前に生まれ、自宅から日本領事館が遠い等の理由で出生登録されずにフィリピンに残留していた日系二世が、「就籍」という手段で新たに戸籍を作成するケースがある。あるいは、定住資格を取得して来日した日系三世が帰化申請をし、日本国籍を取得すると、その子ども（本来は定住資格を得られない日系四世）は書類上、「日本人の子」すなわち日系二世となる。こうしてフィリピンに残してきた子を次々と呼び寄せて働かせている。上記の「海外旅行に便利」という動機と同じく、国籍の道具的利用である。日系人の間では来日後の帰化は「世代格上げ（upgrading）」と呼ばれ、子や孫を呼び寄せる手段として行われている（大野 2009）。

(2) 日比の親を持つ子どもたち

第二に、日比国際結婚の家庭に生まれた子どもたちである。両親の法的婚姻後に生まれた子どもならば、出生時から日比二重国籍となる。厚生労働省の人口動態統計では「親のどちらかがフィリピン国籍」という子どもの出生数（累計）は、１９９３年から２０１４年の間に９万７６８８人と、10万人に迫る勢いである。[3]日比結婚件数が最も多かったのは２００６年（１万２１５０件）で、日比の子どもの出生数が最も多かったのは１９９６年（５６３９人）であった。しかし、２０１４年は結婚件数が３１１８件、出生数が２０６６人と、近年はいずれも減少傾向にある。

冒頭に紹介した、大統領表彰を受けた子どもたちがこのカテゴリーである。女優・タレントの秋元才加さん（１９８８年生まれ）はフィリピン観光親善大使としても活躍している。大相撲の高安関（１９９０年生まれ）は２０１６

年3月場所では前頭筆頭である。森ムチャさん（1988年生まれ）はトヨタ自動車アンテロープス所属のプロバスケットボール選手だ。名前の「ムチャ」は、タガログ語で「愛」という意味である。高校教諭の保科知彦さん（1987年生まれ）は日比両国籍を保持していたため柔道（100キロ超級）のフィリピン代表として2012年のロンドン五輪に出場した。4人とも日本国籍を持ち、日本生まれ日本育ちで日本語を第一言語とするが、「輝く第二世代」としてフィリピン政府から表彰されている。

(3) 改正国籍法施行（2009年）に伴う日本国籍取得

第三が、出生時にはフィリピン国籍だったものの、2009年の国籍法改正により日本国籍を取得した人びとである。1990年代から2005年にかけて、若年のフィリピン人女性が興行労働者として半年間の契約労働で日本へ出稼ぎに来た。そのなかで生まれたのが日比婚外子である。日本人男性と外国人女性の婚外子の場合、旧国籍法第3条では出生前に胎児認知をされると子どもは日本国籍となったが、生後認知の場合は日本国籍を取得できなかった。このため、出産前に女性がフィリピンへ帰国して日本人男性と音信不通となれば、結婚手続きも子どもの認知もできない。日本へ再入国できないため、母子ともにフィリピンで困窮生活を強いられるケースが相次いだ。日本に残留する母子もいたが、在留期限が切れて超過滞在となる母親が多かった。

「私は日本人」と、日本在住の日比婚外子10人が原告となって国籍確認訴訟を起こし、2008年6月に最高裁で勝訴した。[4] そして翌2009年に国籍法が改正された。それに伴い、日本国内の法務局および在外公館（大使館・領事館）では、生後認知の要件を満たせば国籍取得届を出すことで日本国籍が取得できるようになった。法務省民事局の統計によると、改正国籍法に伴う国籍取得届は2009年から2014年の間に合計5695件が受理されている。[5] そのうち、原国籍がフィリピンは3548件（62・3％）であった。

このほか、留学や専門職等で来日して滞在が長期化した結果、日本へ帰化するケースもあるが、その数は比較的少ないと思われる。そもそも日本におけるフィリピン人の留学生数や専門職としての就労者数が少ないためである。従って、上記の（1）から（3）のカテゴリーで想定される日本国籍者（法律婚の両親からの出生および胎児認知、改正国籍法施行に伴う国籍取得、外国籍からの帰化）を含めて、日本では10万人以上の「フィリピン系日本人」がいると推測できるだろう。

3　フィリピン系日本人の若者たち

次に、フィリピン系日本人の若者がいかに自らを語るかについて、いくつか事例を紹介したい。はじめは、芸能・スポーツ界で活躍する二人の自伝からの引用、次にフィリピン系日本人の若者自身による語りである。

(1)　自伝にみられる自己表象

「平成生まれ初の関取」として知られる元幕内力士の舛ノ山さん（2016年3月現在、序二段・東61枚目、本名・加藤大晴）は、日本人の父とフィリピン人の母（パナイ島出身）を持ち、1990年にフィリピンで生まれ、まもなく一家三人で父親の故郷・千葉県へ移住した。2014年に出版された彼の自伝『母に捧げた運命の土俵』によると、大晴少年は幼い頃から体格が良く、ちびっこ相撲で活躍した。しかし、中学2年の終わりに父が蒸発して両親は離婚し、日本での生活に行き詰まった母子三人はフィリピンへと帰った。現地の中学校に編入して卒業が間近となり、日本へ戻って相撲部屋に入るという進路を見出した彼は、苦労した母と弟を養うべく角界入りを果たす。先天的に肺が平均より小さく心肺の疾患を疑われながらも懸命に努力する舛ノ山さんの姿は、人びとの心をとらえた。2012年7月の名古屋場所では敢闘賞を受賞し、人気力士の仲間入りを果たした。2015年は休場が続いたが、2016年3月の大阪場所で復帰している。

入門時は弟をフィリピンに残したまま来日していた舛ノ山さんにとって、早く相撲で稼ぐことは大きな使命であった。彼は以下のように振り返っている。「一日も早く一人前になって、母を弟を、フィリピンの家族たちを助けたい。支えになりたい。僕の動機は極めてわかりやすかった。もしもそういった事情がなくて、自分のためだけにということであれば、僕はここまで相撲に打ち込めなかったと思う。」（舛ノ山、2014：77）「次の場所で幕下へ上がり、その先の十両になって給料をもらいたい。そうすれば僕だけの力で家族を養っていける。フィリピンへの仕送りもたっぷりできる。こんなところで足踏みをしている場合ではないのだ。」（舛ノ山、2014：85）

また、女優・タレントの秋元才加さんは、AKB48を卒業しソロ活動を始めた2013年に出版したフォトブック『ありのまま』で、フィリピンのルーツについて詳しく語っている。このフォトブックは母親のふるさとであるカモテス諸島（セブ島の東側）で撮影された。1988年に千葉県で生まれ、幼い頃は毎年3月に家族で母親の実家へ里帰りしていたという。彼女が育った家族は、父親が転職を重ねたこともあり「私が小学校高学年になったあたりから、ずっと家にお金はなかった」（秋元 2013：48）という。

フィリピン人の母親は日本語の読み書きが難しいため、学校への提出書類は全て自分で書き、フィリピンにルーツを持つことでからかわれたため、勉強やスポーツを頑張った。「両親は成績については何も言わなかった。だから私が頑張っていたのは、自分が満足するためだけだった。そこには目立ちたいという気持ちもあったと思う。でも、それ以上に大きかったのは、バカにされたくないという思い。ハーフだっていうことや家計のことでからかわれたくないという防衛本能が働いていた」（秋元 2013：55）と書いている。

このような体験を重ね、しっかり者で独立心が強い秋元さんは芸能界に入る。そこでもフィリピンのルーツを隠さなかった。「私は母方のルーツ、フィリピンに誇りと親しみを持っている。デビュー当時は、ハーフってことを隠したほうがいいんじゃないかと言われたことがある。でも『関係ないじゃん』って自分からしゃべっちゃったけど。（中略）私は私。フィリピンは間違いなく自分の血の一部だから。」（秋元 2013：53）

2013年秋にレイテ島で甚大な台風被害が出ると募金活動を行い、2014年にはフィリピン観光親善大使に就任するなど、アイドルから文化人へと秋元さんは着実にステップアップしてきた。

舛ノ山さんと秋元才加さんはほぼ同世代で、いずれもフィリピン人母と日本人父を持つフィリピン系日本人である。働き手としての父親の影が薄いことや、幼い頃に貧しさを体験していることも共通項だ。そして、自伝を出すほどに「語りたいこと」がある。まず、舛ノ山さんは長男役割の意識がある。角界で成功して、苦労をかけた母親を経済的に楽にさせることへの意欲が強く、ファンからは「母親思いの病弱な力士」との評価で支持されている。秋元さんは、あえてフィリピンのルーツを持つことを前面に出し、募金活動や観光親善大使といった社会的役割を担う。それが、フィリピン系日本人の芸能人としての自らのブランド化につながっている。彼女の場合、経済的な成功に加え、フィリピン系としての社会的認知や地位獲得に意識的とも言えよう。

(2)「フィリピン系日本人の若者トーク」

2015年7月4日、筆者が勤務する静岡県立大学において開催された第20回フィリピン研究会全国フォーラムの特別企画として「フィリピン系日本人の若者トーク」を開催した（来場者は約80名）。先に紹介した柔道家で高校教諭の保科知彦さん（1987年、静岡県生まれ）、女子プロレスラーの朱里さん（1989年、神奈川県生まれ）、静岡県浜松市職員の長井健太さん（1995年、静岡県生まれ）の三人をゲストとし、司会は静岡県立大学大学院生の太田貴さん（1992年、静岡県生まれ）が務めた。登壇者はいずれも日本人父とフィリピン人母のもとに育ったフィリピン系日本人である。保科さんは「知らない人から、「奄美大島の人ですか?」と言われることがある」と笑うが、彼を含めて四人とも、名前が日本風（すべて漢字）ということもあり、見た目や名前で「外国人」と言われることはないという。

開催当時、保科さんは現役を引退し、柔道指導者および高校教諭として活躍していた。朱里さんは女子プロレス団体REINAの看板選手で、フィリピンの国旗をイメージしたコスチュームをまとい、フィリピンで女子プロレスを普及させる活動もしていた。長井さんは2015年4月に浜松市職員として採用され、公園管理の部署に配属されていたが、週末は外国にルーツを持つ子ども向けの学習支援活動でボランティアをしていた。太田さんは大学院で日比国際結婚について学んでいた。長井さんは2歳から14歳まで、太田さんは中学時代に約1年間のフィリピンでの生活経験があるが、保科さんと朱里さんはフィリピンへは試合や里帰り等の短期滞在のみであった。

「フィリピン人のお母さん、あるある」、「フィリピンのルーツを感じるとき」、「フィリピン系日本人の子どもたちへのメッセージ」という三つの話題で三人に自由に話してもらい、来場者との質疑応答を行った。彼（女）らにとっての「フィリピン人のお母さん像」はほぼ共通しており、愛情深く、声は大きく、世話好きで、料理は鍋一杯に作るというものだ。彼（女）らにとっては、母親がそのままフィリピン文化である。思春期の頃は母親を煩わしいと思った時期もあるが、今ではフィリピン人の母親に感謝しているという。

「フィリピンのルーツを感じるとき」という問いには、文化や言語の継承よりも、フィリピンで見た「庶民の生き方」が語られた。保科さんは「一人ひとりがたくましく生きているってことを感じましたね。あとは人当たりがいい」と言う。長井さんは具体的に次のように語る。

やっぱり前向きですね、フィリピン人の方って。どんなに生活が苦しくても問題を表に出さずに明るく毎日生活しているので。あと、家族間の絆というか助け合いがすごいですよね。うちもそうなんですけど、職を失ってしまった従兄弟の両親をうちの親が家に呼んで、小学校5年生だった僕たちに勉強を教えてもらうかわりに、学費や生活費を全部与えるというか、そういうのがどこの家族にもあるので、それが普通って感じですね。なので、家族間の絆っていうか、だれか困ったらすぐ助けるっていう感じです。

長井さんはフィリピンに住んでいた頃、見た目が日本人風のため誘拐されないように「一人であまり出歩かせてもらえなかった」という。そのためか、彼は日本寄りの視点から客観的にフィリピン社会を捉えている。

「フィリピン系日本人の子どもたちへのメッセージ」では、それぞれが「フィリピン系であることで、自分に自信を持てない時期があった」ことを前提としての語りであった。そこで保科さんは、「何か一つ、強みを得ること」の重要性を語った。

彼自身、幼い頃は母親の名前がカタカナであることを恥ずかしく思った時期もあったが、「少しずつ自分が柔道というアイデンティティを確立してからですね、しっかりとした基盤ができて、（フィリピン系であることを）「別に隠すことじゃないし、恥ずかしいことじゃないんだな」っていうことになってからは、あんまりそういう（親の名前を恥ずかしく思う）ことはしなくなったんですけど、子どものなかにはそういう子がいますから（教諭として配慮していきたい）」と語る。そして、今、悩んでいる子どもたちには、こう呼びかけた。「僕なんかは逆にそれ（フィリピンにルーツを持つこと）を起爆剤にして。僕は父がいなくて母だけで、かつ母が外国籍で、そういった環境のなか、言い方は悪いですけど僕は「他の普通の家の子には負けねぇぞ」っていうつもりで、（それを）起爆剤として頑張ってきたんで、（悩んでいる子がいたら）こういう人もいるってことを伝えてください。」

同じバックグラウンドを持つ後輩たちを励ましたいという思いは長井さんも同じだ。「本当に自分は（日本とフィリピンを）ミックスして成長できたので、本当に自分はこういった二つの面を持っているっていう誇りを持っています。なので、現在の日本育ちでフィリピン人の親を持つハーフの方も、それを隠すこともないし、逆に活かさないともったいないと思う。」彼自身は日本に戻った後、中学卒業後は就職を考えたが、学校の先生に放課後、勉強を見てもらったり高校進学を強く勧められたことが、転機になったという。「「ここで一生懸命勉強すれば、次につながるよ、自分の将来につながるよ」っていう言葉をかけてもらったり、家庭の面でいうとお母さんから「今は大変かもしれないけど、お母さんもこんなに喋れるようになったし、兄弟たちも一生懸命頑張ってるから、前向きに頑張ろうよ」っていう風に（言葉を）かけてもらったりだとか、そういうひとつひとつ、自分だけの力じゃなくて、本当に周りとか自分の力を信じて、全部を踏まえて今の自分だと思っているので、それが糧でした。」

朱里さんは、プロレスを通じてフィリピンに貢献したいという。「プロレスっていうものでいろんなことも伝えられるんだよって、プロレスを見せることで楽しさとかを知ってもらって、それでフィリピンの子どもたちも練習生として受け入れて一緒に自分の団体で頑張っていきたいなって夢で考えたりしてます。」

(3) 小括

今は何かを成し遂げたからこそ、語れることがある――読者はそう思うだろう。先に、フィリピン人と日本人の親を持つ子どもの出生数は1996年が最大であったと書いた。この「フィリピン系日本人の若者トーク」で登壇した四人は1980年代後半から1990年代半ばまでの生まれなので、約10万人いるフィリピン系日本人の中では「先輩」である。公の立場で自らを語ることができる自分たちはいまだ少数で、自らがロールモデルにならねばとの使命感が、彼（女）らの語りにうかがわれる。この思いは舛ノ山さんや秋元才加さんも同様だろう。

4 考察――フィリピン系日本人にとって国籍とは何か

「3 フィリピン系日本人の若者たち」では、日本人とフィリピン人の両親から生まれたフィリピン系日本人、すなわち「2 フィリピン系日本人とは誰か」で見た2番目のカテゴリー（日本人とフィリピン人の親を持つ子ども）に入る若者たちに焦点を当てた。1番目（フィリピン国籍者の帰化）と3番目（改正国籍法による国籍取得）にも目配りしながら、再度、フィリピン系日本人にとっての国籍を考えてみよう。

(1) 道具としての国籍

第一に、道具としての国籍である。日比家庭に生まれた子どもたちは、このことを意識せずにいるかもしれない。しかし、その親たちは意識しているだろう。日本国籍があれば、日本で暮らし、教育を受け、自由に働き、社会保障を受け、さらにはそのパスポートでビザなし渡航ができる国々が多くある、ということを。子どもにとっての日本国籍は、若年人口が多く就職難のフィリピンからの「避難場所」を作ることになる。フィリピン日系人の「世代格上げ」も、子や孫を日本に呼び寄せ就労機会を増やすという意味で、国籍の道具的利用だろう。

逆に、日本生まれ日本育ちのフィリピン系日本人から見れば、日比二重国籍を持つことはどのような利益があるだろうか。例えば、フィリピンでの長期滞在ができるし、フィリピン国籍者として安価な授業料でフィリピンの大学で学べる（通常、外国籍者の授業料は高い）。

また、フィリピン代表としてスポーツの世界大会に出ることも可能だ。右記の保科さんは柔道でロンドン五輪のフィリピン代表となった。野球では、２０１３年には小川龍也さん（中日ドラゴンズ、１９９１年生まれ）がフィリピン代表に召集されＷＢＣ（ワールド・ベースボール・クラシック）に出場している。[6] また、２０１４年、18歳以下のアジア野球選手権大会でフィリピンチームの監督となった高橋将人さん（１９９２年生まれ）は、「２０１７年にフィリピン代表としてＷＢＣに出場したい」と語っている。[7] かたや、彼らと同世代の山崎康晃さん（ＤｅＮＡベイスターズ、１９９２年生まれ）と戸根千明さん（読売ジャイアンツ、１９９２年生まれ）は、日本代表として２０１６年３月にＷＢＣ強化試合に出場している。[8] 二つの国籍を持つことが彼らの選択肢を増やしている。

(2) 帰化しても変わらず「フィリピン人」

本稿の冒頭に、日本とフィリピンが戦後に友好的な関係を築いたことを書いた。その事実が、フィリピン系日本人の気持ちを楽にしている。つまり、両国間には政治的なコンフリクトがほとんどない。そのため、フィリピン人が日本へ帰化したとしても、「祖国を棄てた」「裏切った」などと親族から批判されることは少ない。そもそも、フィリピンは海外への移住者が多く国際結婚も多いため、人びとは「○○系フィリピン人」に違和感がない。多様なルーツを持つ人がいることが「普通」なのである。２００３年から成人二重国籍が可能となったこともあり、アイデンティティの二者択一というより、ライフチャンスを拡大するための日本国籍取得は、今後も増えていくだろう。そして、帰化しても「心はフィリピン人」に変わりはない。

(3) グローバルなフィリピン人ネットワークの一部

フィリピンは７０００の島からなる多文化・多言語・多民族国家で、海外へ移民や労働者を送り出してきた。アメリカ合衆国、カナダ、オーストラリア、ヨーロッパ各国等、移住先で市民権を取得（帰化）するフィリピン人は多い。

日本で暮らすフィリピン系日本人も、こうした世界的なフィリピン人ネットワークの一部となる。フィリピンは海外移住希望者を対象に外務省管轄の在外フィリピン人委員会が渡航前セミナーを行い、また渡航後もフィリピン大使館・領事館等を通じて各国のフィリピン人コミュニティを政府が把握している。現在は在外投票が可能なので、在外邦人は投票や寄付を通じて本国の政治とつながっているのである。

以上をまとめると、フィリピン系日本人は、フィリピンか日本かという相互排他的な選択の末に編み出された堅苦しいものではなく、むしろ、フィリピン社会の多様性およびグローバルに広がるネットワークの中の、数ある「フィリピン系○○人」のうちのひとつと考えられる。特に、フィリピン人学校で体系化された民族教育が行われていない日本では、大人にとっての日本国籍は道具的であり、子どもにとっては「選択肢」である。ヘイトスピーチのような形で集団としての「フィリピン系」が攻撃されることはまずなく、個々人の成長過程での民族的アイデンティティ形成の進度あるいは濃淡の差が現れる。それは、フィリピン人が日本において結婚移民という形で定住し、集住地を形成せず、また同じアジア系であることから見た目の差異が際立たないことも関係しているるだろう。

5　むすび

さて、「フィリピン系日本人」の今後はどうなるだろうか。第二世代の中には自分の家庭を持つ人も増えた。現在、すでに在日フィリピン人の第三世代が日本で育っている。フィリピンから嫁いだ第一世代と共に暮らした第二世代はフィリピンの文化や言葉に接しており、自分のルーツがフィリピンだと認識する人も多いだろう。しかし、在日コリアンとは違い、民族団体も民族教育もほとんどない在日フィリピン人は、次世代へと民族文化を継承する場所がない。あるとすれば、カトリック教会であろう。さらには、フィリピン語を学ぶ場はごく少ない（東京外国語大学、大阪大学外国語学部等）。第二世代以降にとっては、エスニシティの「獲得」が難しいのである。フィリピンの家庭料理や生活用語等は継承されていくと思われるが、世代が下がるに従い、次第に「フィリピン系」のアイデンティティは薄れていくと筆者は考えている。

とはいえ、日本各地で暮らす「ごく普通の日本人」の家族に、かつては「フィリピンからのお嫁さん」としてやってきた女性たちがどっしりと根を張り、子どもたちを育て、地域の一員として暮らしてきたことは確かだ。今や、フィリピン人の姑を持つ日本人嫁・婿や、フィリピン人の叔母を持つ日本人甥・姪や、フィリピン人の祖母を持つ孫たちが、どんどん増えている。今後は、「フィリピン系日本人」の第二世代が自らの生活体験や悩みを発信して仲間を作り、母親のふるさとを再発見したり、母親世代へ生活史の聞き取りをする等の活動が出てくることを期待したい。なお、本稿では成人のフィリピン国籍者の帰化については深く掘り下げることができなかった。今後の課題にしたい。

参考文献

秋元才加（2013）『秋元才加 1st Photobook ありのまま。』徳間書店。

大野俊（2009）「未決のフィリピン残留日系・日本人問題」蘭信三編『中国残留日本人という経験――「満州」と日本を問い続けて』勉誠出版、pp.551-559。

大野俊・飯島真里子（2010）『日本在住フィリピン日系人の市民権・生活・アイデンティティ――質問票配布による全国実態調査報告書』九州大学。

佐竹眞明／メアリー・アンジェリン・ダアノイ（2006）『フィリピン‐日本国際結婚――移住と多文化共生』めこん。

高畑幸（2004）「在日フィリピン人――第2世代の成長期に入ったコミュニティ」庄司博史編著『多みんぞくニホン――在日外国人のくらし（特別展図録）』国立民族学博物館、pp.105-111。

高畑幸（2012）「大都市の繁華街と移民女性――名古屋市中区栄東地区のフィリピンコミュニティは何を変えたか」『社会学評論』62（4）：pp.504-520。

高畑幸（2015）「人口減少地域におけるフィリピン人結婚移民と新日系人の定住」『国際関係・比較文化研究』13（2）：pp.235-253。

高畑幸／原めぐみ（2014）「在日フィリピン人の1・5世代――日本は定住地か、それとも通過点か」『国際関係・比較文化研究』13（1）：pp. 21-39。

角替弘規（2013）「フィリピン系ニューカマー家族の教育戦略――母国親族の教育意識と日本における教育戦略」『桐蔭論叢』28: pp.127-135。

額賀美紗子（2014）「フィリピン系ニューカマー生徒の学業達成に関する一考察――トランスナショナルな家族ケアの影響に注目して」『和光大学現代人間学部紀要』7: pp.77-97。

野口和恵（2015）『日本とフィリピンを生きる子どもたち――ジャパニーズ・フィリピノ・チルドレン』あけび書房。

舛ノ山大晴（2014）『母に捧げた運命の土俵――夢を追った親子の人生ドキュメント』竹書房。

三浦綾希子（2015）『ニューカマーの子どもと移民コミュニティ――第二世代のエスニックアイデンティティ』勁草書房。

矢元貴美（2013）「学校生活におけるフィリピン人の親を持つ子どもたちの困難と喜び：日比両国の学校生活を経験した子どもたちの視点から」『グローバル人間学紀要』6: pp. 5-26。

Yu-Jose, Lydia, (2002) *Filipinos in Japan and Okinawa 1880s-1972*, Research Institute for the Languages and Cultures of Asia and Africa, Tokyo University of Foreign Studies.

注

1 『日刊スポーツ』２０１５年6月2日付朝刊。

2 在外フィリピン人委員会（Commission on Filipinos Overseas） http://www.cfo.gov.ph/index.php?option=com_content&view=article&id=1362%3Adual-citizenship&catid=145%3Aintegration-and-reintegration&Itemid=833 （２０１５年12月20日アクセス）

3　１９９３年以前はフィリピン国籍を独立して集計しておらず、データがない。また、人口動態統計では出生時の両親の国籍が明記されるのみである。従って、この数のすべてが日本国籍者とは限らず、類推する材料として使うにとどめたい。
4　最高裁判決については、『朝日新聞』２００８年６月５日付朝刊に詳しい。
5　法務省ウェブサイト　http://www.moj.go.jp/MINJI/MINJI41/minji174.html　（２０１５年12月20日アクセス）
6　『日刊スポーツ』２０１２年10月29日。
7　『朝日新聞』２０１４年９月６日付朝刊。
8　侍ジャパン・ウェブサイト　http://www.japan-baseball.jp/jp/games/jpntpe2016/player.html#pNav　（２０１６年３月16日アクセス）なお、山崎康晃さんについては『スポーツ報知』２０１４年10月24日、戸根千明さんについては『日刊スポーツ』２０１４年10月10日を参照。

◎第7章

ベトナム系日本人

「名付けること」と「名乗ること」のあいだで

川上郁雄

1 「ベトナム系日本人」という括り方

「ベトナム系日本人」を論じる前に、「系」という概念使用のいくつかの点について予備的考察をしておくことが必要であろう。

まず、「ベトナム系日本人」という括り方には、誰が誰を「ベトナム系日本人」と名付けるのかと、誰が自分を「ベトナム系日本人」と名乗るのかという問題が含まれているという点を確認しておく。

多様な移民から構成される「移民社会」あるいは「多民族社会」において、「ある人々」を集団として括るときに使用されるのがエスニック・バウンダリー（ethnic boundary）という分析概念である（Barth 1969）。これは、その集団が持つと他者によって解釈される社会的・文化的諸特徴と、その集団のメンバーが自分たちにとって重要と考える社会的・文化的諸特徴によって生まれる「民族境界」の動態性を捉えるときに有効な概念である。

つまり、「ベトナム系日本人」が常に存在するのではなく、「名付け」と「名乗り」のせめぎ合いの中に「存在する」ということである。

次に、「系」という捉え方である。日本では外国人の帰化者や「混血者」、海外からの「帰国生」、外国人労働者や難民の子どもなどを捉えるために、「系」概念が使用されることがある（原尻 2005）。原尻英樹は、「日本人」や「朝鮮人」など「—人《じん》」が実体として存在していると捉え、このカテゴリーに入らない人を「周縁人」「逸脱者」として見る見方を批判し、「系」概念を提示している。つまり、虹の中にあるさまざまな色の対立がはっきりと分断できないように、「連続の中の非連続」「非連続の中の連続」という捉え方として積極的に「系」概念を使用しようという立場を示している（原尻 2005: 282-285）。また、原尻（2005）はこの「系」概念を使用することにより、日本社会を構成する人々の中にも多様な人々が存在することを議論することができ、この議論をもとに、「新しい国民教育あるいはナショナルアイデンティティの理念を構築しなければならない」と主張する。

ただし、この「系」概念の議論で重要なのは、前述した「誰が誰を系と名付けるのか」「誰が自分を系と名乗るのか」という動態性について考察することであろう。日本には「系」概念で表現される多様な人々がいると認識しても「日系日本人」という表現が同等に議論の俎上に上がらないのであれば、「系」を使用する議論には常に政治性や権力性がともなうことになる。つまり、「系」を使用するのは「日本人」をマジョリティと見る見方に与《くみ》する関係になるからである。

したがって、「ベトナム系日本人」を議論するには、誰が誰を「ベトナム系日本人」と名付けるのかと、誰が自分を「ベトナム系日本人」と名乗るのかという地点に戻る必要がある。これは、間主観性のアイデンティティ論、アイデンティティと社会の弁証法（バーガー&ルックマン 1977）と通じており、後述するように、当事者の主観的現実を知るうえで重要な視点になろう。

2　「ベトナム国籍者」と「ベトナム系日本人」

日本に居住する「ベトナム国籍者」数は、現在（2015年6月）、12万4820人である。うち、在留資格別にみると、「技能実習」（4万5144人）、「留学」（4万3448人）が最も多く、この二つのカテゴリーで全体の7割を占めている。これらは滞在期間が限定された短期滞在者であるが、それ以上に長く日本に居住しているカテゴリーは、「永住者」（1万3213人）、「定住者」（5414人）である。しかし、これら二つのカテゴリーは全体の約15%と少ない。

戦後の日本で「ベトナム国籍者」が統計上で増加したのは、1975年以降である。それまで「留学」などで来日する「ベトナム国籍者」は少数いたが、ベトナム戦争（1960－1975年）終結後に、「南ベトナム」から多くの難民が流出したことが契機となり増加した。当時のベトナムから流出したベトナム難民は100万人を超え、そのような難民を多くの国が自国に受け入れ、人道的支援を与えた。日本も「難民条約」を批准しベトナム難民を受け入れたが、受け入れ数は欧米諸国に比べるとわずかであった。加えて、当時、日本に上陸した多くのベトナム難民は、先に欧米諸国に定住した親族と合流するために移住を希望し、それらの国の許可がおりると日本から出国していった。したがって、日本社会に定住したベトナム難民は1万人ほどにとどまった。

日本に居住する「ベトナム国籍者」数のその後の推移を見ると、たとえば、１９９９年にはその総数は約1万５０００人であったが、その内訳を見ると、ベトナム難民として定住したと思われる「定住者」と「永住者」の在留資格を持つ「ベトナム国籍者」が6割以上を占めていた。つまり、全体としては「ベトナム国籍者」数は微増で、ベトナム難民やその家族が当時は半数以上を占めていたと思われる。ところが、２０００年代に入ると、日本に居住する「ベトナム国籍者」数は徐々に増加していった。そして、その増加の大部分は、前述の「技能実習」や「留学」等の在留資格で入国するベトナム人であった。

このことは、日本に居住する「ベトナム国籍者」数に占めるベトナム難民とその家族の割合が減少し、逆に、現在のベトナムから来日するベトナム人が増加したことを意味する。つまり、ベトナムの社会主義政権による「迫害」を受けた、あるいは「迫害を受けるおそれ」があるとして海外へ逃れた難民と、「ベトナム社会主義共和国」の現政権の認可を受けたベトナム人との人口のバランスが過去40年の間に逆転し、その結果、後者の人口割合が現在、日本に居住する「ベトナム国籍者」数において圧倒的多数を占めるということになった。これは、政治的イデオロギーの異なる「ベトナム国籍者」が混在することを意味する。

ただし、両者が必ずしも過激な敵対関係にあるわけではない。後者の留学生が前者の難民家族と交流している場合もあるし、両者の若者同士が夏のキャンプに一緒に出かけたりする場合もある。また、難民として日本に定住してきた「ベトナム人」がベトナムへ帰国したケースもあれば、「今のベトナムの政権は信用できない」とベトナムへの帰国をあきらめ、日本に定住し続ける、老いた「ベトナム人」もいる。

したがって、日本に居住する「ベトナム国籍者」が同質的集団を形成しているとはいえない。また、同様に、日本に定住したベトナム難民も反現政権という政治的イデオロギーの旗のもと同質的集団を形成しているともいえない。

つまり、「ベトナム国籍者」や「ベトナム出身者」「ベトナム難民」と括っても、彼らの持つ多様性や現実を示すことはできない。筆者はかつてこのような「名付け」の問題点を以下の三つにまとめて指摘した（川上2001）。すなわち、このような「名付け」には、第一に、彼らを同質的集団とみなす危険性と、「名付け」の排他性の再生産の危険性があること、第二に、彼らを日本社会における「マイノリティ」の位置に陥れ、彼らを「弱者」「差別されるもの」として固定化し、それ以上の議論の発展を阻止しかねないうえ、マジョリティ（多数派）の持つ政治的言説にからめとられる危険性があること、第三に、集団的特質や集団的境界により明確化される問題にのみ焦点が当たり、境界上のアンビバレントなさまざまな問題、たとえば個人的アイデンティティの問題等が無視される危険性があるという三点である。

本章のテーマである「ベトナム系日本人」という括り方も、このような危険性があることを十分に踏まえたうえで議論を進める必要がある。

筆者はかつて「ベトナム系住民」という捉え方を提案した（川上2001）。そのねらいは、「ベトナム人」という一見明確な限定から抜け落ちる曖昧性、ハイブリディティ等を考察対象に積極的に組み入れることにあった。また、「ベトナム系住民」という捉え方により、社会的構築物としての「ベトナム人」「ベトナム人らしさ」「ベトナム人性」を相対化し、同時に、彼らの中にある多様性、動態性を見定めることができ、かつ、彼らを取り巻く言説、「日本人らしさ」「日本人性」を相対化することにつながると考えたからだ。

本章で「ベトナム系日本人」という括り方で議論をすることは、「ベトナム系住民」と同様に、彼らの持つ多様性、動態性を見定め、同時に、彼らを取り巻く言説、「日本人らしさ」「日本人性」を相対化することにつながると考えたい。したがって、本章では、「ベトナム国籍者」「ベトナム出身者」「ベトナム難民」と、「ベトナム系日本人」の相違を「日本国籍」の有無だけで論じるのではなく、前述のように、「境界上のアンビバレントなさまざまな問題、たとえば個人的アイデンティティの問題等」を考えるための方策として積極的に使用したいと考える。

具体的な例を示そう。たとえば、神戸市長田区にはカトリック教会があるが、ここの日曜礼拝に参列する人々の半数以上は、ベトナム難民として来日した「ベトナム人」やその家族である。その中には、すでに30年以上日本に居住し、日本国籍を取った「日本人」もいる。しかし、彼らは日本国籍の有無にかかわらず共にベトナム語によるミサを受け、ミサが終わるとベトナム語で会話を交わす。ここでは、日本国籍を取得したことで、「ベトナム人コミュニティ」から排除されることはない。

ここで重要な論点は、ここに集う人々を、「ベトナム難民」あるいは「ベトナム系日本人」と呼ぶことと、本人たちが自分たちをどう名乗るのかとは必ずしも一致しないという点である。つまり、誰を「ベトナム系日本人」と名付けるか以上に、誰が自分たちを「ベトナム系日本人」と「名乗る」のかが重要なのである。これが、前述の「名付け」と「名乗り」の弁証法的関係の現実である。

以上の考察を踏まえ、日本に居住する「ベトナム系日本人」の現実を、「ベトナム難民」として来日した人を親にもち日本で生まれ育った若者たちを例に、彼らの生き方を次章で考えてみたい。

3 「ベトナム難民」[1]として来日した親を持つ子どもたち

(1) 藤田蘭さんのケース

藤田蘭さん（仮名。以下、蘭さん）は、1994年、関西で生まれた。調査時（2014年）は大学生で、年齢は20歳であった。父はボートでベトナムを脱出したのち、香港の難民キャンプに収容され、その後、来日した。父は中国系ベトナム人で広東語とベトナム語を話す。母は、父がベトナムへ一時帰国した折に結婚し、父の呼び寄せ家族として日本にやってきた。

インタビュー調査のはじめに「どこで生まれ育ちましたか」と聞くと、蘭さんは、「日本で生まれて育ちました。だから、まったく日本人と同じです」と答えた。藤田という日本名は通名で、大学生になってから使用しているという。ほかに、ベトナム名の本名がある。その本名には父の名字に加えて、母の名字がミドルネームとして入っている。

小さい頃の家庭内言語は広東語とベトナム語だった。家庭で「ランちゃん」と呼ばれる蘭さんは、学校でも小学校から高校までカタカナ表記の名前を使用した。

小学校の低学年の頃、学校で聞く日本語がわからなかった。「何を話してるかわからない。宿題を出されてもわからない。で、聞く人もいない」状態だったという。「親が話している言語が違う」「名前がカタカナ」などから、他のクラスメイトと自分が異なることを意識したという。その頃のことを蘭さんは次のように言う。

（以下、Kは筆者）

蘭：あたしが気づくと同時に、……あっち、相手も気づく……。

K：そうだね。カタカナやし、違うなみたいな……

蘭：うん。違うなっていうので……なんかでも、しかもちょっとずつ理解してくんですよ。で、ちょっとしかわからないんで、なんで国に帰らないの？って。

Ｋ：そうそう。

蘭：おまえ外国人なんだろうって。

Ｋ：そう。なんでここにいるんだろう、みたいな。

蘭：で、国に帰れよとか言われたりとかしたんで。

Ｋ：へえ、そう。そういうとき、どうするの？

蘭：いや、ちょっとよくわからない。だって……そんな、私がずっと生まれて育った場所がここなのに、帰る場所はないじゃないですか。

小学校から中学校へ進むとき、公立の中高一貫校を受験し、合格する。その学校はいわゆる中等教育学校で、帰国生徒枠や外国人生徒枠があり、多様な背景をもつ生徒が多く、日本育ちの日本人が比較的少ない学校であった。そこではカタカナ名で差別されることもなく、「最初の会話がもう「どこの国の人？」から始まる」という。そして「（日本語のほかに）何語しゃべれるん？」と自然に聞かれる。そのため、「逆に、日本人で日本語しか話せないっていう子がいると、珍しい」ということになる学校だった。だから、蘭さんは、その学校について、「学校、良かったですね」と振り返る。

しかし、高校時代まで使っていたカタカナの名前を大学生になってから日本名に変えた。そのきっかけを、蘭さんは次のように言う。

蘭：きっかけは……。んと…中高で普通に過ごしたんですけど……やっぱりあの……何も障害はないんですよ。外国に行くときとかだけそのちょっと手続きが面倒だったりするんですけど、それ以外は障害もなかったんですけど、例えば仕事……アルバイト探すときとかに名前を言うだけで、「ああ外国人なんだ」っていう、「私のところはちょっと外国人は受け入れていないんで」って、外国人ってだけで断られるんで……。で、私も普通にさっきのように電話してて、日本語も話せて、で進んでたのに、名前のところで、「あ、じゃ、なしで」って言われるんで……。

Ｋ：へえ。

蘭：それだけで差別することがあるんで……。で、もう日本名に変えて、普通に卒業したら日本人と変わらないっていうのがもう証明できるんで。

Ｋ：そうだね。

蘭：はい。もう普通に日本人として過ごして卒業しようかなと思って。それを証明できたら、……その日本人から私たちを見る目も……名前だけが違うとか国籍が違うとかだけで、その日本で生まれて育ったっていうのは一緒なんで。同じ日本人として扱ってほしいかなって。理解してほしいというのがあって、ちょっと今……日本名で過ごさせていただいているんですけど。

蘭さんは幼少期より家庭でベトナム語と広東語に触れて成長した。そのため、神戸や横浜の中華街へ行くと店の人と広東語で会話するという。言語能力の自己評価としては、強い言語から「順番的には、日本語、ベトナム語、中国語です」という。またホーチミン市にいる祖父や祖母も中国系で、広東語が強いという。

蘭さんは自分のことを「日本にいて名前は違いますが、日本人だと思っているんで。ちょっと外国語ができる日本人だと思っているんで」と笑いながら言う。ベトナムについて蘭さんは、「ベトナムにつながってる部分がもうほんとに親だけなんで、ないんですよ、ほんとに。ベトナムに帰ってもそんな……懐かしいとか思うのもないし」とベトナムとの距離を感じているが、就活では自分の複言語能力を「売りにできると思います」と今後の進路を見据えている。

では、国籍はどうか。親が難民として日本に入国し、蘭さんは日本で生まれたが、彼女自身はベトナム国籍を取ることができないため、「無国籍」状態になっている。外国へ行くときは、日本政府の発行する「再入国許可書」を取らなければならない。蘭さんは、次のように言う。

蘭：よく聞かれるんですけど、国籍はどうするのっていうの。ベトナムの国籍は親がなくしているので取り直すために罰金があって難しいというのもあり、不自由もないし、で、日本の国籍は生まれたらもらえるわけじゃないんで、日本に生まれたのにもらえない……なんかなんですかね、自分で申請をして日本国（国籍）をもらうっていうのが時間も色々できるかもわからないんで、だから取るのは今の時点では、このまま何もなかったらそのまま……私は難民としてずっと再入国（許可書）で生きてもいいかなって。強制をされない限りは……自分のこのままで……生きていくつもりなんで。

（中略）

蘭：まあ、日本名も取ってるんですけど、なんか……日本国籍もらえるなら全然もらいたいんですけど……。
Ｋ：どういう点が心配なんですか。
蘭：もう……ほんとに日本人と変わらなく生きていけるんですけど……親からもらったベトナムっていうのもなくなってしまうっていうのもなんかちょっと葛藤があります。はい。
Ｋ：あ、そっかあ。
蘭：自分のルーツをなくしてしまう気がして……。難民って生きてきたんで、そのままで生きていきたいなっていうのが……。

（中略）

蘭：ちょっとなんか日本の人から日本国籍なんで取らへんの？って言われると、いや、取らへんとかじゃなく、そっちがくれるかどうかなんですけど……っていう話になるんですよ、いつも。

（中略）

蘭：申請して時間とお金をかけてじゃないと、で、そこからまた審査があってていうのがあるんで。ほんとに変わらず生きてきたのになんでくれないんだろうっていうのがありますね。聞かれるとそうなっちゃう……。
Ｋ：うん。だから今は無国籍の状態になってるんですね。
蘭：はい、無国籍です。はい。ベトナム（国籍）を取るのはどうかなって思うんですけど全く関係ないっていうか、もう親から（ベトナム国籍を）譲り受けれないし、私ベトナム人って思うところがあんまりないんですよ。ただベトナム語できる……親がベトナム人っていうだけで。ないんで、だからベトナム国籍を取るっていう予定はないです。
Ｋ：うん。そうすると……居場所みたいな……。
蘭：居場所が……ちょっと自分でもよくわからないんですよ。
Ｋ：ええ。
蘭：はい。日本の社会で過ごしていますが、家庭ではベトナムの文化で生きてきました。ベトナムも日本も切れない存在で。自分が、どういう立ち位置にいるかがわからなくて不安になるときもあるんで……。
Ｋ：そうか……。
蘭：深く考えてしまうと自分がわからない……。
Ｋ：あ、そう？
蘭：はい。

（沈黙）

また蘭さんは、自分の中にあるベトナムと日本について、次のように言う。

蘭：どっちも否定はしたくない。どっちも受け入れたいんですよ。日本と……日本人である私と、ベトナム人である私っていうのは……どっちも捨てれない……関係してきた今まで……ていうのがあって結構難しい……。

(2) グエン・ニャット・ハイさんのケース

グエン・ニャット・ハイさん（本名。以下、ハイさん）は、1988年、関東で生まれた。調査時（2014年）は大学生で、年齢は25歳。両親はベトナムで結婚し、父がはじめに難民として来日し、その後、ベトナムから母と姉が呼び寄せ家族として来日した。きょうだいは四人で、ベトナム生まれの姉と日本生まれの男兄弟三人である。家族の中の第三子で、次男として生まれた。

幼少期の家庭内言語について問われたハイさんは、「基本、ベトナム語。両親とはベトナム語、兄弟とは日本語をしゃべっていました」という。

ハイさんは、カタカナ表記の名前を使用しているが、その名前でいじめられることもなかったという。むしろ、カタカナ名なので、すぐに友達や先輩にも覚えてもらいやすいので得だと説明する。また、ハイさんは、勉強もスポーツもできる子どもであったという。

高校時代は勉強とバイトに専念した。週5日、午後5時から10時くらいまでスーパーで働いた。私立高校だったので、稼いだお金は半分を学費に、あとは親に渡し、残りは貯金したという。稼いだお金を家に入れるというのは、親が言ったわけではないが、上の兄や姉がしていたので、自分も自然とそうしたのだという。

ハイさんにとって高校時代は「充実して楽しく過ごした時間だった」という。その頃、休みにオーストラリアの親族を訪ねたことがきっかけで、高校卒業後に、オーストラリアの大学へ進学することを決意する。

ただし、ハイさんにとってオーストラリアへ留学することは簡単なことではなかった。その理由をハイさんは以下のように述べる。

ハイ：でも留学する時に、ビザを申請しなきゃいけないって時に、ベトナム国籍だとだいぶ時間かかったんですよ。その時になんで日本に住んでるのに、日本で生まれたのに、両親がベトナムってことだけで戸籍が取れない。でも同じように教育受けてきて、何でこんなに差があるのかなっていうのは、その時改めて思いましたね。ものすごく大変でしたね、ビザ申請するの。ちょっと、ベトナムじゃなかったらなって思いましたね、正直。ビザが下りないってことはないんですけど、でも時間がものすごくかかるので、それはちょっと嫌でしたね。

ここで、ハイさんは「ベトナム国籍」と言っているが、正確に言えば、彼の場合、ベトナムのパスポートのない「無国籍」の状態であった。したがって彼には日本政府の発行する「再入国許可書」しかなかったために、オーストラリア政府の対応が厳しかったのだ。

日本で生活するうえで必要な「在留カード」の国籍欄には「ベトナム」と記載されているが、実際は無国籍なのだ。ハイさんは言う。

ハイ：それもよくわからないんですけどね。本来は無国籍らしいですよ。申請する時も国籍を記入する欄があるんですけど、そこにベトナムって書きますけど、本来は違う、難しさみたいなのはありますね。どっちで行けばいいんだ、みたいなのはありますね。

では、どうだったらよいと思うのかを尋ねると、

ハイ：どうだったら？例えば、うーん……日本国籍だったら一番いいんですけど、それこそ申請するのが大変そうだし。まあ、それでも普通に住めるので、ビザ申請するときは面倒くさいけど、それ以外特に不自由もなかったので。ビザ申請するときだけ頑張るというか、我慢すれば、普通に生活できるのかなって。ただ今後行くようなことがあれば、日本国籍を申請するのかなっていうのはありますね。もうあんな思いはしたくないです。

オーストラリアに渡ったハイさんは、一年目は英語学校で英語を学び、その後、大学へ進学した。自分の中の「ベトナム」を感じたのはどこでなのかを尋ねたとき、ハイさんは次のように言った。

ハイ：（それは）オーストラリアです。その時に語学学校に、割とベトナム人（現在のベトナムからの留学生）がいたんですよ。初めは（自分は）日本で生まれたんで、日本人って言ってたんですけど、名前を見て「お前ベトナム人じゃん」っていうことを言われるようになってから、「俺、ベトナム人を隠すのもどうなのかな」って。「それって結構、現地（現

在のベトナム）の人を馬鹿にしてるんかな」って。そういう風に思ったんですよ。「なんでその時ベトナム人って言わずに日本人って言ったのかな」って。ていう自分がちょっと嫌だったのを覚えています。それ以降、自分でベトナム人で通してましたね。向こうで日本の名前とかベトナムの名前とか区別つかないんで。例えばグエンで日本人だよって言っても向こうは信じるんですけど、そこはやっぱりベトナム人だってそれ以降言っています。

この部分について、後日、確認をすると、ハイさんは次のように説明してくれた。

「自分と同じように留学生として来た本場（現地）のベトナム人っていってです。ベトナムの名前で自己紹介して日本人っていって。本場のベトナム人からしたら名前の表記でわかってしまうのに、「なんで隠すの？」「なんで嘘つくの？」っていわれたことがあって、きっと自分の心のどこかで、ベトナム人より日本人の方が優れているのかな、良いのかなって、思ってたんだと思います。ビザ取得の際の手間でベトナム国籍にかなりの嫌気があったので、そういうこともあって、日本で生まれたという変なプライド、ベトナム人に対する軽い軽蔑みたいなのがあったんだと思います。」（インタビュー後のハイさんからのメール）

このようなことをオーストラリアで経験したハイさんは、「はい。誇りを持って、「ベトナム人だ」と。恥じることないと思いましたね」と答える。そう思ったのは、オーストラリアにベトナム人が多いからなのかをインタビューで尋ねると、ハイさんは、次のように言う。

ハイ：多分そういうのもあったんでしょうね。同じベトナム人がこんなにいるんだから、何にも恥じることはないと。同じ状況の人がこんなにいるんだから、自分だけ仲間はずれじゃない、と多分感じたと思うので。向こう行ってから意識してますね。ベトナム人っていう意識。

ハイさんは、日本にいるときは「自分がベトナム難民である」とは語らなかったが、オーストラリアに行ってから変わったようである。

ハイ：変わりましたね。何が悪いの……ベトナム人の何が悪いのか、くらいの気持ちで生活してました。

現在は、「気持ち的には、このままずっとベトナム人で生きていこうかなって」思っていると話す。また、オーストラリアに行って、それだけ自信がついたのだと言う。

オーストラリアには「ベトナム系」の人々がたくさんいる。たとえば、James Nguyen, David Pham, Tina Tran のような表記の名前も珍しくない。それについて、ハイさんは次のように言う。

ハイ：多分彼らもオーストラリアで生まれた分、オーストラリア人として生きてて。僕の場合は、初め（オーストラリアへ）行くまでは日本人として行ってたので、そういう部分としては同じなのかなって。生まれた国の人間として生きる、生活してるみたいな。（中略）そこで生まれた人たちはベトナム人として考えてないけど、ベトナム難民として行った人はいまだにベトナム人。僕の親戚も……僕のおばさんもそうです。家でベトナム語で喋ってますし、どっちかというと英語嫌いな方ですね。（ベトナム人の）コミュニティとかも（オーストラリアには）結構あるんで。

ハイさんは、オーストラリアに留学中、オーストラリアに難民として入国した親族のおばさんの家に滞在していた。そのため、その家族を通じて、「ベトナム難民でオーストラリアに入国した親を持つ、オーストラリア育ちの子どもたち」とも知り合う機会があった。そのような若者たちは、ハイさんに対して「俺と同じ状況じゃん」とよく言ったという。ただ、彼らはオーストラリアで生まれたのでオーストラリア国籍なのに、なぜハイさんは日本国籍が取れないのかとも言われたという。そのような彼らに対して、ハイさんは「やっぱりオーストラリアで生まれたら、もうオーストラリアで（生きて）いくのかなって思いました」と考える。そして自分自身の今後については、次のように言う。

ハイ：いや、この先も日本に住みたいなと思うくらいなので、やっぱ生まれた所なのかなって。一番言語が喋れるのも日本（語）ですし、生活長いのも日本ですし、やっぱり日本が強いのかなっていうのはありますね。オーストラリア、ベトナムは旅行で行く程度しか考えてないので、やっぱり基盤は日本がいい。

K：日本にいて、選挙権はないですよね？

ハイ：ないですね。

K：そういうのを考えると、どういう風に感じますか。

ハイ：そこでもやっぱり差は出てくるのかなって。扱いもそうだと思うんですけど。例えば会社行ったとしても、海外転勤あったとしても、国籍の障害が出てくるのかなって。（国籍が）日本だったら行けるところも、ベトナム国籍（実際は無国籍なので、再入国許可書）だったら難しいところも出てくると思うので。そういうところをどうやって乗り越えていくかなっていうのは、今後考えなきゃな、だから日本国籍なのかなっていうところはありますね。旅行とかでやっぱ違ってくる、変わってくると思うので。そこが問題ですかね、今後生活していく上では。

ハイさんは日本語、英語、ベトナム語を有効に使えるような国際貿易のような仕事につきたいと考えており、オーストラリアから帰国したら就活をする予定であるという。日本国籍の取得については、すでに兄が日本で一般企業に就職をしており、現在「帰化」申請中という。ただ、名前は兄もベトナム名を維持することを考えているので、ハイさんも同様に、今の名前は変えずに使用したいと考えていると話していた。

4 考察

蘭さんもハイさんも、調査時点では「無国籍」であった。「ベトナム系日本人」というのが「ベトナムにルーツを持つ日本国籍者」とすれば、二人はその枠外であろう。実際に、日本国籍を取得した「ベトナム難民一世」もいれば、その家族の日本生まれの子どもで、すでに漢字とかなの「日本名」を使用している人もいる。そのような「帰化」者とその家族の実数は公表されておらず、不明である。前述のように、「技能実習」「留学」などの短期滞在型の「ベトナム国籍者」が圧倒的に多い一方で、日本定住の「ベトナム国籍者」が少ないことと、これまでの経緯を考えると、定住している「ベトナムにルーツを持つ日本国籍者」の実数は必ずしも多くないと思われる。

しかし、ここで考えたいことは、そのような「実数」の確定などではない。あるいは、ある集団を想定し、「ベトナム系日本人」と名付け、そのエスニックな諸特徴を抽出し、記述し、日本社会における彼らのエスニック・バウンダリーを確定することでもない。なぜなら、当事者以外の他者（研究者など）が「ベトナム系日本人」と「名付けること」と、当事者が自らを「ベトナム系日本人」と「名乗ること」は必ずしも一致しないからである。その例が、蘭さんやハイさんである。彼らは日本生まれで、家庭ではベトナム語を多少使用し、外では日本語を使用しながらも、気持ちは「日本人」と思ったり（蘭さんの場合）、ベトナム人で何が悪いと思いつつも「(将来は)日本国籍を取る」と考えたりする(ハイさんの場合)。このような若者がいるという事実こそ、私たちがもっと考察しなければならないテーマであろう。

ここで重要なのは、当事者が自らを「名乗る」ときの意識がどのように形成されていくのかという点である。ここでは、その「名乗り」の形成過程にある動態性、政治性、そして社会性について考えてみる。その考察は、同じ「現象」が三つの側面を有することを示すことになろう。

第一は、「名乗り」の動態性である。蘭さんは小学校で日本語がわからないということから、他者との相違点に気づいていた。また蘭さんは、「あたしが気づくと、相手も気づく」という間主観的な関係性を語った。そして「外国人」「国に帰れよ」と嫌悪を示された経験が記憶として残っていた。

蘭さんは中高一貫校に進学し多様な背景を持つ生徒といっしょに学ぶことになり、自分がベトナム語を使うことやベトナム人の名前を持つという「ベトナム人性」を肯定的に捉えるようになる。しかし、大学ではアルバイト探しで「外国人はいらない」と言われたことから、その「ベトナム人性」を隠すようになる。

蘭さんは現在、名前を日本名の通名にしたが、就活では自分が持つ複言語性(日本語、ベトナム語、広東語などの複言語能力を持つこと)を売りにできると思う。ただし、ベトナムとのつながりは、親だけであって、蘭さんはベトナムに懐かしさを感じないと言う。日本で生まれ日本で育った蘭さんは、「名前は違うが、日本人と思っている」と答えるなど、日本への親近感はベトナムへの親近感よりはむしろ強い。しかし、だからと言って、日本国籍をすぐに取る気持ちにはなれない。無国籍であることと難民として生きてきたことは重なっている。だから、自分から日本国籍を申請しようとは思わない。もし日本国籍を取ってしまうと、親とのつながりや自分のルーツをなくしてしまうような気がすると話す。日本もベトナムも、どちらも否定したくない、どちらも受け入れたいという気持ちを蘭さんは持っている。また、外国人で生きるということを助言してくれる人もいる。蘭さんの葛藤はまだ続いている。

一方、ハイさんも幼少期から家庭内言語(ベトナム語)が日本語と異なることに気づいていた。しかし、自分の「ハイ」という名前の音は日本語の返事である「はい」と同じ音なので、からかわれたこともあると言うが、それでも名前をすぐに「覚えてもらいやすいので得だ」とカタカナ名のアドバンテージを語る。

名前はカタカナでも、日本では「ベトナム難民」ということは語らず「日本人」として生きてきたというが、オーストラリアへ渡航するときの「再入国許可書」により無国籍を自覚させられた。さらに、オーストラリアで「日本人」と語る自分を振り返り、むしろ自分の中にある「ベトナム人性」を自覚する。その結果、「ベトナム人の何が悪い」という気持ちで生活していたという。しかし、ハイさんは、就活では、英語、ベトナム語を売りに国際貿易の会社を目指す。将来は、兄を見習って日本国籍を申請するだろうが、名前は、今のカタカナ名を使用したいと思っている。そこにも、蘭さんと同じように、「日本人性」と「ベトナム人性」が混在しているように見える。

以上の二人の若者の例で明らかなのは、自らを「日本人」や「ベトナム人」と名乗る意識は成長とともに、また環境の変化で「動く」ということである。それが、自らのアイデンティティの形成過程で見られる「名乗り」の動態性である。ただし、その動態性は、後述するように、自然に生まれるというよりは、彼らの周りの社会的環境や社会的関係性の中で生まれるという点も重要だ。

第二は、その「名乗り」の政治性である。これらの二人の若者の例から見えるのは、彼ら自身が他の日本人と同じ「日本人」だという意識と、他者からのまなざしによって生まれる「自分たちは日本人ではない」という意識である。その意識を生じさせるのは、子ども時代からの、周りの他者のまなざし、カタカタによるベトナム名の「自己表象」、「再入国許可書」「無国籍者」という法的処遇などである。ハイさんのカタカナ名や蘭さんの通名は自分で選んだ「自己表象」であるが、それらは常に他者や社会の規範性への「対抗」としての側面がある。つまり、カナカナ名で自己主張するのと通名で自己防衛するのは、どちらも政治性、つまり力関係を有するという意味で表裏をなす現象である。

一方、これらの若者たちは、「ベトナムあるある」という言い方で盛り上がることがあるという。これは、日本人の友人の家庭にはないが自分たちの家庭にはあるベトナム的と思われるもの、たとえば敷物、壁飾り、祭具、食物などを指摘し、日本生まれの自分たちの「好み」「文化」と異なる、ベトナム生まれの親の「好み」や「文化」が家庭にあることを相対化する言い方である。「うちの家にもある」という意味の「あるある」とやや自虐的に友人の間で確認する作業は、日本生まれの自分たちの「ベトナム人性」の確認作業にも見える。これらはかつての「民族集団研究」で見られたエスニックな特徴を戦略的に取り込み「利益集団化」する現象に比べれば個人的なレベルの動きであるが、自らの境遇にある「ベトナム人性」を意識する背景には日本社会における「ベトナム」「ベトナム人」「ベトナム文化」の価値づけという意識があるという意味で、政治性があるといえよう。

第三は、その「名乗り」の社会性である。蘭さんが日本名の通名を使用しながら無国籍で生きることと、ハイさんが「ベトナム人で何が悪い」と言いながら将来は日本国籍を取るだろうと語ることは、彼らが日本で生まれ成長したことと切り離せない。たとえば、ハイさんがオーストラリアで出会った、自分と同じような背景を持つ若者から「どうして日本国籍が取れないのか」と問われたのは、自分が日本社会で生まれたことをハイさんに強く意識させた。日本社会の規範意識や「外国人」に対する政治的処遇とまなざしなど、日本社会特有の諸事情が彼らの「名乗り」の意識を規定しているという意味で、彼らの「名乗り」には社会性があるといえよう。

以上のように、これらの若者が自らを「日本人」や「ベトナム人」と名乗る意識には、彼らの周りの社会的環境や社会的力関係によって生まれる、「名乗り」の動態性、政治性、社会性があるのだ。そして、それらは、アイデンティフィケーションに関わる「見えるコード」と「見えないコード」の「ずれ」(陳他 2012)の内実でもあろう。

5 「ベトナム系日本人」という括り方の無力さ

最後に、改めて「ベトナム系日本人」という括り方について考えてみよう。

「ベトナム系日本人」という括り方は、「日本人」と「ベトナム人」との間に単純に位置付けられるものではない。また「日本人」と「ベトナム人」の特徴を両方備えた人々という意味でもない。「ベトナム系日本人」(これも社会的構築物であるが)を「日本人」と「ベトナム人」との間の「中間用語」として使用するのであれば、社会的構築物である「日本人」と「ベトナム人」という概念化を相対化するどころか、両者の見方を固定化するだけだろう。

「ベトナム系日本人」という括り方で考えなければならないのは、誰が誰を「ベトナム系日本人」と名付けるのかと、誰が自分を「ベトナム系日本人」と名乗るのかという問題を、日本社会における「名付け」と「名乗り」の社会的力関係の課題として捉えることである。「ベトナム人性」を秘めながらも「日本人」と名乗る人に「お前はベトナム系日本人だ」と名付けることの暴力性(「名付け」の暴力性:川上 2014)、多様な背景を持つ人々の中で自分を価値付け目立たせるための戦略として「ベトナム系日本人」と名乗るという生き方など、「ベトナム系日本人」という括り方には多様な社会的な側面があり、その意味あいは社会的な文脈の中の個の生き方として考察されなければならない。「日本人」と「ベトナム人」という二元論的な捉え方を超えるために「ベトナム系日本人」という括り方を使用したとしても、蘭さんやハイさんの感じ方や生き方は、「日本人」「ベトナム人」「ベトナム系日本人」というカテゴリーでは捉えきれない。つまり、それらのカテゴリー化の無力さを踏まえ、国籍やエスニシティ、血統などを超えて、現実に生きる人々の多様で、かつ動態的な生き方の実践を社会的文脈で捉え、理解する方法論の構築が問われているのだ。[2]

参考文献

川上郁雄（2001）『越境する家族――在日ベトナム系住民の生活世界』明石書店。

川上郁雄編（2013）『「移動する子ども」という記憶と力――ことばとアイデンティティ』くろしお出版。

川上郁雄（2014）「「難民」として来日した親を持つ子どもたちの記憶と自己表象――複言語と無国籍の間で」『比較日本文化研究』第17号、48-70頁。

陳天璽・近藤敦・小森宏美・佐々木てる編（2012）『越境とアイデンティフィケーション――国籍・パスポート・ＩＤカード』新曜社。

バーガー、P.L. &ルックマン、T.（1977）『日常世界の構成――アイデンティティと社会の弁証法』（山口節郎訳）新曜社。

原尻英樹（2005）『マイノリティの教育人類学――日本定住コリアン研究から異文化間教育の理念に向けて』新幹社。

Barth, Fredrik, (1969) *Ethnic Groups and Boundaries,* Boston: Little, Brown and Company.

Kawakami, Ikuo (2003) Resettlement and Border Crossing: A Comparative Study on the Life and Ethnicity of Vietnamese in Australia and Japan. *International Journal of Japanese Sociology.* 12: 48-67.

在留外国人統計
http://www.e-stat.go.jp/SG1/estat/List.do?lid=000001139146（2015年12月10日アクセス）

注

1 この調査の詳細に関しては、川上（2014）参照。ここでは、そのデータを再録した。

2 新しい分析概念「移動する子ども」はひとつの試みである。本書のコラム１「移動する子ども」参照。

日本人にならない方がよかった？
ある「ビルマ系日本人」のつぶやき

梶村美紀

1年半ぶりにPさんに会った。ビルマ（現ミャンマー連邦共和国）出身のPさんは数年前に日本国籍を取得している。久しぶりに会うPさんは、クリッとした目元は変わらないが、以前と比べて随分と痩せていた。一体どうしたのだろうか。しかも、なぜか小型のスーツケースを引いている。不思議に思っていたら、なんとそれは携帯用の酸素ボンベを載せた小型のカートであった。ボンベからつながっている透明の管が、Pさんの顎の下側から両耳の後ろ側、そして頬を横切る形で平行に伸び、最終的に鼻に差し込まれている。Pさんは昨年の秋に体調を崩し入院、緊急手術を受けた。なんとか命は取りとめたものの、現在も自宅療養中で、酸素ボンベがなければ日常生活を送れないのだという。

学齢期から日本に滞在しているPさんは、日本人だと言われても疑う余地がまったくない。日本語能力は完璧だ。頻繁にお辞儀をしたり、周囲の人びとと歩調をあわせたりと、動作等もどうみても日本人のそれである。服装も持ち物も日本の街に溶け込んでいる。逆に、ビルマを感じさせるものはほとんどと言ってよいくらい見当たらない。以前、沖縄出身だと勘違いされた経験もある。今ではその「経験」を逆用して、初対面の人に自己紹介をする際、沖縄出身だと答えることもあるという。そして、それを疑う人は皆無だという。

日本国籍を取得しているPさんは、日本の法制度上も日本人である。日本国籍を取得する前にはビルマ国籍を有していたため、「ビルマ系日本人」と呼ばれることもある。

そのPさんと久しぶりに会い、話を始めた直後に、Pさんは日本人にならない方がよかったのではないかと考えさせられるエピソードを聞いた。Pさんは入院を余儀なくされたものの、それまでは自分のペースで日常生活を送っていた。医者に不調を訴えたところ、急遽手術が必要となり、入院。当然Pさんの生活は一変した。当初の予想以上に大掛かりな手術となり、術後にも長期入院が必要となった。合わせて入院付き添い人が必要となったのも言うまでもない。入院という非常事態において頼りになるのは家族である。Pさんは独身で現在はステディな関係のパートナーもいないので、付き添いはビルマで暮らすPさんの家族にやってもらうしかない。

日本国籍を取得していないPさんの家族は、急遽、手続きを済ませ、Pさんの入院に付き添うため来日した。ビルマの日本大使館で家族は事情を説明したが、準備期間が短かったためか、来日時には、医療付き添いではなく、観光目的の在留資格しか取得できなかったという。ビルマの日本大使館では、必要であれば、来日後に滞在を延長することが可能であるとの説明をうけ、必要な書類を揃えてPさんの家族は来日した。慣れない入院生活で心細かったPさんであったが、家族に付き添ってもらうようになり、精神的に大きな安らぎを覚えた。細々とした用事もはかどった。いくら日本人のようだといっても、振る舞いは日本語が堪能で、大掛かりな手術や慣れない入院生活などにより心身ともに衰弱しているときには、母語での会話や食べ慣れた食事に接することが大きな安らぎをもたらす。

手術後の経過も安定してきたことから、Pさんは家族の滞在延長手続きをするために、必要な書類を確認したうえで、入院先から法務省入国管理局(入管)へと赴いた。筆者と久しぶりに会ったときと同様に、酸素ボンベを引きながら。事前に入管に電話で確認したときには、在留資格を観光から医療付き添いに変更するための申請ができると言われていた。新たにビルマから取り寄せた書類も含め、要求されていた書類をすべて準備し、最寄りの入管へ行った。

しかし、受付で事情を説明し、在留資格を延長するための手続きをしたいと伝えると、とたんに担当者は顔をしかめ、「日本人に対する外国人の家族の付き添いには、該当する在留資格がないし、前例がないからできない」と言葉が返ってきたという。「じゃあ作って下さい!」と思わず言いそうになったPさん。さらに「申請書類の受理はできなくはないが、許可がおりない可能性が高い」という説明があったという。もちろんPさんは納得できず、何度も事情を説明したが、担当者の返答は鸚鵡返しで、まったくらちが明かなかった。事前に電話で確認して入院先から入管に行くことを告げていたにもかかわらず、このような対応をされたことにPさんは憤りを覚えた。事前の説明と実際の受付での対応が異なるだけでなく、なぜ付き添いの家族の在留資格延長が認められないのかという点について、未だに納得できていないという。とくに後者は本質的な問題である。

日本政府からすれば、日本人となったPさんは自国民であるはずだが、その自国民が病気治療のために付き添いを必要としている状況において、その付き添い人が外国人であってはならない理由は何なのか。「前例がない」ことが、自国民の命に関わる治療に必要な家族の付き添いを認めない理由になるのだろうか。日本国籍を保有する日本人なのだから、外国籍を有する人に付き添いをしてもらうこと自体がありえないということなのだろうか。堂々巡りの議論に疲れ果てたPさんは、家族の滞在延長手続きを諦めるしかなかった。憤りを抱え、抗議することに疲れ果てたPさんは、入院先の病院に戻り、こんなことになるなら日本人にならない方がよかったのではないか、いや、日本人になんかならなければよかったと悔いた。

日本では、過去10年の間に年平均約1万2400人の外国人が日本国籍を取得している。国境を越えた人の移動が増加し、日本でも以前にもまして、多様な文化的背景をもつ人々が暮らすようになっている。この数字は今後も増えていくと考えられる。その背景はさまざまであるが、例えば、Pさんの出身地であるビルマを例に挙げてみよう。ビルマは2011年3月に「民政移管」されたが、それから5年が経過した2016年春の時点でも日本に定住するビルマ出身者の多くは帰国していない。この日本定住ビルマ人一世の多くは、1988年にビルマで起きた全国的な民主化運動直後から1990年代にかけて来日し、難民認定制度を経て在留資格を取得した、いわゆる難民と言われる人々である。

ビルマでは「民政移管」後にも難民が流出しており、地域によっては安全な生活を確保できないという現実的な問題がある。また、労働市場が発達していないことから、祖国に戻っても家族を養うための生活基盤を築くことが困難だと判断する人も少なくない。さらに、これまで政府が課してきた在外同胞への月額1万円の「税金」が未納となっている人には、帰国に必要なパスポートが更新されず、制度的に帰国できない人もいる。また、日本で家族を形成している人も少なくないが、二世の多くが日本語しか話せず、帰国によって教育が中途半端になってしまうことへの懸念など、さまざまな問題が当事者の帰国をはばんでいるのも事実だ。なかには諸事情により、出生届が提出されていないため、本国ビルマにおいては存在しないことになっている、いわゆる無国籍の子もいる。このように状況は千差万別であるが、日本国籍を取得しようと考える人がいるのも自然なことであろう。

それ以外にも、よりよい教育の機会や高度な医療技術を受けるために来日し、そのまま専門技術を活かして起業や就職をしたり、治療を継続するため、日本に定住している人や、日本人と結婚するなどして、生活の拠点を日本においている人など、難民認定制度を利用せずに在留資格を得ている人もいる。一時的な日本滞在後に日本を離れて帰国したり、別の国へ渡る人がいる一方で、教育や医療制度が整った日本の生活を継続したいと考える人や、日本で培ったキャリアを継続、発展させたいと願う人も当然いる。このように生活基盤が日本にある人にとって、外国人として日本に滞在するよりも、日本人として暮らした方が便利であると考えるのも自然なことである。そのために、膨大な量の資料を用意しなければならないにもかかわらず、家族全員で、また、自活できる人のなかには単身でも、日本国籍を取得している。

理由は何にしろ、日本国籍を取得するビルマ出身者、すなわち「ビルマ系日本人」が増加していくのは間違いない。より広義にとらえれば、日本人の存在自体が多様化しているのが現状であり、その多様化する日本において、外国籍や無国籍の人が日本人の家族となる機会がいま以上に増えるだろうことは、紛れもない事実である。このような人たちに、Ｐさんが体験した「日本人にならなければよかった」との思いをさせてはならない。日本に暮らす外国人がもっとも頻繁に接触する部署である入管において、日本人家族の入院に付き添う外国人のための在留資格がないと門前払いする対応は、あまりにも非人道的である。先進国を自認し、外国人受入れの議論が本格化してきた日本において、「前例がない」ことを理由とした、このような「非常識」な対応は許されない。すべての「ビルマ系日本人」が、日本人になって本当によかったと思えるような制度が存在する社会が望まれる。

＊本人が特定できる可能性があるためＰさんの病状の一部を変更しています。

◎第8章

ロシア系日本人

100年の歴史から見えてくるもの

倉田有佳

はじめに

日本にロシア人が在留し始めたのは、初代駐日ロシア領事ゴシケーヴィチが函館に着任した1858年のことで、その数は、領事と領事の家族、領事館員など計15人を数えた。明治期には、官吏のほかにも、貿易商、学生、宣教師、教師などが暮らすようになり、第一次大戦前の露国籍者数（登録者）は100人から150人で、欧米国籍者の中では、英、米、仏、独、ポルトガルに次いで第6番目だった。

これが、1917年のロシア革命とそれに続く国内戦争（革命軍と反革命軍の闘い）の混乱の中で、200万から250万人がロシアを離れた結果、極東の端に位置する日本にも、ロシア人避難民や亡命者が流入し、在日露国籍者数は急増した。1919年には、その数は1000人を突破するが、日本政府は、「入国提示金制度」（1920年2月17日警保局通牒）[1]を導入し、シベリア方面からの避難民の大量流入を制限した。日本に一旦は定住しようとしたロシア人でも、日本の物価高や適職を見つけることが難しいことを理由に、日本を離れて第三国へ移住する者は少なくなかった。とは言うものの、太平洋戦争が始まる前年までのおよそ20年間、日本（内地）には1000人台から1600人台の露国籍者が在留し[2]、北から函館、東京、横浜[3]、神戸に集住していた[4]。

戦後は、日本の敗戦により、満州や大連で日本人と結婚した亡命ロシア人が家族と共に夫の故郷に引揚げてきた。他方で、日本在住の「無国籍者」（旧露国籍者）からは、新天地オーストラリアへ移住、あるいはソ連政府のキャンペーンにより戦勝国ソ連に帰還する人たちが現れた。

米ソ冷戦時代のソ連では、外国への出国許可は国家によって厳しく管理・統制されていた。在留ソ連国籍者は、政府が派遣する外交官や通商代表部員、提携大学や日ソ友好交流団体のロシア語教師などに限定されており、その数は159人（1964年）から466人（1974年）で推移した。

ところが1991年12月末のソ連邦崩壊を機に、日本在留ロシア人は急増した。1990年の440人から1992年には966人に倍増し、1999年には日本で統計が発表されて以来初めて3000人を超えた。その後も毎年増加が続き、法務省の最新統計（2015年6月末現在）では、日本在留ロシア人数は7973人と統計史上最も多く、これはヨーロッパ諸国の中で英国、フランスに次ぎ3番目に多い。

以上のとおり、来日ロシア人が急増した時期は、①ロシア帝国崩壊と、②ソ連邦崩壊と、送り出し国側の政治体制の崩壊と合致していた。そこで本章は、これを第一期と第二期に分け、「ロシア系日本人」をおよそ100年のスパンで考察する。

「ロシア系」[5]の「ロシア」の定義は、第一期は、「ロシア帝国の臣民」、第二期では「ロシア出身の人々」とする。そして「ロシア系日本人」の対象範囲は、日本人との婚姻により日本国籍を取得したロシア人および同婚姻によって自動的に日本国籍を得た子どもたち[6]（「ロシア系日本人」の子ども）、並びに「帰化」により日本国籍を取得したロシア出身者とする。

1 ロシア帝国崩壊後の「ロシア系日本人」

(1) 函館に定住した「ロシア系日本人」の女性たち

表1の3人のロシア人女性は、ロシア革命後、生まれ故郷のロシア極東地域から日本へ避難・亡命してきた。夫と[7]なった日本人男性の職業は、入間川がオホーツク地方の貿易商、長谷川はニコラエフスクの島田商店に勤務した後、独立して雑貨商経営、成田は日魯漁業㈱のロシア語通訳と、全員がロシア通だった。

若くして夫に先立たれた入間川は、洋裁などで6人の幼い子どもたちを育て上げた。高校2年生まで祖母と暮らしていた入間川の孫のカーチャさん（洗礼名）の記憶によると、家では和食が基本だったが、それは、本格的なロシア料理を作るために必要な牛肉が高価だったためだ。「風邪をひいた時、祖母が作るギトギトの栄養たっぷりの野菜スープを食べて元気が出た」という祖母の味は、函館で経営していたロシア料理店で発揮された。[8]「祖母から受け継いだ味は宝だ」と誇る。成田は、地元の学校でロシア語講師を務め、戦後は市民向けのロシア語教室の教師として活躍した。[9] 教え子からは、「成田ナデージダさん」の名で親しまれた。[10] 入間川と成田は、函館のハリストス正教徒墓地に眠る。

長谷川の場合は、来日以来ずっと和服で通し、舅と姑には日本人でもできないほどの仕えぶりを示した。戦後まもない時期に亡くなり、長谷川家の菩提寺に埋葬された。[11]

表1　函館の亡命「ロシア系日本人」女性

氏名／日本名	生没年
エフロシーニャ・クリメントヴナ・カズローワ／入間川勝子	1895年（オホーツク生）～1967年（函館没）
ナデージダ・ステパノヴナ・ミリュコーワ／長谷川光子	1897年（アレクサンドロフスク生）～1948年（函館没）
ナデージダ・ドミトリエヴナ・サンプルスカヤ／成田ケイ子	1903年（ニコラエフスク生）～1984年（函館没）

出典：清水恵『函館・ロシア　その交流の軌跡』297-298頁。

(2) 戦後中国大陸から日本に引揚げてきた「ロシア系日本人」

「ロシア系日本人」のもう一つのカテゴリーは、亡命ロシア人が多数暮らしていたハルビンや大連で日本人男性と結婚し、戦後、日本に引揚げて来たロシア人女性とその子どもたちである。満州国に日本人が進出した1930年代以降、こうした「ロシア系日本人」は増えていった。

1937年にハルビンで生まれたニキータ山下（「ロイヤルナイツ」のバリトン歌手）を例にとると、5部屋もある広くて立派なレンガ造りの家（父親が勤務する満鉄の社宅で、元は中東鉄道のロシア人社員の社宅）で育った。九州生まれの父親は、結婚前は妻の家族に結婚を認めてもらうため「ロシア正教に改宗」したが、[12] 結婚後は、ロシア人の妻に浴衣を着せ、下駄をはかせ、朝は味噌汁にご飯と、日本式を仕込んだ。母は社宅で暮らすうちに日本語を覚えたが、父はロシア語を覚えようともしなかった。[13]

1945年8月のソ連軍の満州侵攻、続く戦後の進駐で生活は一変した。ハルビンの日本人男性はシベリアに抑留（ワレンチナ松坂＝宮内）、あるいは中国国民党軍や共産党軍（八路軍）に徴用され（タチヤーナ山田）[14]、父親不在の生活となった。山下の父は難を逃れたものの、週末だけ家に帰る生活が8年も続いた。その家は、満鉄の社宅を追い出された後に暮らし始めたロシア人集落にあった。ロシア人の母と祖母とはロシア語で話し、ソ連人学校に通ううちに山下はすっかり日本語を忘れてしまった。「日本に引揚げて来た時には、自分は全く日本語を知らず、可笑しなことに自分を日本人とさえ思っていなかった」、と回想する。[15]

満州の「ロシア系日本人」の多くが、1953年に日本へ引揚げてきた。ロシア人の母は洋服の仕立て（松坂＝宮内）や得意なロシア料理（山田）で暮らしを立て、子どもたちは、[16]日本語能力の不足で非常に苦労した。山下は、努力を重ね、ハルビンで開花させた音楽の才能を生かし、東京芸術大学に推薦入学を果たすが、「ハルビン組のハーフの女性は、概して努力もせず、米軍キャンプに通って行ったりして、ボーイフレンドを見つけ、結婚してアメリカに行ってしまう場合が多かった」[17]。だが、中国大陸から日本に引揚げてきた「ロシア系日本人」の子どもたちの圧倒的多数は、日本人と結婚し、日本に同化していった。

(3) 帰化した「ロシア系日本人」

日本プロ野球史上初の300勝投手ヴィクトル・スタルヒン（1916－1957）のように、何度も帰化申請したが許可されなかったという人がいる一方で、亡命先の日本で日本人女性と結婚した後も、帰化を希望せず、生涯「無国籍」で通す人もいた。[18] 数こそ少なかったが、日本国籍を取得した人たちには以下のような人たちがいた。

表2のうち、先行研究により、詳しい足跡が明らかにされているのは、サファイロフ、[19] グリゴリエフ、[20] カロリョフ、[21] ハンナン・サファ[22]で、全員に共通するのは、亡命先の日本で知り合った日本人女性と結婚したことである。

表2　帰化した「ロシア系日本人」

氏名	帰化が許可された日／現住所
ウラジーミル・ミハイロヴィチ・サファイロフ	1928年8月1日／函館市
ミハイル・グリゴリエフ	1929年12月11日／東京府北豊島郡
ワジーム・イワノウイチ・カラウツェフ	1928年8月1日／小樽市
サミュエル・イバンコフスキー	1928年8月13日／神戸市
バービッチ・ワレンチン・パーウロビッチ	1930年9月4日／東京市赤坂区
カロリョフ・アナトーリ	1964年6月3日／東京
ハンナン・サファ	1974年3月9日／東京
パヴロワ一家（長女エリアナ・妹・母）	1937年6月30日／鎌倉市

※官報の告示から作成。帰化時の国籍は、全員が「無国籍人」。

パヴロワ一家は、日本人と結婚することなく帰化が許可された、珍しいケースである。長女エリアナは、鎌倉七里ヶ浜でバレエ学校を開き、妹のナデージダと共に日本にバレエを根付かせたため、「日本バレエの母」と称される。帰化の明確な動機は明らかにされていないが、来日12年目を迎えたエリアナは、[23] ロシアに帰る気持ちは少しもなく、日本は新しい故郷であるとして、母子三人で帰化することになった、と語っている（1933年4月26日『東京朝日新聞』）。だが真相は、亡命ロシア人という不安定な身分で、バレエという西洋文化を日本人に伝えることを生活の糧とする一家が、戦争への道を歩み出した日本で安泰に暮らしていくために必要な選択だったと考えられている。「まずは外観から日本化しようと」、帰化することになったことを記念して某デパートから贈られたという着物をまとったエリアナの姿が紹介されているが（1933年6月24日『東京朝日新聞』）、これは帰化手続きを容易に進めるためのエリアナの演出でもあった。

正式に帰化が許可されるのは、申請から4年後のことである。エリアナは霧島エリ子と改名した。日本が戦争への途を歩み出した時代でもあり、表札を日本語で書き直した。1941年には軍属として中国大陸への慰問団に加わり、同年、戦地の南京で病死したため、鎌倉市では市葬を執り行った[24]。「ロシア系日本人」となったパヴロワ一家だが、墓は横浜外人墓地にある。

(4) 日本への同化とアイデンティティの保持・喪失

故郷とのつながりを断たれた亡命「ロシア系日本人」は、日本の地に根差して生きていかざるを得なかった。1933年に日本人男性と亡命ロシア人女性の間に大連で生まれ、1956年に日本に引揚げてきたナターシャさん（洗礼名）は、ロシア語やロシアの食文化は消えても、最後に残るのは「宗教（＝ロシア正教）だ」、と語った（1994年筆者聴取）。

同じようなことは、終戦の翌年、ハイラルからたった一人、4ヵ月かけて父の故郷の九州まで引揚げてきたヴィクトル古賀（ロシアの格闘技「サンボ」の帝王）も話している。「古賀正一」としての人生が始まった時、心の拠り所となったのがニコライ堂（ロシア正教）だった。そこには大勢のロシア人がおり、懐かしいロシア語が聞こえ、荘厳な祈り、聖歌隊の歌があった。「ロシアとのつながりはそこだけだった」[25]。

さらに入間川の孫のカーチャさんも、熱心な正教徒だった祖母に連れられ、日曜日に教会に通った思い出を持つ一人である。ロシア革命後のソ連社会では、「宗教はアヘン」と否定されることになるが、帝政ロシア時代に生まれ育ったロシア人が異郷で心の支えとしたのは「正教会」であり、「信仰心」だった。

2 ソ連崩壊後の「ロシア系日本人」

(1) 「避難所」、「デカセギ」先としての日本（1992年～2000年代前半）

ソ連邦崩壊後、新生ロシアが誕生するが、政治は非常に不安定で、経済は市場経済システムへの移行がスムーズに行われず、犯罪も多発するなど、プーチン政権が誕生するまでの約10年間、ロシアは混乱状態に置かれていた。そこから脱するために、国を離れた人たちは少なくなかった。

その一つが「海外への頭脳流出」で、ソ連崩壊直後から、任期付き研究員制度を利用した科学研究者が来日した。ピーク時の2000年には、「科学研究者」の資格で在留するロシア人は187人を数えた。しかし、2000年以降、プーチン政権下におけるロシア経済の堅調とハイテク重視政策に支えられ、官民両企業に対する科学技術研究開発費が増加した結果、日本は「避難所」としての役目を終えた。[26]

一般のロシア人にとっても、新生ロシア時代になり、店頭に並ぶ商品が増えたのはよかったが、物価は著しく跳ね上がり、給料は物価の上昇に追い付かなかった。それどころか、給料の遅配や未払いが頻繁に起こっていた。朝起きて仕事に行き、夕方には家族そろって食卓を囲み、休日は散歩したりテレビを見て過ごすという、ソ連時代にはごく当たり前の生活は失われた。[27]

そのような中で、外国人男性との「国際結婚」に夢を託す若い女性が急増した。ロシア人女性は治安が良く豊かな日本での生活に憧れ（『朝日新聞』1994.4/6（夕））、日本人男性には、ロシア人女性は欧米人よりも謙虚という印象もあってか人気が高かった（『毎日新聞』1993.4/29）。そのため、入会金とロシアへの渡航費を含むあっせん業者への謝礼は、数百万円と高額であるにもかかわらず（『毎日新聞』1999.1/6）、日本人男性からの需要はなかなかのものだった。

「国際結婚」の多くは、4泊5日から1週間程度の「見合いの旅」で数名の女性と会い、その中からデートし、数ヵ月後には挙式、というスピード婚だった。そのため、『国際結婚　ナターリヤとの場合』[28]（2002年　近代文芸社）の主人公のように、50代半ばの男性が20歳以上も年の離れた若いロシア人女性との再婚を果たすものの、日本で同居生活を始めると互いの思惑の違いが表面化し、破局に至るということも珍しくなかった。

1994年から2005年までのおよそ10年間、在留ロシア人女性の入国資格で最も多いのは「興行」だった。「興行」は、「演劇、演芸、演奏、スポーツ等の興行活動に係る活動又はその他の芸能活動」ができる資格のはずだったが、その実態は、若い女性がパブやキャバレーのホステスとして「デカセギ」にやって来るためのビザとなっていた。ソ連崩壊直後の1992年頃から、フィリピン女性ホステスの減少を埋める形で、ロシア人ホステスが入ってくるようになった。[29]

日本でホステスとして過ごした日々を綴った『六本木駅からの終電車』（ロシア語）[30]の著者で、1993年の来日当時はモスクワの大学生だったヴェーラ・スヴェーチナのように、モスクワからはるばる日本に「デカセギ」にやって来る若い女性たちもいたが、ロシア極東出身者が圧倒的に多かった。彼らは地元のテレビの生番組や地域の新聞の広告を通してオーディションの情報を知り、オーディションを受け日本にやって来た[31]。

「興行」資格でホステスとして働くことは違法だったため、事が発覚すれば、本人は本国に強制送還、経営者は「出入国管理及び難民認定法違犯」の容疑で逮捕という厳しい処置がとられた。特に2005年以降は、地元警察と入管が協力体制で厳しく取り締まるようになり、また「興行」ビザの発給自体が厳格化された結果、「興行」資格で来日するホステスは激減した。しかし、それに代わって登場したのが、「短期滞在」「トランジット」「観光」ビザで入国し、ビザの滞在期限が切れる前に日本人男性と「偽装結婚」するといった手口だった。

ところで、在留ロシア人の圧倒的多数は女性が占めていたが（**表3**）、日本への「デカセギ」には、ロシア人男性もやって来た。バソヴァによれば、男性の「デカセギ」の特徴は、中古車貿易に関わり、年齢層は高く、既婚者が多

表3　日本在留ロシア（ソヴィエト）人の推移（1992年－2014年）

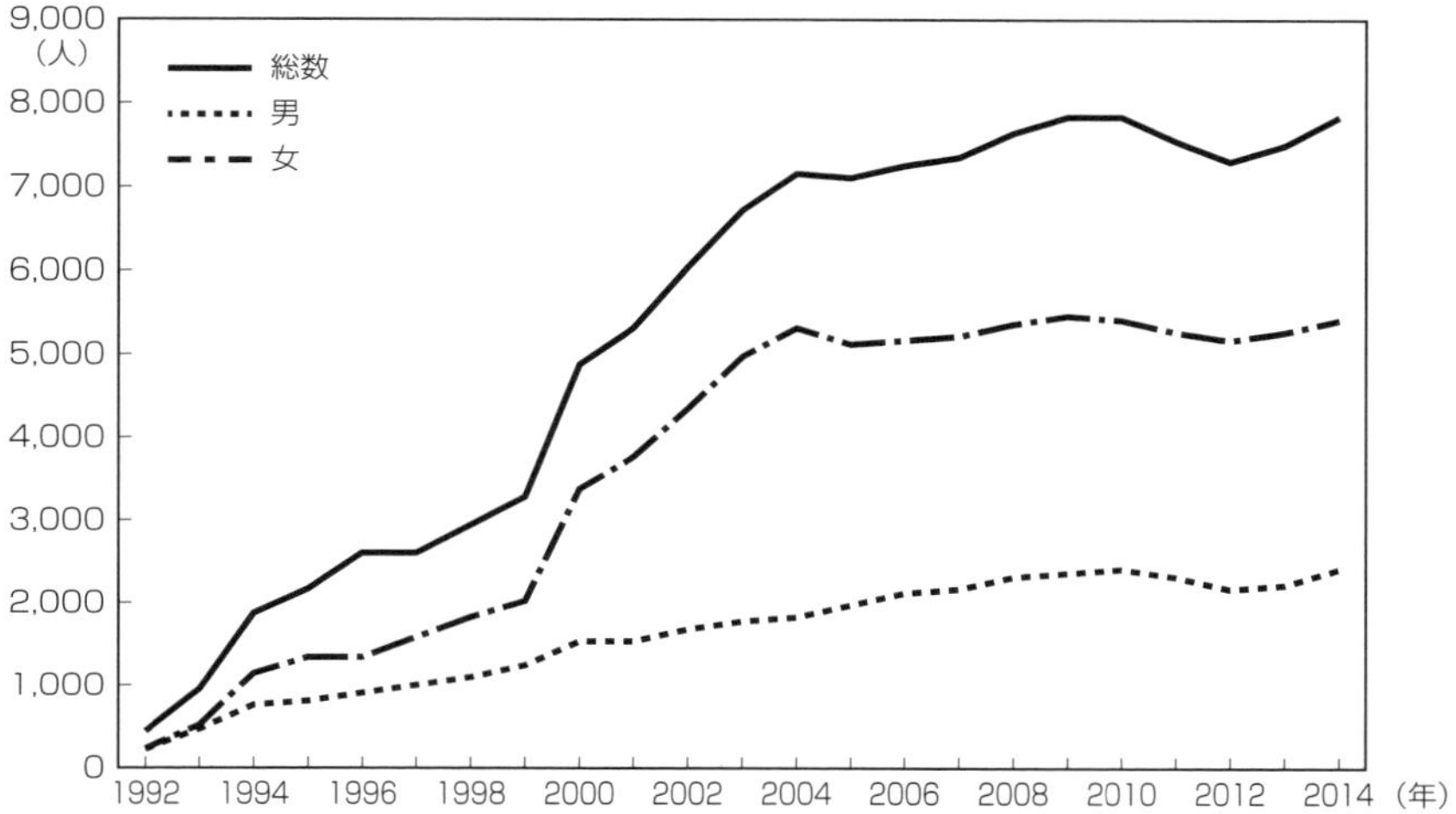

法務省『在留外国人統計』より作成。各年12月末現在の外国人登録記録に基づいて調査した結果。なお、『在留外国人統計』平成25年度版からは、平成24年7月に改正出入国管理及び難民認定法等が施行され、新しい在留管理制度が導入されたことに伴い、外国人登録法が廃止された。2012年以降の「在留外国人」は、新しい在留管理制度の対象となる「中長期在留者」及び「特別永住者」。

い。日本と頻繁に往来し、1度の渡航で数ヵ月間家族が暮らせるだけの生活費を稼いだ。彼らの居住地は日本海沿岸都市である。[32] ホステスなど風俗産業に関わる女性ほど高い割合ではなかったが、中古車販売業を安定的に継続するために、偽装結婚して日本国籍を取得し、就労資格を得る者もいた（『毎日新聞』2008.4/15）。

(2) 定着化（2000年代後半以降）

2000年代の後半になるとホステスだったロシア人女性の多くが、日本人男性と結婚し、子どもをもうけ、日本に定住し始めた。バソヴァは、日本への定住化が進んだ要因として次のようなロシア特有の女性の結婚事情を挙げている。まず、ロシアでは、交通事故やアル中などが原因で若い男性の死亡率が高く、平均寿命が男性の方が短いため、女性がロシアで結婚相手を見つけることが難しいこと。そして、男性の海外経験は「英雄」だが、女性の場合は「負け犬」扱いされる傾向があること、つまり、「デカセギ」を繰り返した女性は、故郷に戻ると「売春婦」のレッテルを貼られ、差別の対象とされるというのである。日本での研究生活を続けているバソヴァ自身、故郷のハバロフスクに戻った時、特に同世代の男性からそのような扱いを何回も受けたと述べている（バソヴァ博論57〜58頁）。

(3) 日本国籍を取得しない選択、帰化する選択

「日本人配偶者等」の資格で在留するロシア人は増え、ピーク時の2007年には2059人を数えた。しかし、2009年以降は「永住者」が「日本人配偶者等」を追い抜き、現在もその傾向が続いている（**表4**）。

現代の在日ロシア人は、かつての亡命ロシア人のような故郷喪失者ではない。出身国ロシアには家族や友人がおり、年に1、2回程度は里帰りをする。来日前からの自分名義のアパート（フラット）や銀行口座を持ち続けている人もおり、多様な形でロシアと結ばれている。また、ロシア国籍を離脱したくないという気持ちもある。ゴロヴィナの調査対象の全員が、「永住権なら取得したいが帰化は考えられない」、と答えている。[33] そのほかにも、年が倍も離れた夫が自分よりも先に亡くなり未亡人となった時、あるいは離婚した時に、日本人として日本に暮らし続けるには不安が大きく、ロシア国籍を残しておく方が良いと考える人たちもいる（ポダルコ研究調査[34]）。

日本人女性と結婚したロシア人男性については、本格的な意識調査はまだ行われていないが、[35] 筆者が職場のロシア人男性4名（在留資格は全員が「永住」）にインタビューしたところ、全員が「永住権」で十分と回答した。なお、日本人女性と結婚している2名のうち1名は、日本が二重国

籍を認め、「ロシア国籍を離脱せずに日本国籍を取得できるのであれば、家族全員が同じ国籍であるに越したことはない」とも、答えている。

ゴロヴィナの調査やバソヴァの研究結果から、ロシア人女性（スラヴ系の白人）特有の事情も見えてくる。つまり、国籍を変更し、日本人になったところで「自分の白人女性としての外見」からくる「変えられない実態」があり、「いつまでも外国人として扱われることに対する嫌な思い」がある以上、戸籍のような書類を通して「日本人になる」とか「日本人妻になる」[36]というアイデンティティ強化の必要性を感じていない、というのである（ゴロヴィナ博論73頁）。

現代の「ロシア系日本人」の圧倒的多数は、結婚による日本国籍取得者ではなく、「帰化」という、自己の志望によって日本の国籍を取得した人たちで占められている。ただしその数は決して多くはない。筆者は、１９９８年から２０１５年までの17年間にせいぜい１３０人程度と見込んでいる。[37]これはあくまでも概数だが、年間の「帰化」数は、１９９８年から２００６年は毎年３人以下、２００７年から２００９年までは２人から11人、２０１０年から２０１４年は15人、19人と漸増し、最も多いのが２０１５年の26人である。

表４　主な資格（入国目的別）ロシア人の推移（1990年～2014年）

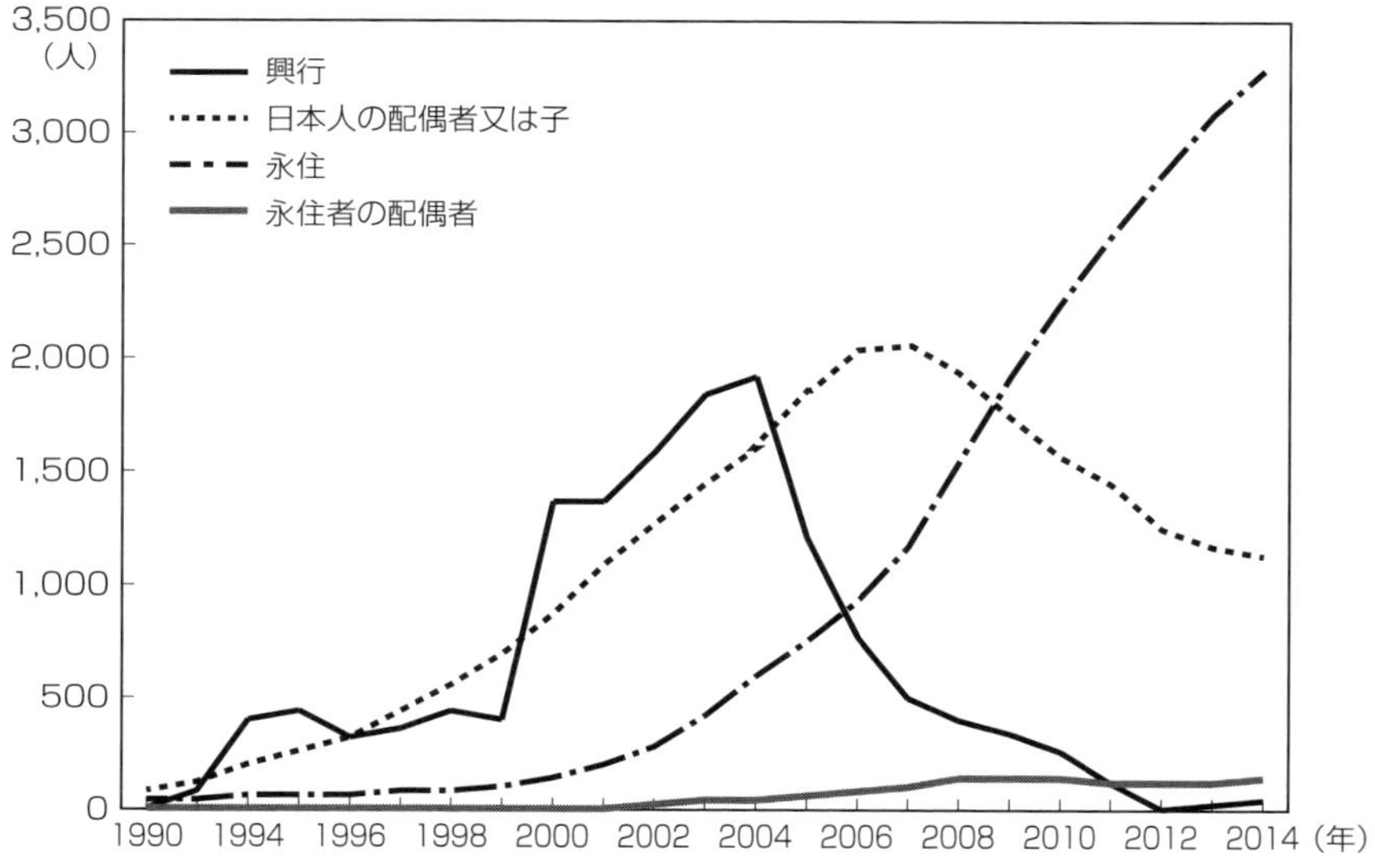

法務省『在留外国人統計』より作成。

興味深いのは「帰化」の動機である。日本の旅券（パスポート）を手に入れれば、世界の主要国をビザなしで訪問できるため、[38]ビジネスにたいへん有利と考えたビジネスマン。日本の旅券があれば海外旅行が自由にできると考えた旅行好きの若い女性ロシア語講師。日本の大手企業に勤務するビジネスマンで、海外出張が頻繁なため、会社側から帰化するよう勧められた。ロシア国籍の息子がロシアで徴兵に採られないために帰化させた、と実に様々である（ポダルコほか調査結果）。これらはいずれも法務省が望む「真に日本国民として生活を営む」帰化とは言えず、「利便のための帰化」と呼ぶにふさわしい。だが、「帰化」したロシア人の中には、長年日本の大学でロシア語教育の発展に寄与してきた教授もいれば、日本の大手企業の経済研究所で働き、『ロシア人しか知らない本当のロシア』（2008年　日本経済新聞出版社）や『ジョークで読むロシア』（2011年　日本経済新聞出版社）の著者でもある井本沙織（日本人との結婚後、菅野沙織に改名）のような有能なエコノミストもいる。

この先、高度技術者[39]やスペシャリストとして日本企業に迎え入れられたロシア出身者が在日年数を重ねていけば、国籍法に定められた帰化の要件である「引続き5年以上日本に住所を有すること」の条件を満たす人が増え、年間の帰化件数が増えていく可能性がある。反面、ロシアの査証免除国となる欧米主要国が増えれば、日本のパスポートを取得する魅力は薄まり、帰化件数が減少することも考えられる。

（4）「ロシア系日本人」の子どもたちの問題

以下では、「ロシア系日本人」の子どもたちをめぐる問題をいくつか列挙してみたい。

その一つは、子どもたちの日本国籍喪失という問題である。これは、子どもの出生時に父母が在日大使館や領事館（ロシア国官憲）に出生届のつもりで書類を提出した、[40]あるいは子どもを連れてロシアに里帰りするため、子どものパスポートをロシア大使館で発給申請したら日本国籍を喪失した、というものである。法務局が回答するように、外国で出生して外国籍を取得する時はロシア国籍を取得せず、パスポート発給手続きをした際に父母の合意文書を提出してロシア国籍を取得したのであれば日本国籍を失うことになるため、日本国籍を再取得するには帰化の手続きが必要とされた。[41]一時は多発し、弁護士や法務省に相談が寄せられたが、現在では在日ロシア大使館やロシア領事館で、こうした事態が起こらぬよう、わかりやすい説明に心がけている。

今、在日ロシア人研究者が注目する問題は、ロシア語を母語・継承後とする子どもたちの教育である。東京のロシア語幼稚園「ベリョースカ・ラドゥシキ」[42]や札幌の「ロシア学校」[43]では、在日ロシア人がボランティアでロシア語を教え、ロシアの文化や歴史を伝えている。

子どもへの差別やいじめは、色の白さなど、外見の相違だけでなく、親の出身国と日本との政治問題が影響を与えることがままある。元島民が最も多く暮らす北海道では、学校の授業で北方領土問題が取り上げられた直後は、ロシア出身の児童生徒に嫌がらせが行われることがよくあるという。[44]

東京在住者でも、幼稚園に通う娘から唐突に、「ママは泥棒なの?」と言われて驚いたが、幼稚園の友達から、「ロシア人は日本の島を取ったからロシア人はみな泥棒だ」と言われたためだと知り、さらに驚いたという事例もある。[45]

平成27年度の北方領土をテーマにした中学生のスピーチコンテストの最優秀賞に選ばれた那須亜里奈さん（山形県）は、母親がロシア人だが、修学旅行で訪れた北海道でロシア人と交流している元島民がいることを知り、「重く沈んでいた心が軽くなった」、「北方領土は、見た目も考え方も違う私たちの心をつなげる懸け橋になる」と語る（『北海道新聞』2016.2/21）。二国間の政治問題で「ロシア系日本人」の子どもの心を傷つけることも、それが原因でロシアあるいはロシア人の親に対して、恥ずかしいとか疎ましいなどというマイナスの感情を子どもたちが持つようなことは、決して起こしてはならない。

おわりに

現在の「ロシア系日本人」の問題をより多角的に捉えるために、およそ１００年という長いスパンでこの問題を考察してみた。類似する現象や問題点もあるが、第一期が、男女を問わず、ほぼ全員が亡命者で、日本に根を張って生きていかざるを得ない人たちだったのに対して、第二期においては、ソ連崩壊からおよそ10年間、ロシア国内の混乱が続く中、任期付雇用制度を利用した「科学研究者」や「デカセギ」として来日し、所期の目的を達した後は日本を離れた。２０００年代後半になると、日本人と結婚したロシア人女性の日本への定着が始まるが、日本国籍は取得せず、ロシア国籍を残したまま、「永住」資格で在留を続けている。そのため現代の「ロシア系日本人」の大多数は、出生により日本国籍を取得した子どもと、「帰化」により自己の志望で日本国籍を取得した人たちで占められている。

内閣府による世論調査によると、過去30年間、ロシアに対して「親しみを感じない」という答えは常に70％以上を占めている。近年においては、その最大の要因は北方領土問題にある。ロシア人船員や中古車業者が起こす大小のトラブルもまた、地元住民にロシアやロシア人に対するマイナスイメージや偏見を与えることにつながっていく。

だが一番大きな問題は、「ロシア系日本人」に対する日本人の関心の薄さであろう。問題の解決には、地域や自治体を巻き込まなければならないこともある。日本人の協力が必要とされる。そのためにも、まずは日本人研究者と在日ロシア人研究者が共同でこの問題に取り組むことが必要で、これは筆者自身の課題でもある。

注

1 従来から外国に渡航するため日本を通過する者（トランジット客）には所持金250円以上（三等の船舶運賃を標準に算出）が求められていたが、新たに、日本に在留を希望する者が入国する場合には生活費として一人1500円以上の所持金の提示が求められるようになった。例外的に、渡来後の生活を支持するに確実と官憲が認める引受人がいる場合に限り免除された（『外事警察関係例規集』内務省警保局、1931年、172-173頁）。

2 1922年12月にソヴィエト連邦が誕生したが、日本政府がソヴィエト政権を公式に承認したのは1925年のこと。同年11月1日から翌26年4月30日まで、旧露国人でソヴィエト国籍取得を希望する者には、駐日ソヴィエト大使館で願書を受付けたが、ソヴィエト国籍を申請しなかった者は「無国籍」となった。『内務省統計報告』では、1932年以降、「露国籍者」から「旧露国籍者」に変更された。

3 1923年9月1日の関東大震災以降は、被災した外国人は日本政府により横浜から神戸に移送されたため、横浜に代わって神戸が新たにロシア人の集住地となった。

4 倉田有佳「二つの大戦間の亡命ロシア人社会——在京浜ロシア人学校と在京浜亡命ロシア人社会」『ロシア史研究』第62号（1998年）、34-47頁。

5 ロシア帝国時代は、ロシア帝国を構成する諸民族が「露国籍」者だった。ロシア語では、ロシア帝国内に暮らす人々は「Российский」、民族としてのロシア人は「Русский」、と両者を区別する。エスニシティとしてのロシア人を語る際のキーワードとなるのは、「スラヴ系ロシア人」「正教徒」である。

6 1985年の国籍法の改正により、日本人との結婚による子は、全て自動的に日本国籍を持つことになった。

7 ロシア極東地方で暮らしていた日本人のうち、日本領事館が置かれていたウラジオストク近郊に暮らしていた場合は婚姻届けを出したが、交通の便の悪い地方で暮らす日本人は届け出を出さぬまま、事実上の結婚生活を営んでいた。函館で暮らした三人の女性の場合は後者であったようで、函館で暮らすようになった1930年時点でも、「無国籍露国人ニシテソヴィエト人及ビ邦人ト同棲（内縁）シテ居ルモノ」に分類されている（外務省記録 K.3.6.1.1-1）。このうち入間川の孫のカーチャさんは、祖母が日本国籍を取得していたことは確かだが、取得の時期は不明、と語る。

8 イギリス人との結婚を機にイギリスに移住したため、ロシア料理店は現在別の店主が経営している。

9 清水恵『函館・ロシア　その交流の軌跡』函館日ロ交流史研究会、2005年、297-298頁。

10 佐藤一成「庁立函館商業学校最後のロシア語講師——成田ナヂェージダさんのこと」『函館とロシアの交流』函館日ロ交流史研

究会、２００４年、21-23頁。

11 清水（2005）、298頁。

12 ハルビンの亡命ロシア人社会では、帝政ロシア時代の教会婚が守られており、ロシア正教徒と結婚するために改宗した日本人夫は、山下の父のほかにワレンチナ松坂＝宮内の夫がいる（小山内道子「ワレンチナ松坂＝宮内の人生の軌跡」『異郷に生きるⅡ』成文社、２００３年、121-132頁）。

13 小山内道子（聞き手）「ニキータ山下氏に聞く」『遥かなり、わが故郷　異郷に生きるⅢ』成文社、２００５年、3-28頁。

14 松村都（聞き手）「タチヤーナ・アンフェノゲーノヴナ・山田さんに聞く」『遥かなり、わが故郷　異郷に生きるⅢ』成文社、２００５年、21-28頁。

15 小山内（2003）、125頁。

16 上述のワレンチナ松坂＝宮内の息子のシューラ、兵頭ニーナ（歌手）、姉川ローザ（ＮＨＫラジオロシア語講座）など。

17 小山内（2005）、3-28頁。

18 日本学者のオレスト・プレトネル（1892-1970）や東京の六本木でインターナショナルクリニックを長年開業していた医師エフゲニー・アクショーノフ（1924-2014）。二人とも妻は日本人。

19 清水（2005）、311・316頁。田尻聡子「百万本のバラの花――函館における亡命ロシア人サファイロフさん　ワーシャ」『道南女性史研究』第9号、１９９２年、55-70頁。

20 サーブリナ・エレオノーラ、滝波秀子訳「日本におけるロシアのインテリゲンチャ――ミハイル・ペトローヴィチ・グリゴーリエフの生涯と創造」『早稲田大学図書館紀要』１９９８年、31-42頁。澤田和彦『白系ロシア人と日本文化』成文社、２００７年、227-228頁。

21 大野吉雄「二つの祖国・カロリョフさんのこと」『地域史研究はこだて』第16号、１９９２年、85頁。

22 タレントのロイ・ジェームス（1929-1982）の本名。

23 関東大震災で被災し、一時上海に滞在していたが、１９２５年６月に再来日した（川島京子『日本バレエの母　エリアナ・パヴロバ』（早稲田大学出版部、２０１２年）57-58, 62頁）。

24 以上、パヴロワ（＝パブロバ）については、川島（2012）より。

25 石村博子『たった独りの引き揚げ隊』角川書店、２００９年、２９３頁。

26 小林俊哉『ロシアの科学者――ソ連崩壊の衝撃を超えて』東洋書店、２００５年。『アエラ』８巻第16号（１９９５年4月3日）、30-31頁。

27 来日して3年目のサハリン出身の女性ダンサーの談（『北海道新聞』１９９６年12月19日）。

28 著者（福澤英敏）は、これが見知らぬ人から送られてきた原稿を基にした書であることを序章で断っている。

29 田中健之「ロシア人ホステス摘発と入国管理法の矛盾」『草思』、２００２年6月、37-38頁。

30 Вера Свечина. Последний поезд со станции Роппонги. СПб., 2005 г.

31 バソヴァ・オリガ『日本におけるロシア語話者「移民」の子どもへの継承ロシア語教育の展望――バイリンガル教育からの視点』２０１４年、博士論文（一橋大学）、50頁。

32 新潟、富山、小樽を指すが、新潟-ハバロフスクおよび新潟-ウラジオストク定期航路は２０１０年11月以降、また富山-ウラジオストク定期便は２０１０年末を以て運休状態に入っている。

33 ゴロヴィナ・クセーニヤ『日本人男性と婚姻関係にあるロシア人女性移住者の文化人類学的研究――エイジェンシーの視点から見たライフクラフティングの過程』２０１２年、博士論文（東京大学）。２００８年1月-9月、２０１０年1月-２０１１年2月に、東京・新潟・富山の日本人男性と婚姻関係にあるロシア人女性50人を調査。

34 ポダルコ・ピョートル。青山学院大学教授。著書に『白系ロシア

35 人とニッポン』（成文社、２０１０年）等。ロシア人の中古車業者に対する地元住民の意識調査を実施した非常に興味深い調査研究として、小林真生『日本の地域社会における対外国人意識――北海道稚内市と富山県旧新湊市を事例として』（福村出版、２０１２年）を挙げておきたい。

36 ２０１２年の戸籍法改正までは、日本国籍を取得しなければ、戸籍に記載されなかった。

37 １９９８年から２０１５年までの「官報」から、スラヴ系ロシア人の特徴を持つ姓名をピックアップし、ロシア人のネイティヴチェックを受けた結果。ロシア的な名前を持つ日本人姓や韓国姓の人たちとその子ども（サハリンからの帰国者とその家族と推測される）の数は含めていない。

38 ロシア国籍者のビザ免除国は、２０１６年1月現在69ヵ国で、旧ソ連構成国や社会主義国、アフリカ諸国、リゾートを売りにしている国などで占められている。また空港到着時に空港でビザ申請が可能な国は11ヵ国（ロシア外務省のＨＰを参照。http://www.kdmid.ru/default.aspx）。

39 １９９８年のロシア経済危機（ルーブル危機）を機に来日した高度技術者については、駒井洋「ＢＲＩＣｓ諸国からの高学歴移民の空間的可動性」（『移民・ディアスポラ研究４「グローバル人材」をめぐる政策と現実』明石書店、２０１５年、172-189頁）を参照。

40 現在、ロシアは日本国内に、大使館（東京）、ロシア領事館（札幌・新潟・大阪）および在札幌総領事館函館事務所と、計5ヵ所に在外公館を置いている。函館在住のロシア人女性（在留資格は「永住」）は、第一子（現在7歳）を出産する直前、在日ロシア人女性のサイト「ロシアンママ」で情報を得ていたからよかったが、知らなかったら、自分も領事館に書類を出していたと思う、と語った（筆者聴取）。

41 『戸籍』第８５８号（２０１１年7月）、『戸籍時報』第６８４号（２０１２年6月）。

42 クリス・ラーダさんへのインタビュー（田中健之『実は日本人が大好きなロシア人』宝島社新書、２０１４年、92-93頁）。

43 ２００１年にロシア人コミュニティと在札幌ロシア総領事館のイニシアティヴによって開設され、毎週土曜日に授業が行われている。9年間同校で教えているパイチャゼ・スヴェトラナ（日本在住約20年）によると、児童生徒数は約50名。市民団体CaSAの協力により、日本語を教えるクラスも開かれている。

44 パイチャゼ・スヴェトラナ、杉山晋平、千葉美千子「非集住地域における外国人・帰国児童生徒の教育問題――札幌市を事例として」『移民研究年報』第18号、２０１２年、151-161頁。

45 田中イリーナさんへのインタビュー（田中（2014）、71頁）。

◎第9章

「中国帰国者」系日本人

生成的な境界文化の可能性

南 誠

はじめに

モンゴルの民族衣装を着て二胡を演奏する中国残留孤児や、中国語の歌でモンゴル舞踊を踊る中国残留孤児の動画を大学の講義で学生に見せて、「この人たちは何人だと思いますか」と質問すると、決まって返ってくる答えは「中国人」である。これに対して、「この人たちの両親は日本人で、血縁的に言うならば「日本人」であり、いま法的にも「日本国籍」を持っている」と説明を加えると、学生は困惑した表情を見せる。さらに「モンゴルの踊りをしている女性の方は実は朝鮮族の家庭で育てられた」と説明すると、学生はその複雑な事情に驚きを隠せない。それもそのはず、従来の「国民」に対する認識は、血縁と法的地位に加えその国の文化を保持していることも必須条件である。中国残留孤児の文化的表象は明らかにこの基準を逸脱している。大学の講義に限らず、日本社会においても、中国残留日本人が正しく認識されることはまれである。

こうした例からも分かるように、日本社会において「多みんぞくニホン」と多文化共生社会が叫ばれて久しいが、その多様性に対する認識は必ずしも充分とは言いがたい。本章は、中国残留日本人の家族を含めた中国帰国者を題材に、その移動経験と歴史的形成、および、その境界文化を取り上げることで、日本社会の多様性＝ダイバーシティに対する理解を深め、多文化共生社会の構築に向けた新しい知見の導出を目指す。

本論に入る前に、まず中国残留日本人と中国帰国者の定義や研究視角を確認しておく。中国残留日本人とは、戦前に中国に渡った日本人のうち、戦後も長い間中国での残留を強いられ、日本と中国が国交を締結した1972年以降に、日本に永住・定住するようになった人たちを指している。1980年代以降の政策によって、13歳以上の人が中国残留邦人〔婦人〕、それ以下の人は中国残留孤児と呼ばれるようになっている。中国帰国者は中国残留日本人とその家族の総称である。正確な統計データはないが、10万人以上の中国帰国者が日本で生活していると推測されている。

中国帰国者の総合的な研究を目指して、筆者は「境界文化」という分析概念を提唱している〔南 2016〕。境界文化とは近代の国民国家システムに埋め込まれた人々の存在ではなく、境界によって作り出された統合化と差異化の過程を生きる人々の実践文化である。明確な境界を持った本質主義的実体ではなく、そこに関わる人々と文化の相互交渉や浸透を通じて創造される異種混交のものである。なお境界によって区画された集団は予め固定化された存在ではなく、ブルーベイカーが指摘したように、それは国家の内部と国家間で政治的・文化的枠組みとして制度化されたものであり、実践によって構築されるものである〔Brubaker 1992＝2005〕。この観点に立てば、日本社会の多様性＝ダイバーシティを示す境界線は外国人のほか、アイヌ民族と沖縄人だけではなく、大和民族という「日本国民」の内側にも存在していると言える。実際、引揚者と中国帰国者だけでなく、日本在留外国人のうち、統計的に上位を占めるフィリピン、ブラジルとペルーに日系人が多いことからも明らかである。

1 中国帰国者の歴史的形成

(1) 中国帰国者の移動と境界

中国帰国者の特質は、近代化を目指す日本の海外膨張とその縮小の過程に起源し、戦後の日本や中国という国民国家の境界によって包摂／排除されたことにある。その移動はダイナミックに展開され、①満洲移民期（1930年代〜45年8月）、②中国居留民期（45年9月〜58年）、③中国残留期（59年〜）、④日本への永住・定住期（72年〜）、⑤ディアスポラ的な移動期（2000年〜）に大きく分けられる。日中国交が締結される1972年を境に、前半の移動は個人の意志よりも、国民国家の政策と国際情勢に大きく左右されていた。後半になるにつれ、その移動の範囲がますます広がり、日本だけではなく、活躍と安住の場を他の国と場所に求めて移住し、日中間の移動を繰り返す中国帰国者が多く現れた。

日本人であったはずの中国残留日本人が、中国に長く

「残留」を強いられ、そして家族を含めて中国帰国者と呼ばれるようになったのは、1945年以降の日中両国の国民国家の建設事業と大きく関わっている。そうした純粋な日本人でも中国人でもない中国帰国者の境界線は以下の3段階によって構築され、固定化されたのである。

第1段階は、中国残留日本人が戦後の日本という国家の再建や国民統合の過程のなかで「残余カテゴリー」として扱われ、排除／忘却されたことによって中国に「残留」した歴史的経緯である。

満洲移民期においては、民間人だけでも200万以上の日本人が当時の中国（満洲・関東州と台湾をも含む）に渡っていた。日本が敗戦した1945年8月以降も、これらの人びとが現地に取り残された。1946年から1952年までの前期集団引揚で9割近くの人が日本に引き揚げたが、それでも推定3万人以上が中国大陸に取り残されていた。その後、1953年から1958年までの間、日本政府と中国政府は「人道主義」に基づき、赤十字会と民間団体に委託して後期集団引揚を行なった。しかし「人道主義」の背後には、人民外交と人道外交という異なる外交戦略が衝突していた。こうした異なる二つの外交戦略と引揚問題、および国民の統合問題（留守家族など）との関係が複雑に絡むなかで、日本政府は後期集団引揚の終結を決断した。

その後、日本人の帰国問題に関する日中間の交渉が不可能という言説を流通させ、未帰還者特別措置法（1959年実施）によって、死亡宣告や自己残留認定が行なわれた。これにより、従来の未帰還者をめぐる救済の共同体は弔いの共同体へと変わり、中国に取り残された日本人の存在は忘れ去られていった。また個別集団引揚の時期においても、日本政府は消極的な態度を取っていたため、これらの日本人の永住帰国は不可能となった。こうした一連の「特別」措置によって、今日の言わゆる中国残留日本人が歴史的に形成されたのである。

第2段階は、中国残留日本人が「再」包摂される際、国民化の試みや内的国境の設定のメカニズムによって外的境界——（その子孫を含める）中国帰国者の（エスニック）境界——が政治的／社会的に構築されていく過程である。

1972年、日中国交が締結されてから、従来の日中間交渉が不可能という言説はその効力を失い、また中国は従来の人民外交的な考えに立ち、中国にいる日本人の永住帰国と里帰りを援助し始めた。その一方、日本国内では「日中友好手をつなぐ会」といった民間団体による肉親捜し・帰国促進運動が行なわれ、従来親密圏家族の問題と規定された中国残留日本人問題は公に認識されるようになり、それを通じて感傷の共同体が形成されていった。またメディアを通じて、支配的物語が生成したのである。これが政治的カテゴリーとして社会的に再生産され、当事者はそのパフォーマティヴィティを通じて自己を表出していった。

さらに中国帰国者をめぐる社会運動が「中国残留日本人の肉親捜し・帰国促進」から「中国帰国者の定着と自立促進」へ、そして「中国帰国者の人権確立期」へと変遷するにつれ、中国帰国者という境界が生成し、社会的カテゴリーとして定着した。「日本人であること」を前提とする中国残留日本人という政治的カテゴリーに比べ、中国帰国者という社会的カテゴリーは、その中国的な側面に着目している。しかし中国帰国者という呼称はしばしば中国帰国者二世・三世に限定され、議論されがちであった。

いずれにしろ、中国残留日本人というカテゴリーの形成によって、日本人やそれまでの引揚者との間に境界線が引かれていった。中国残留日本人の定義は、1945年を時期区分に用いているが、1972年までに引揚げた人はこのかぎりではない。その一方で、中国帰国者というカテゴリーの形成によって、在日中国人との境界線も引かれた。こうして中国帰国者という外的境界線が生成し、固定化されていったのである。

第3段階は、中国帰国者の境界が国家賠償訴訟運動を通じて集団化することによって、エスニシティ（コミュニティ）としての中国帰国者の存在が顕在化していく過程である。

第2段階の社会運動によって、中国帰国者に関する日本政府の政策が緩和されていった。その過程で約10万人の中国帰国者が日本に永住／定住した。しかし彼（女）らの生活は私的関係やネットワークといった親密圏を中心に構築されていたため、その存在は必ずしも社会的に認識されたわけではなかった。その存在を顕在化させたのは、2000年以降に展開された国家賠償訴訟運動である。後に詳述するが、この運動によって、中国帰国者というエスニシティが社会的に顕在化していったのである。

以上のように、中国帰国者は日本との相互関係において、日本国民と引揚者、中国人といったカテゴリーとの節合と区分によって構築されたカテゴリーである。そうした境界線はけっして本質的なものではなく、中国帰国者と他のカテゴリーとの相互関係によって固定化されたものである。

(2) 中国帰国者をめぐる包摂と排除

中国残留日本人が中国に残留を強いられたのは、戦後日中両国の外交政策と国民統合政策の対立がマクロ的な要因であるが、中国での包摂は現地人の家庭に入ったことに始まる。その類型は、①中国人に助けを求めて入った求助型、②中国人に助けられて入った救助型、③徴用あるいは就職をしているうちに中国人の家庭に入ったり、中国人と結婚したりした就職・婚姻型、④混乱した社会情勢のなかで拉致されたり、自己の意志とはまったく関係なく、知らぬ間に現地で売られてしまったことで入った拉致・売買型の四つに分けられる。これらの類型から分かるように、現地人の家庭に入った理由は、日本が敗戦したことで、軍隊による武力的な保護や生活手段をなくしたからである。これらの日本人を受け入れた現地人の理由として、国境と敵対関係を越えた愛と救命が言われているが、貧困による結婚難、子どもが授けられない家庭の事情などもその一因である。

こうして現地人の家庭に入り、後期集団引揚でも個別引揚でも日本に帰還できなかった人たちは中国残留日本人となり、中国において、中国公民としての権利を獲得して法的に包摂されていく。しかしその階級性と政治的態度によっては、「中国人民」の範疇から排除もされていた。またかつての侵略者の子供・関係者と見られることで、社会的なまなざしは極めて厳しかった。こうした輻輳的な包摂と排除の力学によって、中国残留日本人とその子孫のほとんどは中国社会の周縁へと追いやられていったのである。

一方、中国帰国者をめぐる日本側の排除は既に触れたように、「未帰還者特別措置法」の実施と「弔いの共同体」の形成に始まる。こうした排除のメカニズムは中国残留日本人を再包摂するようになった1972年以降も消滅せず、中国帰国者の貧困問題と構造的差別を創り出す契機ともなっている。その排除の基準は一貫して、近代の国民国家が理想とする「よき国民」の創造にある。

戦後の日本はそれまでの「混合民族論」ではなく、「単一民族論」を採用するようになった（小熊 1995）。そのため、内地戸籍と外地戸籍の区分を利用して、それまで大日本帝国臣民であった人々（主に台湾人や朝鮮人）を戦後の日本国民の範疇から排除していった。この過程で、血統的に純粋で、日本に定住し、異質的な要素を持たない「よき国民」を逸脱しているとして、「異質要素」を携えて入国し、日中両国を往還する可能性のある中国人と結婚した日本婦人が排除されたのである。これに対して、日本人孤児の存在も巧みに「よき国民」像の想像に利用された。孤児たちは特別措置法の死亡宣告によって社会的に忘却されたのではなく、むしろ記念碑に名が刻まれたように、国のために命を捧げた戦争被害者の「よき国民」として祀られた。

こうして中国残留婦人と中国残留日本人孤児は両極端であるが、「よき国民」像の想像を通じて、法の例外状態に置かれ、ホモ・サケル化されたのである。そうした例外状態は規範そのものとなる空間であり、一時的な宙づりではなく、永続的な空間である（Agamben 1996＝2000: 45）。これが中国帰国者を排除していく契機となったのである。

１９７２年以降も、中国残留日本人は「よき国民」像を想像するための言説として用いられた。１９７０年代後半のインドシナ難民という「黒船」の到来や、在日朝鮮人の社会運動といった要因が影響し、日本人というアイデンティティや境界が揺らぎ始めていた。そうしたなかで、中国残留日本人はこうした揺らぎに歯止めをかける存在として、戦後長い間中国に「残留」し、祖国を目指す「よき日本人」として表象されたのである。この表象には二つの意味がある。一つは中国残留日本人を「祖国」「日本」を目指す「よき国民」として表象することで、日本という想像の共同体を強化することであり、もう一つは中国残留日本人を除いた日本人の共同体の強化である。中国残留日本人関係の番組でよく見られる日本人（引揚者）の感想の一つに、「同じく満洲にいたが、戦後実父母につれられ帰ってきて本当によかった」というのがある。こうした感想が家族レベルに止まっているのは、多くの番組が国の関与を語っていないか、あるいは受動態的に語られたからである。いずれにしろ、こうしたコメントから分かるように、中国残留日本人と日本人との間に境界線が引かれたのである。

しかし中国帰国者を包摂するために、日本政府の行政的な「対処」も実施されたが、そこにも排除のメカニズムが作動していた。西澤のまとめによれば、国民国家の「対処」は治療（教育や訓練）、隠蔽（施設や特定場所への隔離や、逆に空間的分散など）と抹殺（追放など）の三つにある（西澤 2010）。中国帰国者についても同様な「対処」があった。まず日本語教育や職業訓練といった治療があり、次に一時的であるが施設への入所や、適切な離散といった隠蔽も行なわれた。これらの「対処」は、「よき日本人」の創造を目標にしているため、「中国人」的な部分は抹殺される存在として扱われている。自立支援策も実施されているが、その政策自体は当事者を「自立できない」国民と再画定する機能（西澤 2010: 27）を持っている。中国帰国者の貧困問題を個人努力の不足にあると批判する声が支援者からも上がっているのは、まさにこうした巧妙な「対処」があったからである。

しかしより重要な問題として注目すべきなのは、こうした「対処」空間における当事者が置かれた立場である。彼（女）らは常によき日本人としての振る舞い（日本語を話す、自立している）を求められるが、それはよき日本人ではないことを前提にしている。この「対処」空間は当事者にとって、中国的部分の抹消と、よき日本人ではない自己を確認する自己否定の空間でしかない。こうした自己否定空間において、中国帰国者は存在論的不安にかられるのである。存在論的安心感（Giddens 1990＝1993）を得るために、当事者は政治的正義のための支配的物語に依拠して、自己を語っていく。しかしそれが逆に自己否定の空間をさらに頑固なものにしていくのである。こうした弁証法的な再生産によって、中国帰国者の境界線を、あたかも本質的に固定されているかのように表象している。

2 境界文化のポリティクス

(1) 呼称と境界文化

人は名付けられることによって社会的な場所と時間のなかに導かれ、その呼称に依存して「存在する」（Butler 1990＝1999: 3-46）。中国残留日本人という呼称も同様に、認知的なカテゴリー（片桐 2006）として意味が与えられ、再生産されてきた。そこには、発話の瞬間に想起、強化される意味、および、現代の意味を構成するようになった歴史的痕跡が孕まれている（Butler 1990＝1999: 56）。当事者の行為も、それによって方向づけられる（Strauss 1969＝2001: 29）。中国帰国者はこうした呼称によって位置づけされ、その包摂と排除のメカニズムもこの呼称を通じて作動し、境界文化の形成を促している。

中国残留日本人の存在が日本社会で注目を集めたのは、民間団体が実施した肉親を捜すための公開調査が新聞で大きく報道された1974年8月以降である。ただし当初は、「生き別れたままの日本人」「中国に残った日本人孤児」「中国に残留している日本人孤児」等と表現していた。「中国残留日本人」という呼称が最初に登場したのは1975年6月17日の公開調査に関する新聞紙上であり、はじめて一貫して用いられたのは、1980年9月19日に放送された『再会』（NHK）というドキュメンタリー番組においてであった。さらに呼称として社会的に定着したのは、1981年の中国残留日本人孤児の訪日調査以降であった。

なおこの呼称はけっして自然発生的なものではなく、肉親捜し・帰国促進運動を行なう民間団体と日本政府との複雑な交渉過程で生み出されたのである。

中国に取り残されたすべての日本人を援護対象にしていた民間団体に対して、日本政府は身元に関する情報が乏しい幼少の「中国残留日本人孤児（当時13歳未満）」だけに焦点を定めた。いわば中国残留日本人の範囲をめぐり、両者のせめぎあいのなかで、訪日調査の支援対象である「孤児」へと視線がずらされていった。また民間団体が使っていた「中国残留日本人孤児」も、訪日調査が開始される際には「日本人」が削除され、そのナショナリティをめぐる位置づけがあいまいにされたのである。

こうして生成した「中国残留孤児」という呼称は、三つの語素とそれに対応した歴史的背景を含んでいる。まず「中国」は日中国交正常化によって中国政府を承認したことに由来する。次に「残留」は、戦後の引揚げ事業や未帰還者処理のなかで用いられた概念であった。初期の帰国促進運動の主体が留守家族であったことから、この概念が援用されたと考えられる。最後に「孤児」は、「終戦前後の極度の混乱期に幼くして肉親と別れ『孤児』となった事がはっきりわかる言葉」（厚生援護局 1987）として採用された。このような認識によって、中国残留日本人孤児をめぐる記憶空間は「終戦前後」に限定され、ソ連軍の侵攻や敗戦直後の混乱状況下での家族離散等の被害者的な側面に光が当てられた。言い換えれば、それ以外の時期や側面は不可視化されたのである。

そして1980年代半ば以降に、13歳以上の「中国残留婦人」の呼称が派生的に生み出され、1994年「中国残留邦人等の円滑な帰国の促進及び永住帰国後の自立の支援に関する法律」が議員立法される際、中国残留日本人孤児や中国残留婦人を総称して「中国残留邦人等」という呼称が公式に使われるようになった。中国残留日本人の親族を含めた「中国帰国者」という呼称も、1980年代以降に生まれたものである。

社会運動やメディアの表象を通して「残留邦人等」の呼称が定着するにともない、中国残留日本人には日本人としての棄民・戦争被害者といった犠牲者的なストーリーや、帰国を熱望する祖国のストーリーが付与され、再生産されていった。これらの言説は、日本政府の責任を追及し、日本社会に訴えるための民間団体のレトリックであり、中国残留日本人を包摂するための統合戦略でもあった。同時に中国残留日本人をそれまでの引揚者と明確に区別し、他者化する行為であり、その意味では排除の過程でもあった。こうして呼称を通じて、既に触れた包摂と排除のメカニズムが当事者に波及していく。中国帰国者の境界文化もこの呼称を通じて初めて形作られる。

バウマンは、人生と物語との関係性を「語られる人生、生きられる物語」と表現し、生きられる人生と語られる人生との間を媒介する物語化の重要性を強調した。人がいかなる人生の物語を紡ぎ出せるかは、生きられる人生そのものに影響を与える。しかし中国残留日本人という呼称を通じて当事者に求められたのは、犠牲者的なストーリー（物語）であり、帰国を熱望する祖国のストーリーである。こうした物語性に合致しない人の物語は抑圧され、認められることが極めて少ない。中国残留日本人の認定や国籍取得の場において、こうした傾向がいっそう顕著に表れている。

例として、国籍取得（確認）の場合を見てみよう。戦後の日本政府は、中国国籍の取得が強制的か危機回避のためであれば、日本国籍の離脱を承認しない方針をとっていた。このような政策によって、残留日本人らが日本国籍を取得（確認）するには、中国国籍の取得が「危機回避」であることを立証しなければならなかった。言い換えれば、中国での生活が「危機」ないし「悲惨」状態であり、自己がいかにそれを強いられたのかの語りが求められたのである。そのため、当事者は国籍確認の際、中国人の家庭に入ったのは「戦乱」や「売られた」といった外的な要因によるもので、その後の生活は「悲惨」で、「日本人」であるがゆえに差別や苦労が絶えなかったといった物語を語らなければならなかった。そうした状況的危機をうまく証明できなければ、就籍が不許可にされてしまう場合もある。極端な例として、中国残留日本人孤児が幼少時代に「近所の子供にいじめられた記憶がない」（竹川 2003: 303）という理由だけで、不許可になった人さえいる。

以上のように、中国残留日本人という呼称によって中国帰国者が位置づけられ、その境界文化の形が創られていった。だがそこにおける当事者の物語はけっして自由に描かれるものではなく、予め設定された政治的目標に向かって、呼称に付与された物語に一致したストーリーのみが求められる。これによって当事者がもつ諸々の可能性は排除されていく。しかし中国帰国者の境界文化はけっしてこれに限られるものではない。以下では、集団レベルと個人レベルでの境界文化を取り上げてみる。

(2) エスニック変則者としての表出

集団レベルについては、２００１年から２００８年までの中国残留日本人の国家賠償訴訟運動を手がかりに検討する。

この国家賠償訴訟運動から、エスニシティをもたらす二つの条件――①社会組織としてのエスニック集団間の認識上の対立が顕著となる状況、②構成員間で経験や社会的文化的特性の共有意識が作用する――（竹沢 1994: 25）が見いだせる。国家賠償訴訟運動には、中国残留日本人孤児の約９割が参加し、その二世と三世も含めて、全国的な組織が初めて結成された。これを契機に、世代間の対話が始まり、中国帰国者同士ないし世代間の絆が強化され、また中国残留日本人の歴史性を共有することで、中国帰国者というエスニシティへの所属感、構成員間の同胞感、一体感が芽生えていった。

なおこの運動で見られる中国帰国者のアイディティティは、差別化／周縁化された人々が対抗のために、自らが依って立つべき基盤、場所、位置を見つけて承認を求めるアイデンティティ・ポリティクスの第一の形態（Hall 1990＝1998: 81-82）に該当する。それは単なる戦略的な本質主義だけではなく、歴史／社会的に構築されてきた「中国残留日本人」の位置づけをめぐる「陣地戦」（Hall 1990＝1998: 83）でもあった。それには二つの側面がある。一つは、法廷内における戦争被害者か棄民かという、日本人をめぐる政治的カテゴリーとしての中国残留日本人をめぐる闘いである。こうした司法の場においては、既述の通り、政治的社会的に付与された物語性が要求される。もう一つは法廷外の社会運動において、政治的カテゴリーを行使しながら中国的な文化を抗争の道具として用いることによって、中国文化を持つ日系人という中国帰国者カテゴリーへ位置取りをする動きである。

　このような位置取りの展開から、国民化と位置づけをめぐる闘争をしつつ「エスニックの変則者」（Eriksen 2002＝2006: 126）としての中国帰国者の姿が顕在化している。ここでいう「エスニックの変則者」とは日本人の血統を持ちながら中国的な文化背景を背負う「どっちつかず」の位置性であり、「どちらでもなければ」「どちらでもある」という曖昧な中国帰国者の存在である。それは中国帰国者特に中国残留日本人らがこれまで、中国では「日本人」、日本では「中国人」だといわれ、マイノリティ化されてきたのに抗して行なわれた「どっちつかず」の「エスニックの変則者」としての中国帰国者への位置取りであり、ハイブリットな戦略を用いながらの文化の政治である。ある中国残留日本人孤児は自らのこのような位置取りに関する心境を次のように語った。

> もう、どうしようもないよ。だって、いまさら、中国に帰ったとしても、中国人だと見られるわけでもないし、だからと言って、日本にいながら華僑だと見られるわけでもない。逆に、日本人からは、日本人だと見られることもない。

　こうした国家賠償訴訟運動の全国的な展開は、中国残留日本人ないし中国帰国者が日本社会における自らの権利や承認を求めるための場所や空間の構築を目指すものであった。このような空間において、中国帰国者らが動員／組織され、多様性を孕みながらもエスニック集団としての意識を共有するようになった。それは「エスニック変則者」としての中国帰国者の活性化、社会的顕在化の始まりであり、位置づけをめぐる位置取りであった。この運動から、中国帰国者のディアスポラ性――日本の一エスニック・グループでありながら、中国とは特異な関係を持つ中国帰国者の存在――も看取できる。これは中国帰国者の「日本化」でもある。

この日本化には二つの意味がある。一つは日本人志向が強くなると同時に、日本社会との対面空間が広がっていくなかで、自らを他者化しかつ内面化した他者としての日本人の存在を再認識し、その間の境界が逆に強化されていく。訴訟運動のなかで中国残留日本人を支援する人たちでさえも、彼（女）らを棄民としての日本人と認識しながらも、中国人だと表現してしまう場面がよくある。中国帰国者自身も日本人として抗争する一方、抗争の道具として用いる言語／文化は中国的なものであった。両者の間に横たわっているのはまさしく、中国帰国者のエスニックの変則的な境界である。[2]

日本化のもう一つの意味は、中国帰国者らが訴訟運動を通じてエスニシティとしての中国帰国者という位置から自らの権利を追求し始め、日本という国民国家の一エスニック集団あるいはローカルな住民として積極的に政治参加、社会参加していくことによって自らの生活基盤を日本社会に根付かせていく、という認識の強化である。なおこの日本化は中国を視野に入れて考えれば、日本を一つの基点にして、中国をもう一つの基点とするトランスナショナルな生活圏の構築を意味する。

以上のように、国家賠償訴訟運動という〈現れの空間〉において、中国帰国者が持つ「日本人」としての位置だけではなく、「中国人」としての位置づけも、中国帰国者という独自の位置づけも表出されている。単一の境界文化ではなく、複数形の境界文化の様態を呈している。次にこうした境界文化の個人レベルでの実践を取り上げてみたい。

(3) 多元的な境界文化

中国残留孤児中川澄子（仮名）の生年月日は推定1942年3月であり、養母の家に入った経緯は明確ではない。養父は京劇の芸人で、養母はかつて遊女をしていた。彼女は1950年から学校に通い始め、中学校を卒業してから小学校の教師になった。自由恋愛を経て1960年に結婚し、3人の子供を出産した。1979年、中国残留日本人孤児に認定され、1984年に訪日調査に参加した。肉親は判明しなかったが、1986年、支援者の援助を得て日本に永住帰国し、所沢定着促進センターで4ヵ月間を過ごした後、K市のT団地に定住した。その後、就職して自立した生活を送っていたが、2002年、60歳で定年退職した。

地域の国際交流活動や中国残留日本人孤児の社会運動、2002年以降の国家賠償訴訟運動にも積極的に参加し、K市の中国残留日本人孤児の中心人物の一人として先頭に立ってがんばってきた。このように彼女は中国残留日本人が体験しうる社会の場をほとんど経験しており、その体験には一定の代表性を持っている。

訪日調査や国家賠償訴訟運動といった公の場においては、中川は付与された物語に沿った形で、犠牲者的な物語として「わずかな金で売られた自分、同級生からの孤立、右派として批判された養父、下放される自分」や、祖国の物語として「祖国を思う気持ち、祖国に帰りたい思い」を語っている。これらの語りをもって解釈すれば、彼女は、日本人としての国民性と中国残留日本人の位置取りを表出していると言える。しかしこれは決して本質的なものではなく、発見と想像のプロセスを経て実践されたものである。1979年当時、自分が日本人孤児だと知った時の気持ちを、彼女は次のように振り返る。

日本人孤児だと知らない時はとても幸せだった。知った後はいろいろ悩み始めた。このように社会に差別され、夫からも見下される。友人がなく、社会的地位も上昇できない。これらは私の歴史背景によってもたらされたのだ、と。その時から、私の心に暗い影が生まれた。

中国残留日本人という位置取りを意識するようになって、中川の過去はそれに規定され再定義されるようになり、過去の体験が中国残留日本人の犠牲者的な物語へと回収されていった。こうした犠牲者的な感覚や位置取りの悩みが「暗い影」として自己を悩ませるようになったのである。この影に光をもたらしたのは訪日調査である。

訪日調査の15日間は映画スターみたいな生活を送っていた。毎日が豪華で。人生のなかで最も幸せな時だった、その15日間はね。永遠に忘れられないよ。厚生大臣とも会って一緒に踊ったり、宴会で発言したりもした。

訪日調査の15日間は、中川に新たな希望を与えた。その後、中国国内の政治と日中関係の悪化への恐れ、苦痛に感じていた婚姻生活からの脱却、自己の夢実現と子供たちの利益等々を考えて、日本への永住帰国を決意した。こうした内的変容を経て、中川は中国残留日本人という位置を取り、日本に永住帰国したのである。社会運動といった公の場では支配的な物語に従った形で自己を語り、社会での発言権を獲得していった。

訪日調査や民間団体の支援活動といった囲い込まれた空間では、日本人としての戦争被害者と中国残留日本人という位置づけは、何ら周囲と摩擦を起こさなかったが、しかしこうした場を離れて自立し日本社会と対面する空間が拡大していくと、下記のように、異なるまなざしも向けられるようになる。

日本に帰ってきてから、日本人は私を中国人と呼ぶ。それが原因で会社の人とけんかしたこともあった。本当に悔しい。日本人孤児はこんな苦労してやっと帰って来たのに、なぜ認められないのか。なぜ私を中国人と呼ぶのか。それは私に対する最大の侮辱である。

中川は、自立して清掃の仕事をしていた。現場が変わるたびに新しい出会いがあり、彼女を「中国人」とみなすまなざしに直面することが少なくなかった。なぜなら「日本人＝日本語を話す」という支配的な規範から、中川が逸脱しているとみなされたからである。日本社会におけるこれらの体験は、社会運動や訴訟の場において政策の誤りを訴えるレトリックとして用いられ、アイデンティティ・クライシスをもたらす要因として問題視されている。しかし、このような場を中国残留日本人孤児らがいかなる実践をもって克服していったのかはほとんど注目されてこなかった。

何年か経つと、日本人に「あんたはチャイナ？　どうやって日本に来たのか。日本人と結婚したのか」と聞かれると、「はい、私は日本人と結婚した、チャイナですよ」と答えるようになった。

今はもう全部認める。なぜなら、もうどうでもいいんだよ。中国人でもいい、日本人でもいい。それがどうかした？　自分が日本人だと言っても日本政府が認めないし、今はもう成り行きに任せた。もう考え抜いた。もうどうでもいいんだ。中国残留孤児と言っても誰もわかってくれないし。

このように、職場でのまなざしによって、中川はチャイナ（中国人）という位置を取るようになっていく。この際、自己がカテゴリー化されるのと同様に、彼女自身もまた他者をカテゴリー（中国残留日本人を知らない日本人）化して位置を取っている。このような位置取りは、単に受動的ではなく、能動的に行われたのである。彼女が自己を「清掃天使」と揶揄し、同僚に「私は日本語がわからないけど、自分じゃ中国語を話してみなさいよ」と逆に聞いたように、自己の中国文化資本を強調して、職場の差別克服のために能動的に位置取り戦略を用いたのである。

また中川は、日本に永住帰国してから、日本人に中国語を教えたこともあった。筆者が聞き取りをしている最中、彼女はかつて生徒を紹介してくれた日本人の方と出会い、挨拶を交わした。戻ってきた彼女は、「今後も機会があれば、また誰かに中国語を教えたい」と話し、その意欲を見せた。このように、多文化共生や日中友好を目指す日本社会において、中国人としての位置取りは中国残留日本人の社会適応にも役立っているのである。

以上のように、日本社会で生活する中川は、自己の位置をそれぞれ異なる実践の場において、中国残留日本人孤児、日本人、中国人と使い分け、その異なる位置取りによって問題に対処してきた。それを規定するのは何かの固定化された境界ではなく、場の磁力と、当事者の知識の在庫と状況定義、様々な場で培ってきた経験にほかならない。このように、個人レベルにおける境界文化は極めて多元的な様態を呈している。どれか一つの境界だけで中国帰国者を語ることはできない。

おわりに

これまで中国帰国者の起源は戦争にあると捉えがちであったが、本稿で論じたように、その見方だけでは必ずしも充分ではない。「日本人」だった中国残留日本人が国民からエスニシティへと変わっていったのは戦後の日中関係と日中両国の国民統合政策によるもので、なかでも日本との関係が重要であった。中国帰国者というカテゴリーも本質的なものではなく、歴史的社会的に構築されたものである。その構築過程で生成した境界線は中国帰国者の実践を大きく規定するが、当事者の境界文化は決して単一的なものではなく、多様的かつ多元的に展開されている。

だが中国帰国者の境界文化もけっして本稿で論じたものだけではない。冒頭で触れたように、中国残留日本人は漢族のほかに、コリアン系の人もいれば、モンゴル系の人やムスリムの人もいるように、その民族性は多岐に亘っている。中国帰国者コミュニティの内部には性別、階級や文化資本といった境界線も存在する。これらの境界をめぐる当事者の実践も見過ごすべきではない。また中国帰国者の移動は日中両国に限らず、他の地域や国に移住する人も増えつつある。[3] 日本社会での実践も十人十色である。そこには、

「我」（中国）や「わたし」（日本）のほかに、新しい「自己」が加えられていく。それはけっして消去法的な計算ではなく、常に新しいものが加わり、生成的である。

中国帰国者というエスニック・マイノリティだけではなく、日本社会の多様性＝ダイバーシティについての理解を深め、多文化共生社会を構築するためには、まずこうしたマイノリティに位置づけられた人々の生成的な境界文化に光を当てる必要がある。またその境界はけっしてマイノリティだけで生成しているのではなく、マジョリティおよび他のマイノリティとの相互関係のなかで生成維持されるものである。その抑圧的な境界空間はマイノリティにとって自らの権利と存在論的安心感を得るための闘争の場でありながらも、ラディカルな開放可能性と新たな文化の生成可能性をもつ場でもある。こうした境界を生成維持する諸集団間の関係性に着目してこそ、これまで個々に捉えられてきた人々の間に、新たな連帯を創り出し、より良い共生社会の構想の道が初めて拓かれていく。

［付記］

本稿を執筆するにあたり、ＪＳＰＳ科研費15K17183（中国帰国者の包摂と排除に関する総合的研究――境界文化の日中比較を手がかりに）の助成を受けた。この場を借りて謝意を表する。

参考文献

［日本語文献］

Agamben, Giorgio, 1996, *Mezzi senza fine: notes sulla politica*, Torino: Bollati Boringhieri.（＝2000、高桑和巳訳『人権の彼方に――政治哲学ノート』以文社）

――――, 1995, *Homo sacer: il potere sovrano e la nuda vita*, Torino: Einaudi.（＝2003、高桑和巳訳『ホモ・サケル――主権権力と剥き出しの生』以文社）

Eriksen, Thomas Hylland, 2002, *Ethnicity and nationlism*, London: Pluto Press.（＝2006、鈴木清史訳『エスニシティとナショナリズム』明石書店）

小熊英二（1995）『単一民族神話の起源――〈日本人〉の自画像の系譜』新曜社。

片桐雅隆（2006）『認知社会学の構想』世界思想社。

Giddens, Anthony, 1990, *The consequences of modernity*, Cambridge, UK: Polity Press.（＝1993、松尾精文・小幡正敏訳『近代とはいかなる時代か?』而立書房）

厚生援護局（1987）『中国残留孤児』ぎょうせい。

Strauss, Anselm L, 1969, *Mirrors and masks: the search for identity*, CA: Sociology Press.（＝2001、片桐雅隆監訳『鏡と仮面』世界思想社）

竹川英幸（2003）『捨てられた。生き延びた。負けてたまるか！――戦争孤児の肉親捜し四半世紀のあゆみ』碧天舎。

竹沢泰子（1994）『日系アメリカ人のエスニシティ』東京大学出版会。

冨山一郎（1990）『近代日本社会と「沖縄人」』日本経済評論社。

西澤晃彦（2010）『貧者の領域――誰が排除されているのか』河出書房新社。

Butler, Judith, 1990, *Gender trouble: feminism and the subversion of identity*, New York: Routledge.（＝1999、竹村和子訳『ジェンダー・トラブル』青土社）

Brubaker, Rogers, 1992, *Citizenship and nationhood in France and Germany*, Harvard University Press.（＝2005、佐藤成基／佐々木てる監訳『フランスとドイツの国籍とネーション――国籍形成の比較歴史社会学』明石書店）

Hall, Stuart, 1990, "Cultural identity and diaspora" in Jonathan Rutherford. ed. *Identity*, London: Lawrence & Wishart.（＝1998、小笠原博毅訳「文化的アイデンティティとディアスポラ」『現代思想』Vol.26/4.）

南誠（2016）『中国帰国者をめぐる包摂と排除の歴史社会学――境界文化の生成とそのポリティクス』明石書店。

注

1 こうした日本政府の「対処」に関しては、更なる調査や厳密な議論を要する。

2 沖縄人が日本人になろうとすればするほど、沖縄人としての自覚を深めてしまう（冨山1990: 242-243）ように、中国帰国者も日本人になろうとすればするほど、その間に存在する差異や境界に対する自覚が深められていく。

3 これに関する具体的なデータはいまのところ存在しない。筆者は研究調査のなかで、自分の娘がヨーロッパに移住していることを話してくれた中国残留日本人孤児や、海外経験を持つ中国帰国者に出会っている。

◎第10章

「引揚げ者」系日本人のライフコース

駒井　洋

はじめに

「引揚げ者」とは、敗戦後に「外地」から日本に帰国した人びとをさす。「外地」とは日本固有の領土以外の日本の旧領土や、もと日本の植民地であった朝鮮、台湾、樺太、千島、日本の勢力範囲だった満州や中国本土を意味する。敗戦時に一般邦人は、満州に155万人、朝鮮に約70万人、中国本土に約50万人、台湾に約35万人、樺太・千島に約39万人、合計約350万人にたっしていた（朝日新聞社、87）。『朝日新聞』が1980年代に連載した「新人国記」には、日本国内の都道府県とならんで「外地」も1982年に掲載された。そこで肩書付きの写真でとりあげられた外地出身の有名人101人の内訳は、多い順に、作家26人、学者17人、会社社長・役員10人、俳優9人、音楽家8人、社会奉仕団体7人、団体トップ・役員6人、美術家4人、詩人2人、その他12人となった。このように、作家・詩人と学者だけで4割をこえ、それに俳優、音楽家、美術家などの文化関係を合わせると3分の2の多数にたっした。それにたいし、会社社長・役員は1割しかいない。なお、政治家は国会議員の2人だけであった（朝日新聞社、93-185）。このように、実業家と政治家が極端に少ないことの背景には、外地に移住したことにより日本における経済的および政治的地盤から切断されたことがあげられよう。

本章では、「引揚げ者」系日本人のもつ変革力を解明するために、文化関係の代表的人物である池田満寿夫（1934-1997）、赤塚不二夫（1935-2008）、なかにし礼（1938-）、立花隆（1940-）、加藤登紀子（1943-）の5人のライフコースを検討する。この5人はそれぞれ日本の文化に顕著な貢献をしたが、まずその内容を概観しておく。

①池田満寿夫

画壇の主流から孤立していた池田に最初に脚光があたったのは、1960年の第2回東京国際版画ビエンナーレ展に招待出品された作品にたいする文部大臣賞の受賞であった。そののち、池田の版画作品は東京都知事賞や国立近代美術館賞を受賞した。1965年にはニューヨーク近代美術館で版画個展を開催、1966年にはヴェネツィア・ビエンナーレ展で版画部門の国際大賞を受賞した。1977年には小説『エーゲ海に捧ぐ』が芥川賞を受賞し、翌年ローマで池田が監督して映画化した。池田は1983年から陶芸作品への挑戦を開始した。

②赤塚不二夫

赤塚は、ユーモア漫画が主流であった状況のもとで、ギャグ漫画を創造して一世を風靡した。その出発点は、赤塚が1962年に少年週刊誌と少女雑誌に連載を開始した『おそ松くん』(小学館漫画賞受賞)と『ひみつのアッコちゃん』であった。そののちの代表作としては、1967年に少年週刊誌に連載を開始した『天才バカボン』(文藝春秋漫画賞受賞)、『もーれつア太郎』などがある。これらは、いずれもテレビアニメ化されて人気を博した。

③なかにし礼

なかにしは、20歳の頃はシャンソンの訳詩で生活し、そののち作詩に転じて1966年に「涙と雨にぬれて」でビクターヒット賞、1968年「天使の誘惑」で日本レコード大賞、1970年には日本レコード大賞など4冠を獲得し、年間売り上げ1500万枚の記録を作った。1978年には「時には娼婦のように」が大ヒットした。1996年頃から作家となり、2000年には『長崎ぶらぶら節』で直木賞を受賞した。2010年代にはテレビのコメンテーターもつとめた。

④立花隆

立花の名を一挙に高めたのは、1974年に調査ジャーナリズムの嚆矢として雑誌に掲載した「田中角栄研究」であり、これにより現職の総理大臣が辞任に追いこまれた。さらに1975年には雑誌に「日本共産党の研究」の連載を開始し、日本共産党からはげしい攻撃を受けた。1977年から週刊誌に「ロッキード裁判傍聴記」の連載を開始し、裁判批判にたいする反論をおこなった。自然科学分野にも手を広げ、1983年には『宇宙からの帰還』を、1990年には『精神と物質』を、1996年には『インターネット探検』を刊行した。

⑤加藤登紀子

演歌に象徴される日本的な歌謡曲に反発しながら、加藤は1965年アマチュア・シャンソン・コンクールに優勝して歌手デビューをし、1966年に「赤い風船」でレコード大賞新人賞を受賞した。1969年には「ひとり寝の子守唄」で、1971年には「知床旅情」で日本レコード大賞歌唱賞をそれぞれ受賞した。1986年には「百万本のバラ」をレコーディングした。映画については、1983年に高倉健主演の「居酒屋兆治」に妻役で出演、1992年には宮崎駿監督「紅の豚」に声の出演をした。2000年からは国連環境計画親善大使をつとめている。

本章では、この5人のもつ強烈なパイオニア精神の根底に「引揚げ」という共通体験が存在することを明らかにしたい。後述するように、大陸雄飛を夢みた親とともに「外地」で幼年期をすごしたこの5人は、大日本帝国の敗戦にともなう既成秩序の全面的崩壊、難民としての生命の危険をともなう過酷な引揚げのプロセス、生活基盤の失われた「内地」に帰還後の逆境、という極限的な状況に耐えながら生きぬいてきた。帰還後の逆境には、たんに経済的な側面ばかりでなく、ネイティブ日本人による排斥や迫害がふくまれるばあいもある。

このような引揚げ体験は、程度の差こそあれ、この5人に独立性とノマド性を刻印した。独立性とは、既成のすべての権威にたいする反骨精神であり、同時に頼るべきものはおのれ自身しかないというゆるぎない確信である。その結果、偽善的な既成の秩序にたいする果敢な抵抗がおこなわれることもある。また、過酷な引揚げ経験にもとづいて、強い反戦平和の意識が産みだされることもある。さらに、既成の権威には道徳的規範もふくまれるが、それから逸脱する行動が顕著に現れるばあいもある。

ノマドとは本来は遊牧民をさす言葉であったが、移動する人びと一般を広くさすまでにその意味が拡大されてきた。ノマド化せざるをえなかった引揚げ者は、必然的に高いノマド性を保持するにいたった。ここでいうノマド性には、空間的移動性の高さももちろんふくまれるが、そればかりでなく美的・知的な領域における移動性の高さもふくまれる。

こうして、引揚げ体験に由来する独立性とノマド性を基盤として、強烈なパイオニア精神が形成されたのである。

1 引揚げまで

後述するように、池田と立花は中国本土の華北におり、残り3人は満洲にいた。中国本土については、国民政府は日本人の引揚げを認め、日本人は天津、塘沽、青島、上海、広東の引揚げ港に逐次集まり、一時収容所や旧軍の施設で集団生活を強いられたあと、日本に引き揚げた。引揚げは１９４６年1月にはおおむね完了した。満州については、ソ連軍の支配下にあった大連以外は、まだ支配権をもっていた国民政府軍の承認のもと、満州にもっとも近い国民政府軍が支配していた唯一の港である葫蘆島から、アメリカ軍の協力を得て日本に引揚げた。満州にいた日本人の相当部分のおよそ１００万人が１９４６年中に引揚げることができた（若槻、第4章）。

①池田満寿夫

父覚治郎は、法政大学専門部卒業後１９３２年に朝鮮にわたり、中学校の体育教師をつとめた。そののち満州各地で特務機関員などの任務についたあと、奉天（現在の瀋陽）駅前に日本そば屋を開業した。母さと子も１９３３年に合流し、翌年満寿夫が生まれた。一家は１９３９年に内外蒙古を結ぶ河北省の張家口に移住し、日本の兵隊や軍属を客とするカフェー〈ホマレ〉を経営した。満寿夫は日本から流れてきた女給たちから子どもには悪いことを教育された。父が家をかえりみないなか、母は〈ホマレ〉を閉鎖して理髪店を開業したが、それも2年で閉店した。

父は、１９４５年2月に召集されて奥地に配属された。１９４５年8月15日に終戦の詔勅がくだされた直後の8月20日、満寿夫と母は無蓋貨車に押しこめられて張家口を脱出した。北京市内と天津市内の邦人収容所を転々としたのち、12月初旬塘沽からアメリカの上陸用舟艇で佐世保港につき、12月23日両親の故郷長野市に到着した（以上は、宮澤 13-23）。

②赤塚不二夫

父藤七は、陸軍憲兵として満州にわたり山海関で芸妓をしていた母リヨと結婚する。結婚後藤七は抗日ゲリラと対峙する特務警察官となって、妻と子どもたちをつれて危険地帯を転々としていた。長男不二夫は１９３５年承徳（熱河）から70キロ西の古北口で生まれた。一家は１９３８年奉天に移り、父は消防分署長となった。１９４５年8月19日ソ連軍が奉天に進駐し、市内は暴動や略奪など大混乱に陥った。父は連行されてシベリアに抑留された。１９４６年6月、母は4人の子どもをつれて奉天駅から無蓋貨車で葫蘆島の収容所に入った。アメリカの上陸用舟艇で佐世保港につき、母の実家のある奈良県大和郡山市に5人はたどりついたが、ついた途端にいちばん下の妹が死んだ（以上は、赤塚 2002、7-66）。

③なかにし礼

自伝的小説『赤い月』によれば、父森田勇太郎は小樽の森田運送店の長男であった。勇太郎は、小樽の美人コンクールで一位を獲得した坂口波子を妻とした。夫婦は日本酒の醸造業を営むべく、１９３４年5月、景気が悪くなった小樽を離れて、まだ未開拓の地であった牡丹江に二人の子とともにわたった。関東軍の信頼のもと、醸造業は成功をおさめ関連事業も拡大した。礼（小説では公平）は、１９３８年にこの裕福な家に誕生した。

１９４５年8月9日未明ソ連軍機による牡丹江爆撃があり、２００キロ西のソ満国境をこえてソ連軍戦車隊の進撃が開始された。勇太郎が不在のなか、軍のつてを頼って8月11日波子は3人の子とハルビン行きの軍用列車にようやく乗ることができた。礼はこのとき機銃掃射によりほとんど死にかけた。ハルビンでやっと再会した父は12月17日病死した。１９４６年8月ついに日本への総引揚げがはじまり、無蓋貨車で葫蘆島の収容所に入った。アメリカ軍の上陸用舟艇のなかで、波子は小樽の勇太郎の実家に向かうつもりでいた（なかにし 2001）。

④立花隆

父経雄は、早稲田大学国文科を卒業したあと長崎のミッション系女学校の教師となり、母龍子と結婚した。１９４０年に隆が誕生して間もなく、父は単身北京におもむき文部省の職員として占領地域の主要な学校の視学監をつとめた。１９４２年隆は母と兄とともに北京にわたり父と合流した。

父母と兄、隆、妹の一家5人の１９４５年の引揚げ当時について、立花は「北京で終戦になって、北京から天津の港まで、歩いたり、汽車に乗ったり、途中で収容所に入れられたり、……妹がまだ生まれてほどない頃で、病気で半分死にかかっているみたいな状況で、……巨大なリュックを背負わされて歩いていた」（立花 2004: 16）と語っている。アメリカ軍の上陸用舟艇とおもわれる船舶で山口県の青海島に引揚げ後、母の実家である茨城県那珂西で短期間すごし、そののち父の一族の本拠地である水戸に落ち着いた（以上は、立花 1996: 38-41）。

⑤加藤登紀子

１９４３年ハルビンで生まれた。敗戦後、一家は日本軍が用意していた収容所にしばらくいて、その後親戚の家に居候し、１９４６年9月引揚げのため貨物列車でハルビンを出発した。１９５０年京都で小学校に入学し、１９５６年東京に転居した。父はハルビンから日本へ渡ってきた亡命ロシア人たちの働く場所としてロシア料理レストラン「スンガリー（松花江＝ハルビンを流れる大河）」を作った（加藤 81-82, 211）。

2 逆境を生きのびた若い頃

①池田満寿夫

1946年2月父が帰国し、一家3人は満寿夫の伯父の家から引揚げ者寮に移り、ここで満寿夫は中学・高校時代をすごした。両親は長野と東京を汽車で往復する「カツギ屋」で生計をたてていた。「両親がカツギ屋をし、定職をもっておらず、引揚者寮という特殊な環境に住んでいる状況が、私にいつも異邦人としてのひけ目をおわせていた」と満寿夫は述べている（宮澤 24-25）。

1952年18歳の満寿夫は上京し、電球や靴下の訪問販売、アメリカ兵の似顔絵書きなどをしていた。1953年両親は引揚者寮を借金して県から購入し、10人を住まわせる下宿屋をはじめた。満寿夫は芸大を3回受験したが、合格できなかった。1955年21歳の満寿夫は下宿先の娘で11歳年上の大島麗子と結婚した（宮澤 44-108）。1956年頃から絵画が細々と売れるようになるが、生計の相当部分は母親からの送金に頼っていた（池田 71-101）。

②赤塚不二夫

1948年9月、母が女手ひとつでは生活をささえきれなくなったため、不二夫は大連から引揚げて新潟市の引揚げ者寮に住んでいた親戚にあずけられた。また妹と弟は新潟県西蒲原郡の父の実家にあずけられた。1949年12月、父藤七がシベリアから帰国し、実家の近くの寺に部屋を借りての生活がはじまり、母リヨも翌1950年大和郡山市から合流した。赤塚家の家計は火の車だった。父の実家については、「敗戦によって、外地から着のみ着のまま引き揚げてきたこの身内から、実家が得るものは何もない。むしろ重荷になるばかりだという態度が、ありあり見えた」と不二夫は書いている。

中学卒業後、不二夫は新潟市の看板屋に就職し、そののち1954年に東京の化学工場で働くことになった。漫画を通じての仲間もでき、漫画家のアパートとして有名な豊島区のトキワ荘に住むようになり、1956年に母リヨも上京して同居した（赤塚 2002: 118-179）。

③なかにし礼

少年時代について、なかにしは次のように語っている。「死に物狂いで日本に帰ってきたら、同じ年齢の子と会話の種が何もない。一人の変わった少年がやってきた、よそ者がね。それでいじめの対象になる。いじめられて僕は海での泳ぎも覚えた。海に突き落とされるわけだから。」（なかにし 2015: 44）

18歳後半になったなかにしが食うや食わずで手に入れた

アルバイトが、東京のシャンソン喫茶「ジロー」のボーイだった。フランス語の基礎勉強をしていたなかにしは、あるシャンソン歌手から訳詩をすすめられた。20歳の頃は、訳詩で収入を得ながら低家賃のアパートに住み、貯金して立教大学に通い自力で卒業した（なかにし 2015: 39-41）。このアパートは、六畳間をベニヤ板で間仕切りした相部屋式三畳間で、部屋の横にある便所が汲み取り式で臭く、押し入れから布団を引き出すと何十匹というゴキブリが這い出てきた（なかにし 2014、「二十歳の頃」）。

④立花隆

父は東京の「全国出版新聞」の編集長になり最終的には「週刊読書人」の営業関係の専務となった。立花の中学生時代と水戸一高時代は陸上に熱中していたことからもわかるとおり、生活はそれほど裕福ではなかったもののひどく困窮していたともみえない。東大に入学後の1960年4月から10月、立花は、筆者（駒井）とともに、ヨーロッパで反核運動のための無銭の大旅行をした（立花 2004、第8章）。「語られなかった『原点』」としてのこのヨーロッパ文化の経験について、立花は「日本人全体が、世界を少しも見ていない、空間的にも、時間的にも、本当に狭い尺度でしかものを言っていないという苛立ちを強く感じました」と総括している（立花 1996: 96）。1964年に東大文学部を卒業後、立花は文藝春秋社に入社し『週刊文春』に配属されたが、3年足らずで退社し、東大哲学科に学士入学し、苦学生として『文藝春秋』を中心に言論活動を開始した（以上は、立花 1996: 42-48）。

⑤加藤登紀子

バレーを習っていた（加藤 182）ことからも推測できるように、10歳代の加藤は生活に困窮していたとはおもえない。他の4人が大なり小なり経験した逆境をもたなかった点で、加藤は例外をなしているようにみえる。1960年の安保闘争のとき、加藤は都立駒場高校の2年生でブント（社会主義学生同盟）の活動家であった。1962年に東大に入学したあと、加藤はブントの一員として自治委員に立候補するが落選した。そののち芸能活動への専念とともに運動から離れた（加藤 35-45）。

3　大陸の原風景と引揚げ体験

本節では、この五人について、三人は大陸の原風景が、二人は引揚げ体験が、それぞれに人生の原点となっていることを紹介する。まず原点としての大陸の原風景については、池田、赤塚、加藤をみる。

①池田満寿夫

宮澤によれば、池田はカンディンスキーの『回想』のなかの「私に強烈な印象をあたえた最初の色彩は、明るいみずみずしい緑、白、洋紅色、黒、黄土色である」という部分、とりわけ最後の黄土色に関心をしめしたとされる。「黄土色は母親とともに体験した『中国大陸』の色であり、母の体温を象徴する彼の芸術の原風景の色となったようだ」（宮澤 23）。

②赤塚不二夫

奉天時代について、自伝のなかに次のような描写がある。「夕方近くになると毎日、何10万羽というおびただしい数のからすが北に向かって飛ぶのだ。深紅の太陽が果てしもない空と土を染めて西に沈もうとするとき、その落陽を浴びて、数限りなく北へ向かう。（日本の）童謡に……ある……5羽や10羽が飛ぶそんな牧歌的な風景ではない。日没までの2時間あまりにわたって、空を覆って飛ぶ光景は異様であり、壮麗でもあった」（赤塚 2002: 54）。不条理な現実にたいする赤塚の鋭い感覚の原点がここにあるようにおもわれる。

③加藤登紀子

「少女時代は、スンガリーのロシア人たちの喧騒とともにあった。スンガリーに来るロシア人たちは、例外なく大酒飲みで大騒ぎ、酔うと大いに踊るの三拍子で、毎晩がお祭り騒ぎのようだった。私にとってのロシア民謡は記憶にないハルビンであり、父がうたう歌であり、スンガリーで親しんだロシア人たちの故郷であった」（加藤 82）と加藤は書いている。ここでは大陸の原風景が日本で再現されている。

つぎに、原点としての引揚げ体験については、なかにしと立花についてみる。

①なかにし礼

「死の逃避行」という詩は、なかにしの原点としての引揚げ体験をよく表現している。「列車には沢山の死体があった／死体を連れて逃避行はできない／走る列車の窓から捨てていく／泣きながら捨てていく／列車の両脇には累々と／死体が投げ出されている／これほど多くの死体を／わが目でみるとは　その死体には／中国人が群がり／見る見る裸にしていく／時計を取り指輪を取り／金歯まではずしていく／そんな光景を見ながら／逃亡列車は／とぼとぼと走っていく」（なかにし 2014、「死の逃避行」）。

④立花隆

引揚げ体験の意味について、立花は「あの体験の影響がすごく大きいと思うのは、どんな大きな状況変化に出あってもわりと淡々と受け入れてしまうんですよ。何が起きてもあわてない。後年、あっちこっち放浪しているときもそれがあって、インドですごい高熱出して病気になったときも、このまま死ぬのかなあなんて思って（笑）、べつに心理的パニックなんてまったくなかった。要するに幼少期の引揚げ体験をもっている人は、わりと放浪癖があるとか、わりとなんでも淡々と受け入れるとか、そういうのってあるよ」（立花 1996: 41）と語っている。

4　ネイティブ日本人にたいする距離感

引揚げ者のもつネイティブ日本人にたいする距離感は、とりわけ、なかにしと加藤が明瞭に表明している。

①なかにし礼

自分の少年時代について、なかにしは次のように語っている。「僕はある意味、日本人じゃない。……僕は満洲が生まれ故郷だと思っていましたから、日本に対する憧れも望郷の思いもない。物心つくまでそうやって育った。……戦後の日本人と、引き揚げてきた僕たちとの間には、精神的に大きな隔たりがあって、僕なんかは歌謡曲にたいしては不感症なんですね。童謡も日本の風土に根付いたものだから、「菜の花畑」「おぼろ月夜」「秋の夕日」なんて僕には異国の風景だったんです。外地でヒマワリ畑や大麦畑がずっと続く風景を見て育ったわけですから、冴え渡る月と怒涛のごとく落ちていく夕日――僕の感性を育てたものはそっちなんです。」（なかにし 2015: 37-39）

②加藤登紀子

「いちばん感じたのは日本人らしさの壁でしたね。私は……満州からの引き揚げ者ですから、ロシア民謡で育ったし、バレーを習っていたから盆踊りがダメなのよ。……ふっとお客さんの前に立ったとき、私はこの人たちを知らないぞ、と感じたの。……目の前にいる聴衆の心をつかめないということは、歌手としてもどかしい。自分は帰国子女であって、本当の日本人ではないんじゃないかという不安」（加藤 182-185）。

5　強い反戦平和意識と道徳的な脱規範性

過酷な引揚げ体験にもとづいて強い反戦平和意識を打ちだしているのは、なかにしである。

①なかにし礼

「平和の申し子たちへ！」という詩のなかで、なかにしは以下のように若者たちを鼓舞している。「若き友たちよ！／君は戦場に行ってはならない／なぜなら君は戦争にむいてないからだ／世界史上類例のない／六十九年間も平和がつづいた／理想の国に生まれたんだもの／平和しか知らないんだ／平和の申し子なんだ／平和こそがきみの故郷であり／生活であり存在理由なんだ／……愛する平和の申し子たちよ／この世に生まれ出た時／君は命の歓喜の産声をあげた／君の命よりも大切なものはない／生き抜かなければならない／死んではならない／が　殺してもいけない／もっともか弱きものとして／産声をあげる赤子のように／泣きながら抵抗を始めよう／泣きながら抵抗をしつづけるのだ／泣くことを一生やめてはならない／平和のために！」（なかにし2014、「平和の申し子たちへ！」）

②立花隆

前述した20歳のときの反核運動のためのヨーロッパの無銭大旅行も、まさに反戦平和のための行動そのものであった。

つぎに道徳的な脱規範性は、池田と赤塚、そしてある意味で加藤に典型的である。

①池田満寿夫

1959年に25歳の池田は、詩壇への登竜門といわれていたH氏賞を前年に受賞していた23歳の詩人富岡多恵子と運命的な出会いを経験し、新宿の五畳半のアパートでの同居生活をはじめる（宮澤125-129）。そののち1966年に、すでに国際的な活動を開始していた32歳の池田は、中国出身の貧しい画家であった父とオーストリア出身の母とのあいだに生まれた23歳の画家リランとニューヨークで再会し、サンフランシスコで同居を開始した。日本での共同生活のあと二人はニューヨーク州イーストハンプトン郊外に落ち着き（宮澤165-213）、1970年に池田はアメリカの永住権を取得した（宮澤279）。けれども、芥川賞を受賞した1977年に二人のあいだに決定的な亀裂が生じた。翌1978年に44歳の池田は、映画撮影のため来ていたローマで、天才バイオリニストとうたわれた29歳の佐藤陽子と結ばれ、東京で新しい生活をはじめた。佐藤陽子は、池田が1997年に急逝するまで実質上の夫婦＝パートナーであった（宮澤228-252）。なお、最初の妻大島麗子は、池田の度重なる努力にもかかわらず、死ぬまで離婚に応じなかった。

②赤塚不二夫

「文藝別冊」の『総特集赤塚不二夫』に付せられた年表には、「1974年39歳　この頃までに千人切り達成（後に五百人くらいと修正報告）。1983年48歳　アダルトビデオ『こんなのはじめて』監督。1985年50歳　「漫画集団」忘年会でポルノ女優と本番生板ショーを披露」の記述がある（赤塚2008: 255）。

③加藤登紀子

加藤登紀子は、1972年に2年半下獄が決まっていた藤本敏夫と獄中結婚した。妊娠していたこと、刑務所では家族と弁護士しか面会できないことなどが理由で、悩んだ末の決断だった。1968年に出あった夫藤本は、全学連の委員長として神田でカルチェラタン闘争を指揮し、公務執行妨害、凶器準備集合罪などの容疑で逮捕された（加藤 91-96）。有罪判決を受けた者との獄中結婚は、ネイティブ日本人にはなかなか選択できない脱規範的な行動であると評価できる。

6 グローバルノマド性

本章の最後に、地球規模にわたる空間的移動をくりかえし、まさにグローバルノマドと呼ばれるにふさわしい3人をみておこう。まず池田であるが、かれが日本とアメリカに居住し、ヨーロッパ諸国をもカバーしていたことは先述した。そのほか、立花と加藤もまた、空間的なグローバルノマドそのものである。

①立花隆

ヨーロッパ反核無銭旅行を手始めとして、立花が決行した旅行は多数ある。そのなかで、大旅行として第一にあげられるべきものは、1972年におこなわれた中近東とヨーロッパ各地（イスラエル、イタリア、スペイン、オーストリア、ギリシア、トルコ、イラン、イラク）をめぐり歩くほとんど9ヵ月におよぶ旅であった。イスラエルではシナイ山を訪れ、またテルアビブ事件を起こした岡本公三に現地でインタビューしている。さらに1974年には、中近東（イラン、レバノン、シリア、エジプト）からインドにかけて3ヵ月におよぶ大旅行をした。インドで死にかけたことについては先述した。1982年夏には2ヵ月にわたるギリシアとトルコの古代遺跡をめぐる旅行を、翌1983年5－8月にはギリシアとトルコで8000キロにものぼる旅行をレンタカーでおこなった（以上は、立花 2004、序論）。1987年3－4月にはエイズの蔓延するニューヨークに滞在した（立花 2004、第14章）。

②加藤登紀子

加藤は、1968年のソ連7都市での最初の演奏旅行を皮切りとして、数十年にわたり中国（北京、長春、ハルビン）、ニューヨーク、ソウル、カイロ、パリ、ウラジオストック、ロサンジェルス、ダナン（ベトナム）、トルコなどで演奏旅行を行なう。ひとり旅としては、中近東、中南米、シリア・パレスチナ、インド、ケニアを訪れている。2000年以降は、国連環境計画親善大使としてタイ、インドネシア、モンゴル、キルギス、ウズベキスタン、フィジー、トンガ、インド、中国、スリランカ、マレーシア・ボルネオ、ベトナム、オーストラリア、ツバルなどを歴訪している（加藤 2010 Biography）。

おわりに

日本社会の変革にこれほど貢献した五人だが、そのうち池田満寿夫と赤塚不二夫はすでに逝去し、なかにし礼は本章執筆の時点で病気療養中であり、立花隆も発信力の衰えは否めない。いちばん年の若い加藤登紀子だけがいまだ現役である。したがって、引揚げ者系日本人による日本社会の変革はほどなく終わりをつげることになろう。ただし、引揚げ者系日本人にかわって、世界各地から日本に到来しつつある〇〇系日本人がすでに変革に参加しはじめていることは、希望のもてる事実である。

〈後記〉

筆者自身も1947年に大連から引揚げてきた引揚げ者であり、本稿執筆中この5人のライフコースに共感するところがきわめて多かった。なお、ヨーロッパ反核無銭旅行の前後には立花隆が引揚げ者であることは知らなかったが、今にしておもえば引揚げ体験がわたしたちを結びつけたことは間違いなかろう。

参考文献

朝日新聞社編（1983）『新人国記 4』朝日新聞社。

赤塚不二夫（2002）『赤塚不二夫――これでいいのだ』（人間の記録）日本図書センター。

赤塚不二夫（2008）『総特集　赤塚不二夫』（吉住唯編）（『KAWADE夢ムック　文芸別冊』）河出書房新社。

池田満寿夫（2000）『池田満寿夫――日付のある自画像』（人間の記録）日本図書センター。

加藤登紀子（2010）『［改訂版］登紀子1968を語る』（情況新書）世界書院。

立花隆（1996）『立花隆のすべて』（浅見雅男編）（『文藝春秋』11月臨時増刊号）文藝春秋。

立花隆（2004）『思索紀行――ぼくはこんな旅をしてきた』書籍情報社
なかにし礼（2001）『赤い月』新潮社。

なかにし礼（2014）『平和の申し子たちへ――泣きながら抵抗を始めよう』毎日新聞社。

なかにし礼（2015）『生きるということ』毎日新聞出版。

宮澤壯佳（2003）『池田満寿夫――流転の調書』玲風書房。

若槻泰雄（1991）『戦後引揚げの記録』時事通信社。

Column 4

もうひとつの「帰国者」
サハリンから日本へ

中山大将

はじめに

中国帰国者支援・交流センターのホームページを開くと、トップメニューの「中文版」の隣に「Русский язык」が並んでいる。[1]「中国帰国者」のためのセンターであるから、「中文版」は日本語よりも中国語が得意な帰国者が読むために設けられているのだと理解できる。しかし、なぜ「ロシア語」を意味する「Русский язык」という単語が並んでいるのか。これは、中国帰国者支援・交流センターが中国帰国者だけではなく「樺太帰国者」も対象とした機関だからである。本コラムが題名に掲げた「もうひとつの「帰国者」」とは、この「樺太帰国者」を指している。

1945年の日本の敗戦により外地にいた日本人の多くが内地へと移動した。これが一般的には「引揚げ」と呼ばれている。「引揚げ」の背後にあったのは、戦勝国である連合国間の戦後処理としての人口再配置であった。「引揚げ」は、外交権を喪失していた日本政府の思惑や日本人個人の思いではなく、連合国間の取り決めによって半ば強制的かつ計画的に実施されたものである。一方、サンフランシスコ平和条約調印後、日本は外交権を含めた国家主権を回復し、海外にいる日本人の帰還問題は、日本と当該国の2国間問題へと移行した。筆者は、これ以降の旧外地等からの内地への帰還を「帰国」と呼んで区別している[2]。

本コラムでは、サハリン（樺太）帰国者について解説し、「もうひとつの帰国者」についての理解が深まることに貢献したい。

1　サハリン残留日本人の発生

戦前、樺太には約40万人の住民がお

り、その95パーセントが日本人、残りの5パーセントの半数以上が朝鮮人であった。1945年8月にソ連軍が樺太に侵攻し、翌年には領有化を宣言、千島列島やサハリン島北部を含めたサハリン州を新たに設置する。その後、1949年7月までに日本人のほとんどが内地へと「引揚げ」たが、筆者の調査では少なくとも約1500人の日本人がサハリンに残っていた。これが「サハリン残留日本人」である。

　これらの人々は大まかに言って次の三つの型に分類できる。（一）冤罪を含む罪状で収監中に引揚げが終了してしまった人々、（二）ソ連当局が引揚げを許可しなかった熟練労働者など、（三）引揚げの対象に含まれていなかった朝鮮人等の非日本人と家族関係にあった人々、である。また、これらの人々はサハリンに散在しており、親戚知人関係を越えて相互にその存在を認識し合っていたわけではなく、冷戦期のサハリンにおいて「日本人社会」なるエスニック・コミュニティが存在していたとは言い難い。

2　冷戦期集団帰国者と冷戦期個別帰国者

　1956年、日本とソ連は国交を回復し、これに伴いソ連は最後のシベリア抑留者送還を行なう。その後、ソ連は1957年7月から1959年9月にかけて7次にわたり、サハリンから日本人民間人帰国希望者749名を帰国させた。これが冷戦期集団帰国者である。10年前に行なわれた引揚げとの違いは、これら日本人とともに「外国籍者」1541名も日本へと入国していることである。これらの人々は主に、朝鮮人夫やその間に生まれた子どもであった。

　この集団帰国終了後も、引き続き1976年までに日本人135名とその外国籍家族298名が日本へと帰国している。これらの人々が冷戦期個別帰国者である。集団帰国者が特定の期日に港に集合し日本の迎えの船舶で帰国したのに対して、個別帰国者は個別に日本政府やソ連当局と連絡をとり商船などで日本へ帰国した。

　これらの人々は遅れてきた引揚者として引揚者寮への入寮などの便宜が図られ、朝鮮人夫に対しては在日朝鮮人同様の特別永住権が付与されるなどはしたものの、それ以上の特別な配慮はなされず、日本社会へ個別に適応することを余儀なくされた。世代としては働き盛りが多く、帰国者は日々の生活に追われていくこととなる。

　帰国者が独自の団体などを形成しなかったため、帰国者コミュニティのようなものは見られない。ただし、朝鮮人夫らの一部は樺太帰還在日韓国人会を結成し、サハリンに残る朝鮮人の帰国の日韓政府への請願や、日本経由でサハリンから韓国の家族へ郵便を届けるなどの活動を行なっていた。

冷戦期帰国者の帰国後の状態の全容は上記の通り把握することは難しい。ロシア語通訳として活躍した者や事業家として成功した者も見られるものの、引揚者であることと、在日朝鮮人の家族であることで、日本社会で苦労した事例も見られる。

3 ポスト冷戦期帰国者

1977年以降、サハリンからの帰国者はゼロになっていたが、ソ連のペレストロイカ以降、新たな動きが生まれ始めた。1986年にソ連の出入国管理規則が緩和、1989年3月にはサハリン州の外国人立入禁止区域指定が解除され、5月には日本人観光団第一号がサハリンを訪れた。それまでは墓参団などに限られていたのが、これ以降、元樺太住民を含む多くの日本人が来島して残留日本人との接触も増え、本国日本人の中に残留日本人の一時帰国を実現しようという運動が現れるようになった。移動の規制が緩和したとはいえ、金銭面だけではなく手続き面でも本国日本人の支援は残留日本人の帰国には不可欠であった。この結果、1990年には第一次帰国団が日本を訪問し、翌1991年には永住帰国者第一号が現れている。その後、2015年10月末までにサハリンから残留日本人85名とその家族133名が永住帰国を果たしている。[3] これらの人々は、中国帰国者に準じた支援を受けることができる。こうした支援制度だけではなく、ビザが必要とはいえ日本－サハリン間の往来が可能となったことも冷戦期帰国との大きな違いである。

冷戦期帰国の場合、多くの人々がまだ働き盛りのうちに帰国しているが、ポスト冷戦期の場合はすでに老齢に達してからの帰国が一般的である。これは永住帰国要件に出生年などが含まれているためである。このため、職場や地域コミュニティでの日本社会への適応で苦労する必要性は少ないものの、一方で自ら求めなければ他者との関係が築かれないため孤独に陥りやすい傾向もある。家族を同伴した帰国の場合、こうした傾向は避けることができるものの、その反面、日本語に不慣れな子ども世代の日本社会への適応が課題ともなる。

残留日本人は、朝鮮人の妻や子どもとして残留したケースが多く、この場合、戦後生まれの子ども世代の段階ですでに生活言語としての日本語は継承されておらず、子ども世代や孫世代の日本語話者の多くは、大学や研修などで日本語を学習した者がほとんどである。もちろん、各種支援を活用して日本社会に適応し事業で成功している例も見られる。

ポスト冷戦期帰国者の居住地は、およそ4分の3が北海道であり、その半数以上が札幌圏に集中している。この背景には、もともと樺太住民には北海道出身者が多く引揚げ先も北海道であったため、引揚げで生き別れた縁者が北海道に暮らしているケースが多いことがある。ただし、帰国後にそれら縁者と同居しているケースはまれである。また、土地柄もあり、札幌の中国帰国者支援・交流センターや、各自治体のサハリン帰国者への支援や理解が比較的厚いこともあると考えられる。

サハリン在住時からの親戚知人関係だけではなく、ポスト冷戦期の帰国運動事業を担っていた日本サハリン同胞交流協会の後継団体である日本サハリン協会や上記中国帰国者支援・交流センターなどを介して帰国者間のつながりも形成されており、冷戦期帰国者に比べれば横のつながりが存在していると言える。

4　帰国者のこれから

冷戦期帰国者もポスト冷戦期帰国者もその第一世代の大半については、ある意味では遅れて来た引揚者とみなすことが可能であった。終戦時にすでに成人に達していたり、初等教育を終えている年齢であった人々であれば、日本語での教育、日本社会での生活経験が充分にあり、日本人という意識も強いからである。

一方、その子どもの世代となると、生まれながらにしてソ連社会で生きており、必ずしも親の世代ほど容易に日本人という意識を持ち得るわけではないし、前述の通り言語面、文化面では本国人との間には隔たりがあり、日本での生活を始めることは「帰国」というよりも「国外移住」という側面が強くなると言える。

むしろ、幼少時に日本へ来たような孫世代の方が日本社会に適応しロシア語を忘れ、ロシアに暮らすいとこなどとコミュニケーションのすべがなかったり、そもそも関心がなかったりもする。すでに新たな永住帰国者は皆無となり、呼び寄せのような現象も活発ではなく、個々人の適応が進むほど協会やセンターとのかかわりも弱くなると見られることから、サハリン帰国者コミュニティどころか、サハリン帰国者という社会集団自体が次第に実体を持たなくなっていく可能性も充分にある。

もちろん、帰国者が帰国者であるがゆえの日本社会での生き辛さを味わうことがなくなっているわけではまったくないし、文化・言語・アイデンティティの状況は個人により多様である。帰国者自身の言語能力や生活文化などの適応力だけではなく、彼ら／彼女らの背景となる「ロシア」や「朝鮮」という要素に他者性を見出す日本社会の受容力のありようも決して看過してはならないだろう。

参考文献

中山大将『サハリン残留日本人と戦後日本——樺太住民の境界地域史』国際書院、2019年）

注

1 中国帰国者支援・交流センター　http://www.sien-center.or.jp/
2 本コラムは、主に中山（2019）を基にしている。
3 この永住帰国者人数は厚生労働省の発表による。樺太等残留邦人の状況（平成27年10月31日現在）http://www.mhlw.go.jp/bunya/engo/seido02/toukei.html

書評

BOOK REVIEW

上林千恵子著
『外国人労働者受け入れと日本社会――技能実習制度の展開とジレンマ』
東京大学出版会、２０１５年

全泓奎著
『包摂型社会――社会的排除アプローチとその実践』
法律文化社、２０１５年

駒井　洋

本シリーズでは、日本語で刊行された移民・ディアスポラ関連の重要な単行本を紹介をかねて書評することとした。今号では、上林千恵子氏と全泓奎氏の単著を書評の対象とする。

上林千恵子著『外国人労働者受け入れと日本社会――技能実習制度の展開とジレンマ』東京大学出版会、２０１５年

本書のねらい

著者は「はじめに」で、つぎのように日本の外国人労働者問題を列挙している。

・日本社会は、将来、外国人労働者を積極的に受け入れるか
・不法就労者の発生を防ぎうるか
・受け入れた外国人に自由と権利を保障し、内外人平等原則を確保できるか
・受け入れた外国人が日本人の雇用と労働条件を悪化させないか
・彼らの定住化をどう位置づけるか、循環型移民として受け入れるのか
・受け入れた外国人が定住化した場合の第二世代の教育と雇用を保障

できるか

本書は、このような問題にたいし「一定の材料を提供する目的で企図された」。その材料の多くは、技能実習制度および技能実習生を対象として得られている。

本書の構成

本書は、新しく書きおろされた序章、第1章のほか、3部から構成されている。

「外国人受け入れに関する近年の動き」と題される序章では、近年外国人受け入れ論議が再燃し受け入れ拡大政策が展開していること、移民政策に関するこれまでの議論、外国人労働者へのニーズが高まっていること、関係機関の主張が整理されたあと、管理監督体制の強化と外国人受け入れのバランスが必要であるとの将来展望がなされる。

「日本社会と移民政策――日本の外国人労働市場を中心に」と題される第1章では、日本では単純労働者の受け入れをおこなわない政策がつづいたなかで不法就労者が増大したため、受け入れ緩和策と不法就労の厳罰化とが同時に企図される90年体制が成立したとされる。つづいて、理論的な先行研究とりわけM・ピオレの二重労働市場論に注目している。日本では、第二次労働市場の主要メンバーであった農村からの出稼ぎ労働者が急減したためアジア人労働市場が成立したが、近年それは漸次縮小した。また、日系人労働市場も四世までの受け入れ拡大をしなかったため新規の流入が制限され、硬直化がはじまっている。そのうえで、「本書の意義」で後述する著者のモデルが提示され、外国人労働市場における技能実習生の役割が強調される。

第2章以下の8章は3部から構成されている。第2－3章からなる第Ⅰ部は「移民政策成立以前の外国人労働者受け入れ」、第4－6章からなる第Ⅱ部は「外国人技能実習制度の展開」、第7－9章からなる第Ⅲ部は「移民政策のジレンマ」と、それぞれ題されている。第Ⅱ－Ⅲ部の主要な対象が技能実習制度であるのにたいして、第Ⅰ部はそうではない。

「町工場のなかの外国人労働者――都市零細企業における就労と生活」と題される第2章は、著者が当時所属していた東京都立労働研究所（現在は廃止）が1990年に実施した、都内中小企業で就業する外国人労働者75人（そのうち53人が分析可能）にたいする面接調査の結果の分析である。国籍は12か国におよび、中国11人（留・就学生が多いとおもわれる）を最多として分散している。

主要な内容は、製造業、建設業、第三次産業からなる職業生活と、家族構成、家計、住居、将来の生活設計からなる生活構造である。

「自動車部品工場のなかの外国人労働者――日系ブラジル人へのニーズ」と題される第3章は、東海工業地域東部に位置する中企業の自動変速器メーカーに雇用される日系ブラジル人労働者の雇用管理の実態について、1992年に実施された調査結果の分析である。このメーカーでは、日本人の期間工の採用難により現地ブラジルでの直接採用を実施した。ここでは期間工受け入れシステムが整備されているために、日系ブラジル人であっても問題は生じていない。ただし生活については単身赴任しか認めていない。

第4章以下については、研修・技能実習制度が歴史的に変遷し、それとともに研修生・技能実習生も変容しているため、本書の構成にしたがわず執筆時点の古い章から紹介していくこととする。

「技能実習生の受け入れ費用」と題される第5章は2001年に発表されており、もっとも古い。1990年に法務大臣の告示によってはじまった中小零細企業のための団体監理型研修は、1990年代末には激増した。また同時期の研修生から技能実習生への移行者も6割にたっしたと著者は推測している。受け入れ企業側では、渡航費および日本での滞在費すべてが企業負担となっているから、手当は小遣い程度でよいという認識がある。それにたいし研修生・技能実習生は、日本人従業員との手当・賃金の格差が大きいことに疑問をいだく。

2009年に発表された「外国人技能実習制度の創設と発展」と題される第4章では、中小企業による研修・技能実習生の受け入れを、第1期――技術研修生モデル期（1982-1990年）、第2期――技術実習生モデル期（1990-1999年）、第3期――派遣型実習生モデル期（2000-2009年）という三つの発展段階に区分する。第1期には岐阜県の縫製企業団体と埼玉県の鋳物業組合が日中友好をかかげて中国から研修生を受け入れた。第2期には団体監理型研修制度が成立した。第3期には農業・水産業分野に拡大するとともに、人材斡旋・派遣企業と変わりがない異業種組合による受け入れが増加した。

2010年に発表された「低熟練労働者受け入れ政策の検討」と題される第8章では、先進諸国に対比して日本では単純労働者の受け入れが不要とされた背景が検討され、とくに日本の職場では単純作業だけを割り当てる単純職種が確立されていないことが重要視される。技能実習生にも職場の中核的労働力となることが期待されているのであれば、滞在期間を限定するローテーション方式とは矛盾する。また、職種範囲の指定に弾力性がなく受け入れを制約する。さらに受け入れ人数が不明確であるために受け入れ体制が確立されない。

2012年に発表された「外国人労働者の権利と労働問題——労働者受け入れとしての技能実習生をめぐって」と題される第7章では、技能実習生の権利の制約として、滞在期間の制限、再入国禁止、家族呼び寄せ禁止、就労可能職種の制限と失業時の途中帰国、賃金や厚生年金などその他の労働条件が概観される。ついで生活管理の特徴として、寮・寄宿舎の住居形態、職務規律と生活規律の融合、地域社会からの隔離が概観され、最後に労働移動の自由のないことが権利の侵害につながっていると結論される。

同じく2012年に発表された「中国人技能実習生の就労と生活」と題される第6章は、救援団体と連合愛媛、連合徳島などの組織に相談にきた実習生50人を対象として2010年に実施された、アンケート調査と10人にたいする面接調査からなる類例をみないきわめて貴重な情報である。中国人技能実習生は、金銭の獲得を目的とする若年・低学歴の農村出身者が主体であり、また3年間にもわたる非社会化された耐乏生活を余儀なくされ、長時間の残業に明けくれる就労状況や生活環境は劣悪である。

2013年に発表された「中国の労務輸出政策と日本の技能実習制度」と題される第9章では、労務輸出の目的・現状・歴史が概観され、日本にたいする技能実習生の送り出しもこの政策の一環であるとされる。労務輸出経営権は出証権と呼ばれるが、この権利は国有企業の占有状態から地方政府やその関連企業、民間企業へも与えられるようになった。さらに、大手派遣会社の名義を借りて業務をおこなう出証権なし企業が増加している。出証権の認可を受けるためのコストは、結局は技能実習生の負担増につながる。

本書の意義

1990年に施行された改定入管法は、現在にいたるまで日本の入国管理政策の骨格を規定しており、90年体制と呼ばれることが多い。90年体制の柱は、①非正規就労者の排除と低熟練労働者の拒否、②ラテンアメリカ日系人の就労の承認、③高度人材の受け入れ、とならんで、④研修制度の拡充、の四つであった。さまざまな欠陥をもっていた研修制度は最終的には2012年に施行された新入管法により廃止され、技能実習という在留資格を新設して技能実習制度へと移行した。さらに、2016年現在人手不足感の強い建設、介護、メイドの分野などで、この制度を受け皿とする受け入れが画策されている。

本書の最大の意義は、これまで断片的な研究以外にはほとんど先行研究が存在していなかったにもかかわらず、きわめて重要性の高い技能実習制度について、はじめての試みともいえる理論的・実証的な本格的研究をおこなったことにある。

本書全体を貫流する理論的枠組みとして、著者は日本の移民労働市場のモデルを提唱する（41ページ）。このモデルによれば、技能レベルの高低によって3層の構造が存在する。最上層には専門的・技術的分野に就労する高度外国人材が位置し、最下層には不法就労外国人が位置する。中層は、就労資格の制限のない日系南米人および就労資格のある移民女性とならんで、外国人技能実習生から構成される。日系南米人は中層の上部に、技能実習生は中層の下部に位置づけられる。日系南米人と不法就労外国人が収縮していくなかで、技能実習生の比重はますます高まっていくとされる。

このモデルについて、評者は技能レベルの高低による位置づけの適切性に疑問をもつ。労働者のヒエラルヒーは、基本的には賃金の多寡と労働条件の劣悪度によって決定されると考えられる。したがって、技能実習生はヒエラルヒーの最下層に位置づけられることになろう。

さらに、著者は技能実習制度について、「制度化を経ることにより徐々に外国人労働力の維持的受け入れ制度としての色彩が強まった」とし、「一時的受け入れが一国の産業維持のために不可欠とするならば……技能実習制度の研修期間を再考し、技能実習生にたいして労働者保護措置などの実施が必要とされよう」としている（147ページ）。

評者は、一時的受け入れという考えかた自体が、人権の軽視や低賃金などの諸問題を必然的に引きおこすと考えている。したがって、技能実習制度についての選択肢は、撤廃しかありえまい。

全泓奎著
『包摂型社会――社会的排除アプローチとその実践』
法律文化社、2015年

本書のねらい

著者は「はじめに」で、本書の問題意識を以下のように提示している。既存の「貧困」関連概念にたいして「社会的排除（social exclusion）」概念がもつ斬新さは、「貧困化のプロセス」とその「多次元的なメカニズム」に注目している点にある。近年、「貧困の都市化」、なかでも都市内における社会的不利（益）の集中が注目され、そのメカニズムによりもたらされる社会的排除にたいする地域のダイナミックな役割に関心が集まっている。

そのため本書は、社会的排除に関する理論を提示するとともに、現代都市の地域コミュニティに潜んでいる多次元的な社会的排除問題を同定しようとする。そのうえで、包摂型社会（inclusive society）に向けた貧困概念の脱構築とその解決に向けた糸口をさまざまな実践例をつうじて探っていくとする。

本書の構成

本書は11章からなるが、最初の5章は2部にわけられて、社会的排除にかんする理論の提示に当てられている。01－02章からなるⅠ部は「プロセスとしての貧困」と題され、03－05章からなるⅡ部は「社会的排除と居住」と題されている。つまり、社会的排除論一般がⅠ部で論じられ、そのうえでⅡ部において居住に集約されることになる。06－11章からなるⅢ部は「包摂都市に向けた理論と実践」と題され、フィールドワークにもとづく事例が検討される。ただし、本書の末尾の3章の内容は、発展途上社会のスラム、韓国の貧困コミュニティ、居住貧困層支援であって、エスニック・マイノリティの社会的排除を論じていないので、本書評では割愛する。

「社会的排除論の成立背景」と題される01章では、まず欧米における福祉国家レジームについて、市場を重視する「自由主義」、地位の格差を維持し保守的な「コーポラティズム」、社会権を脱商品化させる「社会民主主義」の三つにくわえて、教会・家族・慈善組織などに依存する「南部（ヨーロッパ）福祉」が存在したとされる。ついで、労働力の柔軟化と社会的二極化の拡大という新しい貧困をもたらした福祉国家の危機のもとで、労働・居住・市民権などから排除されることを概念化する

「社会的排除」概念が使用されることとなったとする。

「社会的排除の意味と市民権」と題される02章では、既存の貧困や剝奪の概念が静態的な貧困に注目し主に低所得をとりあつかっていたのにたいし、社会的排除は動態的な概念であり、社会的・経済的・法的／政治的、文化的／道徳的などの諸領域における「関係性の貧困」に注目するとされる。福祉国家の市民権モデルは社会サービスを受動的に受ける「受動的社会権」であったが、それにたいして「参加的市民権」の理念が提唱される。それにより社会的排除から社会的包摂へというプロセスが実現される。

「居住分野における社会的排除の性質――社会的排除の言説と居住政策」と題される03章では、まず、これまでの社会的排除への対応が雇用や所得に偏っており居住問題が軽視されていたとされる。居住における社会的排除の特質は、①排除の特定地域への集中、②居住剝奪における時間的持続性の存在、③居住と他の政策領域間の相互作用の複雑性にある。こうして、地域レベルで考案された地域包括的なプログラムが求められることになる。

「住居と社会的排除」と題される04章では、まず、住居がどのようにして社会的排除の原因となるかについて、健康、教育、雇用へのアクセスに影響するとされ、とくに健康が注目される。つぎに、適切な住居および関連サービスからの排除により不利益を被る居住貧困と、資源の乏しさ・失業や仕事の減少・社会サービスからの社会的排除の結果としての居住貧困化とが検討される。

「地域と社会的排除」と題される05章では、まず、社会的排除において地域が果たす役割の重要性が指摘される。つづいて、ある地域で生活することによって生じる生の機会にたいするネットワークとして定義される「地域効果」が問題とされ、社会的ネットワークをはじめとするさまざまな機会が増大する地域効果と、次第に社会的閉鎖状況に陥る地域効果の二つの方向があるとされる。後者のばあいには、スティグマ、ラベリング、社会的孤立などの居住貧困が露わになる。

06章から本書のⅢ部となる。「多文化コミュニティワークによるコミュニティの再興」と題される06章では、東日本大震災で被災したエスニック・マイノリティの被災体験とその後の復興プロセスが紹介される。調査方法は、被災外国人6人と外国人支援4団体にたいするインタビューであった。東北3県においては、散在して定住している結婚移住者が多い。とりわけ宮城県国際交流協会は地域の外国人を対象とする「日本語教室」を展開し、それが災害時のセーフティネットとして機能した。

「コリアンコミュニティの地域再生と居住支援」と題される07章では、在日コリアンの多住地域を「都市型」と「地方型」にわけ、前者については大阪市西成区北西部を、後者については和歌山市とその近隣都市を対象とし、約30人からコミュニティの形成過程を中心とするライフ・ヒストリーの聴きとりをおこなった。その結果、形成過程における厳しい差別状況があきらかになった。また西成区については129人にたいして質問紙調査をおこない、住宅の老朽化や単身高齢者が増加している実態が把握された。

「都市部落の高齢居住者の生活から見るプロセスとしての貧困――同和地区のまちづくりと社会的包摂」と題される08章では、2002年の同和対策事業特別措置法の廃止後の同和地区の地域居住の実情と課題を、大阪市内の四つの同和地区住民にたいする質問紙調査（567人）とライフ・ヒストリー調査（13人）により把握しようとした。浅香地区では公営住宅が主体であるが、中間層が地区外に転出する一方で低所得層が転入している。結果的に高齢化の深刻化と低所得層の地域的な集中が進んでいるが、定住意思は高い。

本書の意義

移民政策や移民研究においては、目標として移民の「社会的統合（social integration）」が掲げられることが多かった。ただしこの概念については、ホスト社会のメインストリームの構造を肯定したままで、そのなかへの不平等な取りこみを是認するものだという批判も根強い。けれども、この語にかわる別の語があるかというと、現在のところでは広く受容されているものは存在しないといえる。

本書の最大の意義は、「社会的包摂」という概念とそのとるべき方向性を明確にしたことにある。社会的排除の状態にあるエスニック・マイノリティは参加的市民権によって社会的包摂を獲得できるという視点により、社会的統合という概念がかかえていた弱点を乗りこえることができるようになる。ただし、社会的包摂という概念を使用するときには、貧困研究の不十分さを克服しようとしたこの概念の出自がもつ限界の自覚が必要となろう。

本書の大きな特徴として、居住のもつ戦略的重要性への着眼がある。評者自身も1976年にバンクーバーで開催された国連人間居住

(HABITAT, Human Settlement)会議の民間フォーラムに参加し、その基調報告書を故磯村英一とともに邦訳したことがある(B・ウォード著『人間と居住――人間は地球にどう住むか』日本経営出版会、1977年)。これについての著者の見解には、首肯すべき点が多い。

ただし、本書には問題点も散見される。この書評でとりあげた被災者、コリアンコミュニティ、同和地区についてのフィールドワークは、「外国人自らの参画によって、地域に必要な人材として定着している」(74ページ)という著者の評価を裏づけるデータに乏しい。逆に、社会的不利(益)をもつ受動的弱者という印象が圧倒的である。とりわけ被災者については、復興プロセスに主体的に関与しているとされている(64ページ)が、インタビューにはそのデータは明示的には見当たらない。

また、参加的市民権の確立にたいして居住に立脚しながらどのような戦略をとるべきかという方策についても、体系的に展開されているとはいいがたい。今後に期待したい。

最後に、本書がコリア出身で日本社会に生きる移民としての著者の野心作であることに、敬意を表する。

編者後記

序章でもふれたが2015年のスポーツ界は、マルチ・エスニック・ジャパニーズの活躍がめだった年だったように思える。おそらく2020年の東京オリンピックに向けて、若手世代の発掘そして活躍に注目が集まっているせいでもあるだろう。特にスポーツで注目されたのはラグビーだった。ラグビーワールドカップでは、日本チームが世界の強豪国と堂々とわたりあい、見る者に感動を与えた。普段あまりラグビーの試合を見ない筆者も、テレビにかじりついていたのを覚えている。そして多くの人が気づいたのは、「日本代表」ラグビーチームには多様な出自を持つ選手が多くいたことである。本書の企画時点、すなわち昨年の5月の時点で、ラグビー選手にはワールドカップの後にインタビューを行うことは決まっていた。ところがワールドカップが終わった直後から、国内のメディアが一斉にラグビーに注目しはじめ、インタビューもなかなか実現できなかった。その意味で今回なんとかインタビューができき、記事を掲載できたことは存外の喜びである。特に、本当にお忙しい中インタビューを引き受けてくださった選手の皆さん、そして設定してくださった近鉄ライナーズの関係者の方々にはこの場をかりて再度お礼を申し上げたい。

グローバル化が進む現在においては、今後ますますマルチ・エスニックな出自を持った人々の活躍は注目されるはずだし、そうなってほしいという想いが今回のテーマの出発点にあった。そして上記のように目覚ましく活躍する人々も登場している。では日本社会は多様性を受け入れる社会になっているのか。残念ながら、ここ一年は保守の嵐が吹き荒れ、あたかもワイマール時代のドイツを思わせるような一党の独裁体制が進んでいる。政治の場においては仮想敵国が設定され、軍事力と安全保障強化の正当性が唱えられている。その風潮を反映してか、2010年あたりから登場したヘイト・スピーチの波はいまだ続いている。メディアを注視すれば「日本」や「日本人」を称揚するような番組の傾向が強い。そしてその時使われる「日本」「日本人」のイメージには、マルチ・エスニックな日本人が入っていないことが多いのも事実である。

一方でグローバルな人材を称揚し、他方で閉じた「日本人」像に愛執を寄せる。このバランスは危ういものにも感じる。○○系日本人という呼び方も、このバランスの上に成り立つものだといえるだろうし、一歩間違えば排除の論理を促進させるための道具になりかねない。ただ編者と多くの著者が共有していたのは、昨今活躍している人たちが、今の日本社会をもっと開かれたものにする変革力を持っているのではないかという期待と実感である。そしてその変革力とは、実はもともと日本社会に内包されている、多様なものを承認する力にほかならない。それがもっともっと表に出てほしいと感じている。本書を通じて「日本人」のイメージが多様なルーツを持つ人も含んでいると、当たり前のごとく認識されることを望みたい。そんな意味をこめて「○○系日本人の変革力」とサブタイトルにつけた。

この「○○系日本人」という本書の企画は、これまであまり取り組まれてこなかったものであった。この定義もままならない言葉に対し、多くの執筆者は依頼を受けたときに非常にとまどったようである。それでもそれぞれの論者が独自の視点から切り込み、様々な角度から議論を提出している。ただし今回の論集はあくまで議論の土台を提供しているにすぎない。マルチ・エスニック・ジャパンのために今後も継続的に研究をすすめ、真の意味でダイバーシティが認められるような社会づくりに貢献していきたい。またそのためには読者の忌憚のない意見と批判を仰ぎたいと考えている。

最後にこの「移民・ディアスポラ研究」シリーズも第5巻を迎えることができた。昨今の情勢からこういった研究書のシリーズ出版は難しいものとなっている。それにもかかわらず多大なる理解と支援を継続的に頂いている、明石書店の石井昭男会長に感謝申し上げたい。また刊行にあたり、当初の編集をつとめて頂いた志賀信夫氏、編集長の神野斉氏、そしてその後を引き継がれた関正則氏に感謝したい。

特に最後の段階で、目次、タイトルを含め関氏には様々なアドバイスを頂いた。献身的な関氏の編集作業がなければ、本号の出版にはもっと時間を要していただろう。編者委員会およびすべての執筆者を代表して感謝の意を表したい。ありがとうございました。

２０１６年４月20日

移民・ディアスポラ研究５　編者　佐々木てる

倉石一郎（くらいし・いちろう）
京都大学大学院人間・環境学研究科准教授。京都大学大学院博士課程修了。博士（人間・環境学）。専門は、教育社会学。著書に、『アメリカ教育福祉社会史序説――ビジティング・ティーチャーとその時代』（春風社、2014年）、『包摂と排除の教育学――戦後日本社会とマイノリティへの視座』（生活書院、2009年）など。

高畑幸（たかはた・さち）
静岡県立大学国際関係学部准教授。大阪市立大学大学院文学研究科後期博士課程修了。博士（文学）。専門は、社会学。論文に、「過疎地・地方都市で働く外国人介護者――経済連携協定によるフィリピン人介護福祉士候補者49人の追跡調査から」（『日本都市社会学会年報』第32号、2014年）、「グローバル化と家族の変容」宮島喬・佐藤成基・小ヶ谷千穂編『国際社会学』（有斐閣、2015年）所収。

梶村美紀（かじむら・みき）
大阪経済法科大学准教授。東京大学大学院総合文化研究科博士課程修了。博士（学術）。専門は、国際社会学。論文に「定住ビルマ人の来日前の経歴と民族意識の形成に関する考察」『東アジア研究』（大阪経済法科大学アジア研究所、2016年）所収、「在日ビルマ人ネットワークの諸相―― 1988 ～ 2013年の東京における組織活動を中心として」根本敬編『在外ビルマ人コミュニティの形成と課題――日本と韓国を事例に』（上智大学アジア文化研究所Occasional Papers2016 No.20、2016年）所収。

倉田有佳（くらた・ゆか）
ロシア極東連邦総合大学函館校教授。北海道大学文学研究科博士後期課程修了。博士（学術）。専門は、日ロ関係史。論文に「二つの大戦間の亡命ロシア人社会――在京浜ロシア人学校と在京浜亡命ロシア人社会」ロシア史研究会編『ロシア史研究』第62号(1998年)所収 、「ビリチとサハリン島――元流刑囚漁業家にとっての日露戦争」原暉之編著『[スラブ・ユーラシア叢書10] 日露戦争とサハリン島』（北海道大学出版会、2011年）所収。

南　誠（みなみ・まこと）／中国名：梁雪江（LIANG Xuejiang）
長崎大学多文化社会学部准教授。京都大学大学院人間・環境学研究科博士後期課程（共生文明学専攻）単位取得退学。博士（人間・環境学）。専門は、歴史社会学と国際社会学。著書に『中国帰国者をめぐる包摂と排除の歴史社会学――境界文化の生成とそのポリティクス』（明石書店、2016年）、論文に「中国『方正日本人公墓』にみる対日意識の形成と表出」（駒井洋監修・小林真生編『移民・ディアスポラ研究３ レイシズムと外国人嫌悪』明石書店、2013年）など。

中山大将（なかやま・たいしょう）
京都大学地域研究統合情報センター助教。京都大学大学院農学研究科博士課程修了。博士（農学）。専門は、農業社会史、境界地域史。著書に『亜寒帯植民地樺太の移民社会形成』（京都大学学術出版会、2014年）、論文に「サハリン残留日本人の歴史」（NPO法人日本サハリン協会編『樺太（サハリン）の残照』NPO法人日本サハリン協会、2015）所収など。

［連絡先：小林 真生（ma716@ybb.ne.jp)］

【インタビュー】

トンプソン ルーク
タウファ統悦（とうえつ）
金哲元（キム・チョルウォン）
以上３選手とも、近鉄ライナーズ（近畿日本鉄道ラグビーチーム）所属

【執筆者】（執筆順）

南川文里（みなみかわ・ふみのり）
立命館大学国際関係学部教授。一橋大学大学院社会学研究科博士後期課程単位取得退学。博士（社会学）。専門は、社会学・アメリカ研究。著書に、『アメリカ多文化社会論――「多からなる一」の系譜と現在』（法律文化社、2016年）、『「日系アメリカ人」の歴史社会学――エスニシティ、人種、ナショナリズム』（彩流社、2007年）。

佐藤成基（さとう・しげき）
法政大学社会学部教授。カリフォルニア大学ロサンゼルス校（UCLA）社会学部博士課程修了。博士（社会学）。専門は、国家とナショナリズムの比較歴史社会学・社会学理論。編著書に、『国家の社会学』（青弓社、2014年）、『国際社会学』（共編著、有斐閣、2015年）など。

石井由香（いしい・ゆか）
静岡県立大学国際関係学部教授。津田塾大学大学院国際関係学研究科博士課程後期課程単位修得退学。博士（社会学）。専門は、国際社会学。著書に『エスニック関係と人の国際移動――現代マレーシアの華人の選択』（国際書院、1999年）、共著（関根政美・塩原良和との）に『アジア系専門職移民の現在――変容するマルチカルチュラル・オーストラリア』（慶應義塾大学出版会、2009年）。

川上郁雄（かわかみ・いくお）
早稲田大学国際学術院教授。大阪大学大学院文学研究科博士課程単位取得退学。博士（文学）。専門は、文化人類学。著書に、『「移動する子どもたち」のことばの教育学』（くろしお出版、2011年）、編著に『「移動する子ども」という記憶と力――ことばとアイデンティティ』（くろしお出版、2013年）

小林真生（こばやし・まさお）
大阪経済法科大学客員研究員。早稲田大学大学院アジア太平洋研究科国際関係学専攻博士後期課程修了。博士（学術）。専門は、社会学。著書に、『日本の地域社会における対外国人意識――北海道稚内市と富山県旧新湊市を事例として』（福村出版、2012年）、編著に（駒井洋監修）『移民・ディアスポラ研究３ レイシズムと外国人嫌悪』（明石書店、2013年）。

李洙任（リー・スーイム LEE Soo im）
龍谷大学経営学部教授、龍谷大学社会科学研究所付属安重根東洋平和研究センター長。テンプル大学・博士（教育学）。編著に、『在日コリアンの経済活動――移住労働者、起業家の過去・現在・未来』（不二出版、2012年）、共著（田中宏との）に、『グローバル時代の日本社会と国籍』（明石書店、2007年）、共編著に*Japan's Diversity Dilemmas: Ethnicity, Citizenship, and Education*（iUniverse, 2006年）。

陳天璽（チェン・ティエンシ CHEN Tienshi）
早稲田大学国際教養学部・同大学院国際コミュニケーション研究科 教授。筑波大学大学院国際政治経済学博士課程修了。博士（国際政治経済学）。専門は、移民、主に華僑華人、無国籍者に関する人類学的研究。著書に『華人ディアスポラ――華商のネットワークとアイデンティティ」（明石書店、2001年）、『無国籍』（新潮社、2005年／2011年、新潮文庫に収録）。

【監修者】
駒井　洋（こまい・ひろし）
筑波大学名誉教授。移民政策学会会長。東京大学大学院社会学研究科博士課程修了。博士（社会学）。著書に、『移民社会学研究 1987 - 2015 ―― 実態分析と政策提言』（明石書店、2016 年）、訳書に、ロビン・コーエン著『新版 グローバル・ディアスポラ』（2012 年）、監修書に、『叢書 グローバル・ディアスポラ』全 6 巻（2009 ～ 2011 年）、『移民・ディアスポラ研究』1 ～ 5（2011 ～ 2016 年）など。以上、明石書店。

【編著者】
佐々木てる（ささき・てる）
青森公立大学経営経済学部地域みらい学科教授。筑波大学大学院社会科学研究科博士課程修了。博士（社会学）。専門は、国際社会学、エスニシティ、人口減少地域における外国人・移民政策。論文に、「在日コリアンとシティズンシップ――権利と国籍を中心に」『移民政策研究』第6号（明石書店、2014年）、「近代日本の人種差別と植民地政策」小林真生編／駒井洋監修『レイシズムと外国人嫌悪』（明石書店、2013年）、共編著（陳天璽・近藤敦・小森宏美との）に『越境とアイデンティフィケーション』（新曜社、2012年）。近刊予定に、『越境する時代のパスポート学』（陳天璽・小森宏美ほかとの共編著、北海道大学出版会、2016年）がある。

移民・ディアスポラ研究 5
マルチ・エスニック・ジャパニーズ――〇〇系日本人の変革力

2016 年 5 月 25 日　初版第 1 刷発行
2019 年 3 月 25 日　初版第 2 刷発行

監修者　駒　井　洋
編著者　佐々木てる
発行者　大　江　道　雅
発行所　株式会社明石書店
〒101-0021 東京都千代田区外神田6-9-5
電　話　03(5818)1171
ＦＡＸ　03(5818)1174
振　替　00100-7-24505
http://www.akashi.co.jp

装　丁　明石書店デザイン室
組　版　朝日メディアインターナショナル(株)
印　刷　モリモト印刷株式会社
製　本　モリモト印刷株式会社

（定価はカバーに表示してあります）　ISBN978-4-7503-4358-7